不方便法院原则适用中的人权保障问题研究

A Study on the Human Rights Protection in the Application of the Doctrine of Forum Non Conveniens

彭 幸 著

厦门大学出版社 国家一级出版社
XIAMEN UNIVERSITY PRESS 全国百佳图书出版单位

图书在版编目(CIP)数据

不方便法院原则适用中的人权保障问题研究/彭幸著.—厦门:厦门大学出版社,2019.12

ISBN 978-7-5615-7627-4

Ⅰ.①不⋯ Ⅱ.①彭⋯ Ⅲ.①人权−法律保护−研究−中国 Ⅳ.①D920.4

中国版本图书馆 CIP 数据核字(2019)第 195550 号

出 版 人	郑文礼
责任编辑	甘世恒

出版发行 厦门大学出版社

社 址	厦门市软件园二期望海路 39 号
邮政编码	361008
总 机	0592-2181111 0592-2181406(传真)
营销中心	0592-2184458 0592-2181365
网 址	http://www.xmupress.com
邮 箱	xmup@xmupress.com
印 刷	厦门兴立通印刷设计有限公司

开本	720 mm×1 000 mm 1/16
印张	13.75
字数	236 千字
版次	2019 年 12 月第 1 版
印次	2019 年 12 月第 1 次印刷
定价	65.00 元

厦门大学出版社
微信二维码

厦门大学出版社
微博二维码

前　言

对国际民事案件的管辖法院而言,是否必须行使个案的管辖权以及如何行使其管辖权、如何在管辖权阶段寻求最有利于当事人和法院的救济途径,一直是一个极其艰难的抉择过程。而其中的国家主权和国际民事管辖权中的国际话语权之争,使国际民事诉讼管辖权的争端有了更加深层的意义。不方便法院原则在这一问题的解决中提供了富有价值的方向,它允许法官根据个案的情形决定是否拒绝对案件的管辖。但是,晚近的大量案例也暴露出不方便法院原则与保障当事人人权初衷的背离。尤其是以美国为代表的部分国家和地区的法院在大规模侵权案件中屡次利用不方便法院原则侵害外国受害者的人权,导致数以万计的受害者无法获得有效的司法救济。但同时,欧盟、德国和日本晚近在不方便法院制度中的态度转变恰是为了维护特殊性质的人权。撰写本书的目的,就是通过厘清不方便法院原则的根本目的,系统地论证两大法系在不方便法院制度中对人权保障的现状,提出我国的不方便法院制度构想,并希望借此促进我国涉外民事管辖权体系的完善。

本书以人权保障与不方便法院原则的基本问题为基础,分别从不方便法院原则适用中的诉权保障、公正审判权保障和促进相关判决的承认与执行三个具体的角度进行研究,并分别提出完善建议。在此基础上,本书还将对我国不方便法院制度的理论和实践加以系统地梳理,据此提出我国不方便法院制度的完善对策。

不方便法院原则与人权保障之间的关系是本书研究的基石。具体来说,人权保障包括人权的立法保障、司法保障和行政保障。其中,人权的司法保障要求在民事诉讼中保障当事人的诉讼权利,合理分配诉讼义务。而作为国际民事诉讼的重要内容之一,不方便法院原则也应以保障人权为基本价值导向。不方便法院原则的根本目的是实现"正义的目的"(the ends of justice),它与人权保障密切相关。这不仅体现在最早适用不方便法院原则的苏格兰法院的案例中,也深深地印刻在英美法系各国的司法实践中。在国际民事诉讼的语境中,更需要注意原告挑选法院的问题切实存在,外国判决的承认与执行更加复杂和困难。鉴于此,人权保障对不方便法院原则提出了更加深刻的要求,令其不仅应当保障当事人的诉权、公正审判权,而且应当促进相关判决的承认与执行。

但从各国当前对不方便法院原则的适用情况来看,既有契合人权保障要求的实践,又有偏离这一要求的现象。一方面,晚近大陆法系国家和地区的实践更契合人权保障的要求。例如,欧盟和德国法院仅在家事案件中有限适用了不方便法院原则,其目的是实现儿童利益的最大化,为弱势群体的人权保障提供服务。另一方面,也有部分国家和地区的实践偏离了人权保障的要求。这突出表现在美国法院将不方便法院原则转变为保护本地利益的工具,并利用这一制度侵犯他国国民的人权。因此,从人权保障的角度对其加以优化就愈发迫切起来。具体而言,本书提出以人权保障的视角审视和完善不方便法院原则可以从诉讼的"前端"(确定管辖权阶段)和诉讼的"后端"(判决承认与执行阶段)分别进行。诉讼前端的保障主要体现为对当事人诉权、公正审判权的保障;诉讼后端的保障则主要体现为促进相关判决的承认与执行。

在此基础上本书分析了适用不方便法院原则中诉权保障的问题。诉权是人权的重要内容,是当事人在国际民事诉讼活动中的重要权利。在不方便法院原则的分析过程中,首先需要考虑的就是如何保障当事人的诉权,减少对当事人诉权的妨害。不方便法院原则的适用本身就是对合法起诉权的限制,因此其必须限于为了"正义的目的"的例外情形之下。但事实上,因各国适用标准模糊不清和考虑因素过于宽泛而导致了不方便法院原则适用的扩大化。为了清晰地展示不方便法院原则中的诉权保障困境与对策,本书分别对直接侵犯当事人诉权的情形和对不方便法院原则的适用扩大化导致当事人诉权损害加重的现象进行了分析。

本书还对适用不方便法院原则中的公正审判权保障问题进行了研究。公正审判权包含着丰富的内涵,它要求不方便法院原则的适用同时满足对当事人的平等权、及时审判权和正当法院审判权的保障。为了达到在适用不方便法院原则的过程中充分保障诉讼两造的公正审判权的目的,本书提出:一是,适用不方便法院原则应确保当事人之间平等诉诸司法的权利。尤其是在当前较为突出的跨国公司侵权案件中,作为个人的当事人与规模庞大的跨国公司之间难以达到平等的权利保障。对此,首先应当遏制以地域性为基础的地方保护主义;其次应当优化群体诉讼制度,并为特殊案件的弱势当事人提供有效的司法救助;最后,还应为弱势当事人提供其他程序性便利。二是,对因适用不方便法院原则导致的诉讼延迟现象应给予关注。不方便法院原则的适用需要两个以上国家的法院对案件进行审理,这决定了它比其他国际民事案件要耗费更多的时间和诉讼资源。在实践中,适用不方便法院原则的案件动辄耗用几年甚至十几年的时间,民事权利受到损害的一方很难得到及时的司法救济。对此,不仅应对不方便法院原则的适用分析程序本身进行简化、对当事人举证与质证程序加以优化,更应当重视诉讼程序间的衔接。

此后,本书探讨了不方便法院原则相关判决的承认与执行问题。这与近年来不方便法院原则的理论突破相吻合。研究其判决承认与执行问题,一方面打破了固有研究之藩篱,另一方面也顺应了晚近国际社会对人权保障的关注趋势。这是因为,适用不方便法院原则的案件,因其请求承认与执行判决的国家不同而有不同的情形。其中,在一国法院适用了不方便法院原则,当事人在替代法院提起诉讼并返回该法院请求承认与执行的案件,被称作"回旋镖诉讼"。在此类案件中,确定管辖权阶段对替代法院的审查标准较为宽松,而在判决承认与执行阶段,对作出判决的法院的审查标准则相对严格。两个不同的标准作用于同一个案件时,将可能出现当事人"诉诸司法的鸿沟"(access to justice gap)。因此,应当制定相应的规则来应对不方便法院原则相关判决的承认与执行的困境。它要求：一方面，在确定管辖权阶段的不方便法院原则分析中，应当注重对判决可执行性因素的考虑；另一方面，在判决承认与执行阶段，应采取禁反言原则，并对相关案件实行加速审查，来保障当事人的权益。

最后，本书分析了我国不方便法院原则的发展情况，从人权保障的角度对其加以审视并提出了完善建议。不方便法院原则在我国形成了以"明显不适当法院标准"为主、"更方便法院标准"为辅的中国模式。在法律依据的空白期，人民法院已经在司法实践中有限适用不方便法院原则。这一阶段的适用特色是以"个案正义"为指引的模糊适用。而在最高人民法院发布《会议纪要》之后，人民法院的审判实践则大多以此为参考。直到《最高人民法院关于适用〈中华人民共和国民事诉讼法〉的解释》（以下简称《民事诉讼法解释》）第 532 条明确规定了不方便法院原则的适用条件，给人民法院适用该制度协调国际民事管辖权纠纷提供了正式的法律依据。

而从人权保障的角度来说，我国当前的不方便法院原则制度面临着困境。其一，"驳回起诉"导致了对当事人诉权的妨害，而对适用主体的规定限制了部分原告提出不方便法院原则适用的申请资格，也在一定程度上限制了其诉权的行使。其二，当前不方便法院原则的适用条件难以保障当事人的公正审判权。尤其是涉及我国公民、法人或其他组织的利益时，就不得适用不方便法院原则的规定，会导致对案件正义目的的忽略。其三，我国的相关规定忽视了对相关判决的承认与执行问题的考虑。对此，一是可以由"驳回起诉"向"中止诉讼"进行转变，取消对原告作为适用主体的限制。二是可以通过对我国适用不方便法院原则相关考虑因素的优化，将适用条件转变为考虑因素，并从公正、效率、本地利益保护三个类别对不方便法院原则的考虑因素加以类型化分析，进而区分不同考虑因素对不方便法院原则适用与否的影响程度。三是可以加强对判决可执行性的考虑，采取禁反言原则，促进相关判决的承认与执行。

总而言之，本书在审慎分析不方便法院原则根本目的的基础上，选定了"人权保障"这一全新视角系统地研究了该制度，并通过诉权、公正审判权和相关判决的承认与执行三个维度拓展不方便法院原则的人权保障内涵,进而提出了制度的完善建议。希望通过本书的理论分析和实证研究能够推动我国不方便法院原则的发展,进而促进我国国际民商事法律体系的完善。

目　录

导　论

一、研究背景

(一)本书的写作背景

当代国际私法对人权保障的关注越来越多。不方便法院原则作为国际民事诉讼的重要一环,也必须接受人权法规则的检视与制约。自 18 世纪苏格兰法院首先采用不方便法院原则制度以来,该制度在国际民事管辖权领域发挥了重要的作用。此后,各主流国家也纷纷加入这一进程,使不方便法院原则在整个英美法系得到了普遍的发展。① 其中,英国法院通过"Spiliada Maritime Corp. v. Cansulex Ltd.案"②确立了"更适当法院"(more appropriate forum)标准、美国法院则在"Piper Aircraft Co. v. Reyno 案"③中确立了"最适当法院"(the most suitable forum)标准、澳大利亚法院在"Voth v. Manildra Flour Mills Pty Ltd.案"④中确立了"明显不适当法院"(clearly inappropriate forum)的标准。通过对各种适用标准的考察显示,不方便法院原则的根本目的是实现"正义的目的"(the ends of justice),各种不同的适用标准都在一定程度上反映了对当事人人权保障的关照,并通过多种适用因素和分析方法来平衡原、被告的权益。

与之相应,大陆法系国家和地区也开始在特殊类型的案件中有限适用不方便法院原则。其中,欧盟《布鲁塞尔条例 Ⅱ a》第 15 条规定,为了儿童

---

①　BRAND R A, JABLONSKI S R. Forum Non Conveniens: History, Global Practice, and Future under the Hague Convention on Choice of Court Agreements[M]. Oxford: Oxford University Press, 2007:1.

②　Spiliada Maritime Corp. v. Cansulex Ltd., [1987] AC 460.

③　Piper Aircraft Co. v. Reyno, 454 U.S. 235, 102 S. Ct. 252, 70 L. Ed. 2d 419 (1981).

④　Voth v. Manildra Flour Mills Pty Ltd., 171 C.L.R. 538 (1990).

利益最大化的目的,法官可以有限地适用司法裁量权移送管辖。德国也在其 2008 年修订的《家事事件和非讼事件程序法》第 99 条第 3 款中规定,在监护案件中,法官可以为了儿童的利益行使裁量权拒绝本法院的管辖。日本则采取了类似于不方便法院原则的"特别情势原则",并在其 2012 年修订的《日本民事诉讼法典》中对此加以成文化。从大陆法系国家和地区适用不方便法院原则的范围和程序来看,其主要目的是满足对部分弱势群体的特殊人权保障的需求。

　　然而,不方便法院原则在部分国家的适用也出现了人权保障的困境。尽管一再强调不方便法院原则的适用应以实现正义为目的,①但事实上,该原则却面临着被滥用甚至被用来侵害人权的风险。以美国为代表的部分国家和地区,将不方便法院原则当作保护本国利益的工具,甚至当作践踏他国国民人权的遮羞布。其做法已经与不方便法院原则的初衷相去甚远。尤其是,在 Bhopal 案②、Shell 案③和 Chevron 案④等大规模侵权案件中,美国法院枉顾被告住所地的一般管辖基础,也无视外国受害人人身、财产权受损的现实,利用不方便法院原则之名行本地利益保护之实,严重侵犯了外国受害人的人权。

　　此外,各国在不方便法院原则本土化的过程中,也出现了种种适用乱象。在肯定各国接纳这一制度并使之不断完善的同时,我们也应看到法官具体裁量中存在的不确定性和任意性及其带来的问题。各国各行其是,根据本国的需要对不方便法院原则的内涵任意加以填充,导致了不方便法院原则适用的随意性较大、标准模糊而缺乏可预测性。甚至同一个国家的法院对类似案件适用不方便法院原则都会出现不一致的判决。

　　对不方便法院原则保障人权困境的担忧并非多余。已经显现的问题切实阻碍了不方便法院原则的发展。它不仅影响了当事人对国际民事诉讼管辖权的合理预期和判断,而且间接影响了相关判决在外国的承认与执行。

---

　　① WHYTOCK C A, ROBERTSON C B. Forum Non Conveniens and the Enforcement of Foreign Judgments[J]. Colum. L. Rev, 2011, 111:1454-1455.

　　② In re Union Carbide Corp. Gas Plant Disaster at Bhopal, 634 F. Supp. 842 (S. D.N.Y. 1986), modified, 809 F.2d 195 (2d Cir.), cert. denied, 108 S. Ct. 199 (1987).

　　③ Delgado v. Shell Oil Co., 890 F. Supp. 1324 (S.D. Tex. 1995).

　　④ 本案分别在美国法院和厄瓜多尔法院进行多次诉讼,详细诉讼经过参见:http://chevrontoxico.com/about/historic-trial/。

当事人在国际民事诉讼中无法得到公正对待,即使获得胜诉判决也可能无法执行。究其原因,既有本国政策利益的驱动,也有对该原则的认识分歧。但归根结底是因为在不方便法院原则适用中缺乏对人权保障的重视:由于缺乏对原告起诉权的尊重,导致不方便法院原则从例外适用的规则变为常规援引的工具;由于忽略对当事人公正审判权的保障,使得当事人难以公正地获得审理,还需耗费大量的时间与精力;由于欠缺对实现人权问题的关注,致使当事人能否在替代法院进行诉讼处于不确定的状态,外国法院的判决也面临执行困境。

以上表明,不方便法院原则本应服务于人权保障这一价值,但其当前面临着人权保障的现实困境。对于实践中发生的偏离和践踏人权的现象,只有从人权保障本身对这一制度的适用加以审视,才能达到正本清源、恢复其人权保障的目的。但现有的研究成果仅仅关注了碎片式的现象,而未从人权保障这一根本价值的角度展开,更未能对此提出系统的解决方案。基于以上考虑,本书选择将"人权保障视角下的不方便法院原则"作为研究主题。

(二)本书的范围

"人权保障"是一个相当宏大的主题,在不方便法院原则适用中的人权保障问题则相对具体。因此,有必要对本书的范围加以必要的限定。

本书中的"人权保障"主要是指"人权的司法保障",但为了实现这一目的,也不排除从立法保障的角度提出建议。具体而言,在不方便法院原则适用过程中可能涉及的人权司法保障内容包括:当事人"诉权的保障""公正审判权的保障""促进相关判决的承认与执行"。

"诉权的保障"是对当事人在国际民事诉讼中最根本的权利保障。嵌于国际民事诉讼程序之中的不方便法院原则适用程序,首先应当保障当事人有效行使其诉权。然而,不方便法院原则与诉权的二律背反(antinomies)在对原告起诉权的处理上已经暴露无遗。以不方便法院原则来拒绝管辖符合起诉条件的诉,只限于以"实现正义的目的"来限制当事人诉权的行使。对于这种对"人权的限制",如不加以"限制的限制",则可能导致权力的滥用,进而导致对人权的协调工具变成对人权的侵犯手段。这在美国等国家和地区的实践中已经变成现实。因此,在适用不方便法院原则时,务必强调对当事人诉权的保障,避免对当事人诉权的直接侵犯,也遏制因不方便法院原则标准模糊不清和对例外性的违背而导致的诉权妨害扩大化。

"公正审判权的保障"则是在不方便法院原则适用中受到关注较多的一

个人权保障的具体分支。公正审判权作为各人权公约明确规定的人权内容,它在当事人的人权保障体系中居于重要地位。而在不方便法院原则的适用中具体表现为对双方当事人的平等权、及时审判权加以保障。这与不方便法院原则的特殊性密切相关。也正是基于此,才能使我们看清不方便法院原则的适用在保障当事人的公正审判权方面存在的不足。

"促进相关判决的承认与执行"则是对国际民事诉讼中人权的"后端保障"。国际民商事判决的承认与执行也受到人权法的制约。① 相较于管辖权阶段存在的问题,在相关判决承认与执行中存在的独特问题更加值得关注,它直接关系到此前两个国家的法院对案件的审判能否得到实现的问题。而且,其适用可能且现实已经产生"诉诸司法的鸿沟"(access to justice gap),如何消弭其不利影响,促进相关判决的承认与执行是切实保障当事人人权的重要课题。

本书正是以以上范围内的"人权保障"为视角,剖析各国适用不方便法院原则的立法、司法实践及趋势,并对我国的不方便法院原则制度提出完善建议。

(三)本书的意义

无论是从理论还是从实践的角度来看,从人权保障的视角研究不方便法院原则都具有重要的意义。

1.本书的理论意义

关于不方便法院原则的既有研究数量众多、内容较为全面,而从人权保障的角度来研究不方便法院原则能够进一步深入探索这一制度。具体来说:

其一,本书有助于深入了解不方便法院原则的基本原理。本书通过梳理和分析各国在适用不方便法院原则中的理论与实践,探寻和发现不方便法院原则在不同时期、不同国家的发展及其所体现的根本目的。通过对"根本目的"这一线索的发掘,能够有助于了解不方便法院原则的作用机制和基本原理。

其二,本书有助于明确人权保障对不方便法院原则的影响。本书首先分析了人权保障对不方便法院原则的特殊要求,并从该要求出发,分别从诉

---

① 刘仁山.人权保护对国际民商事判决承认与执行的影响——以《欧洲人权公约》之适用为中心[J].法学评论,2015(03):10.

权、公正审判权和判决的承认与执行三个角度检视各国对不方便法院原则的适用。从中可以清晰地看出人权保障对不方便法院原则的要求及制约作用。

其三,本书有助于阐明不方便法院原则对人权保障的意义。本书通过剖析不方便法院原则的根本目的及其与人权保障之间的密切联系,彰显了不方便法院原则对国际民事诉讼中的人权保障具有的重要意义,合理适用不方便法院原则不仅能使被告免受烦扰、压迫之诉讼,还能够保障当事人的公正审判权,优化管辖权对当事人和诉讼的影响。

2.本书的实践意义

研究不方便法院原则适用中的人权保障问题具有重要的实践意义,这具体体现在:

其一,本书有助于为不方便法院原则适用中的人权保障提供指导。本书从诉权、公正审判权和判决承认与执行的视角审视不方便法院原则的适用情况后,分别对其中存在的问题提出了应对之策。这些针对性的对策能够较好地促进不方便法院原则分析和相关判决的承认与执行中的人权保障。

其二,本书有助于推进与不方便法院原则相关的国际合作。通过对各国适用标准的剖析可以看到,各国适用不方便法院原则的根本目的具有一致性。虽然有部分国家和地区在具体适用中存在滥用和错用的现象,也存在对根本目的的偏离,但是这些可以通过共同的价值导向加以调和。

其三,本书有助于完善我国的不方便法院原则的相关制度。本书对我国适用不方便法院原则的立法和司法情况进行了全面的梳理,并从当事人的人权保障角度审视了我国的不方便法院原则。在此基础上,本书针对我国的不方便法院原则制度存在的问题提出了完善建议。

二、研究综述与方案

(一)国内研究现状

国内学者对不方便法院原则的研究可追溯至 20 世纪 90 年代,并在此后掀起了一波研究热潮。在早期研究中,部分学者对这一制度的基础理论、各国适用情形进行了详细的介绍,但是这一时期对其中的人权保障问题则缺乏关注。

以国别研究的方式详细介绍主要国家适用不方便法院原则的模式一度

占据了主流地位。刘仁山教授在《加拿大关于国际民商事管辖权自由裁量的理论与实践》一文中对主要普通法系国家适用不方便法院原则的实践进行了梳理和分析,并将其与挑选法院、中止诉讼、"一事二诉"等相关概念进行了辨析。① 徐伟功教授所著的《不方便法院原则研究》②一书,对主要国家的不方便法院原则进行了全面的研究,尤其是分国别对美国模式、英国模式和澳大利亚模式有深入探讨和归纳。此外,徐伟功教授在一系列论文中分别对不同国家和地区的相关立法与司法实践进行了梳理和分析。③ 何其生教授则将该时期英美法系和大陆法系的适用概况加以横向比较,进而对不方便法院原则进行总评,并对我国的适用提出建议。④ 陈隆修教授在《中国思想下的全球化管辖规则》⑤一书以穿插的方式将不方便法院原则相关内容与国际民事诉讼管辖权积极冲突的协调相结合,不仅详细介绍了英美法系中的不方便法院原则,而且分析了其深层次形成的原因和作用机制,对于研究英美法系国家不方便法院原则有很强的指导作用。陈隆修教授还指出,不方便法院原则不仅可以作为相关管辖权行使的限制,而且在外国法院的判决违反自然和实体正义时,不方便法院原则还应成为拒绝承认该外国判决的理由。此外,何其生教授在《比较法视野下的国际民事诉讼》⑥一书中以专章的形式重点研究了不方便法院原则,对我国今后立法建议的部分尤其值得关注。另外还有一些专著和论文专门对此进行了研究。⑦

这些研究成果引入了外国较为成熟的不方便法院原则制度,为我国学

---

① 刘仁山.加拿大关于国际民商事管辖权自由裁量的理论与实践[C]//中国国际私法与比较法年刊.北京:法律出版社,2000:483-508.

② 徐伟功.不方便法院原则研究[M].长春:吉林人民出版社,2002.

③ 徐伟功.英国不方便法院原则研究[J].厦门大学法律评论,2003(02);徐伟功.日本不方便法院原则问题的探讨[J].云南大学学报(法学版),2003(03);徐伟功.美国不方便法院原则问题研究[C]//民商法论丛.香港:金桥文化出版(香港)有限公司,2002;徐伟功.不方便法院原则在中国的运用[J].政法论坛,2003(04).

④ 何其生.非方便法院原则问题研究[C]//诉讼法论丛.北京:法律出版社,2002.

⑤ 陈隆修.中国思想下的全球化管辖规则[M].台北:五南图书出版股份有限公司,2013.

⑥ 何其生.比较法视野下的国际民事诉讼[M].北京:高等教育出版社,2015.

⑦ 谢海霞.论国际民商事诉讼中的不方便法院原则[M].北京:对外经济贸易大学出版社,2012;李祥俊.论国际民事诉讼程序中的不方便法院原则[J].当代法学,2001(04).

者对不方便法院原则的进一步研究打下了坚实的基础。同时,在引入该制度的过程中,学界也对这一制度的功能、适用范围等问题产生了分歧。袁泉教授对此进行了剖析,否定了不方便法院原则只是普通法系的突出特征,并指出解决国际民事管辖权的积极冲突,充其量只是不方便法院原则的附属功能,而不是其本质功能。此外,经过比较研究发现,不方便法院原则并非某些国家特有的问题,它在很多国家都存在。①

与学术研究的蓬勃发展相适应,在我国的司法实践中逐渐出现了适用不方便法院原则的初步尝试。为了便于了解不方便法院原则本土化的进程,展示我国司法实践中的适用情况,广东省高院的施适、滕梅法官引用了我国在司法实践中出现的有关不方便法院原则适用的案例,对区际管辖权冲突的解决提出了具体建议,并为此后研究我国不方便法院原则提供了大量的案例资料。②

随着 2004 年我国将"国家尊重和保障人权"写入宪法,学界也更加重视国际私法领域的人权问题的研究。学者们逐渐将目光从国别研究中抽离出来,开始关注不方便法院原则与相关概念的区分、不方便法院原则在特殊案件中的适用等问题,其中不乏对人权问题的思考。

不方便法院原则和协议管辖都有协调国际民事管辖权积极冲突的作用,二者之间有密切的联系。刘晓红教授与周祺博士主张,我国应明确管辖权协议的表面效力,同时仍然可以适用不方便法院原则对协议管辖的案件进行审查,但应注意排除对私人利益便利性的考量,而仅仅考察公共利益因素。③ 王吉文副教授则认为,可以采用不方便法院原则审查协议管辖问题,但是需要强调对公平正义损害的严重性,仅仅把"实际联系原则"作为判断的基本依据之一。④ 这两篇文章对于分析不方便法院原则与协议管辖的关系有一定的启发作用。

也有学者将研究目光转向不方便法院原则在特殊类型的案件中的适用。向明华教授以海事诉讼中的船舶扣押管辖权与不方便法院原则之间的

① 袁泉.不方便法院原则三题[J].中国法学,2003(06).
② 施适,滕梅.不方便法院原则在中国的发展现状[J].法律适用,2003(07).
③ 刘晓红,周祺.协议管辖制度中的实际联系原则与不方便法院原则:兼及我国协议管辖制度之检视[J].法学,2014(12).
④ 王吉文.论不方便法院原则对协议管辖的效力问题[J].云南大学学报(法学版),2015(03).

关系为视角,分析了扣船法院适用不方便法院原则的法理依据,并就扣船法院适用不方便法院原则的裁量因素和相关程序问题进行了研究。① 该文章对于分析不方便法院原则在特殊类型案件中的适用有重要的意义。张望平副教授则系统地论证了不方便法院原则在国际航空责任案件中的适用。尤其是对我国《民事诉讼法解释》第 532 条规定的不方便法院原则在《蒙特利尔公约》项下的适用可能性进行了分析。② 张超汉老师同样对航空产品责任案件管辖权的确定问题进行了关注。其在剖析国际性因素对相关案件管辖权的影响的基础上,对美国法院最新的相关立法及实践加以评析,对今后我国当事人在美诉讼提供了有力的指引。但是,现有研究还未研究特殊类型侵权中的人权问题,没有从人权保障这一根本价值角度进行分析。

晚近新型案件的出现给国际民事诉讼的理论和实践提出了新的挑战,不少学者也对其中的不方便法院原则适用问题进行了探索。吴一鸣副教授对大陆法系国家在不方便法院原则的问题上的最新发展进行了评析,并对新型涉外互联网案件予以关注。其指出,在互联网发展迅猛的新时期,各国对跨境互联网侵权案件的管辖权问题都有所关注,但是侵权行为地的广泛性导致原告挑选法院更加普遍,这对不方便法院原则的适用提出了新要求。③ 此类文章还有刘颖、李静的《互联网环境下的国际民事管辖权》④一文。

总之,当前国内有关不方便法院原则的研究成果比较丰硕,一方面梳理了不方便法院原则的诸多适用标准,另一方面也关注了新时期与不方便法院原则有关的特殊问题。但是无法回避的是,国内对不方便法院原则的研究还有一定的局限性。这突出表现在:(1)从不方便法院原则的根本价值取向——人权角度研究的成果较少,目前只有黄志慧老师的《人权法对国际民事管辖权的影响——基于〈欧洲人权公约〉第 6(1)条之适用》⑤一文,从公正

---

① 向明华.论船舶扣押管辖权领域中的不方便法院原则[J].法学评论,2008(05).

② 张望平.试论我国民事诉讼不方便法院原则在《蒙特利尔公约》下的适用[J].甘肃政法学院学报,2018(01).

③ 吴一鸣.两大法系中的不方便法院原则及在中国的合理借鉴[J].西南政法大学学报,2008(02).

④ 刘颖,李静.互联网环境下的国际民事管辖权[J].中国法学,2006(01).

⑤ 黄志慧.人权法对国际民事管辖权的影响:基于《欧洲人权公约》第 6(1)条之适用[J].环球法律评论,2016(01).

审判权的角度对不方便法院原则的适用进行了分析,并结合《欧洲人权公约》的相关规定阐释了作为人权的公正审判权与不方便法院原则的关系。(2)对于大陆法系适用不方便法院原则的新发展仍然停留在 20 世纪 90 年代的认识中,对于此后欧盟和德国、法国的新发展没有了解,更未注意到大陆法系对不方便法院原则的态度转变的突破性。(3)缺乏对不方便法院原则相关判决承认与执行问题的关注,研究视角依然局限于不方便法院原则的适用本身。而在资料的运用上,相关研究成果对近年来大陆法系国家或地区采用的不方便法院原则替代措施的立法和司法实践的关注较少。

(二)国外研究现状

与国内研究现状相比,国外关于不方便法院原则的研究相对成熟,其中一些代表性成果突破了国别研究的范式,从判决承认与执行、特殊类型案件等不同的角度对不方便法院原则展开了评议。

在专著方面,已有多位学者对不方便法院原则进行了系统的研究。美国匹兹堡大学的 Ronald A. Brand 教授和 Scott R. Jablonski 律师对不方便法院原则的历史、全球实践和未来趋势进行了非常深入的分析。这两位学者对美国、英国、加拿大和澳大利亚以及德国、日本和欧盟的不同做法进行了评析。然后,他们将不方便法院原则同大陆法系国家的类似原则先系属优先原则(lis alibi pendens)进行比较分析,并认为 2005 年《选择法院协议公约》是对不方便法院原则和先系属优先原则的融合。最后,他们对《选择法院协议公约》项下不方便法院原则的构建提出了建议。其研究的一个重要贡献在于,它全面审视了不方便法院原则在各国的做法和经验,给后续对不方便法院原则的研究打下了基础。[①]

耶路撒冷希伯来大学的 Michael Karayanni 教授主要从英美法系的不方便法院原则适用情况进行了研究。他不仅从理论上剖析了不方便法院原则的目的、民事判决的意义,而且分别从地理便利相关因素、诉讼效率因素、实质正义因素三个方面对英美法系现有的不方便法院原则考虑因素进行了归类,从而得出对不方便法院原则的完善建议。但该著作仅关注了英国和

---

① BRAND R A, JABLONSKI S R. Forum Non Conveniens: History, Global Practice, and Future under the Hague Convention on Choice of Court Agreements[M]. Oxford: Oxford University Press, 2007.

美国的做法，并没有对其他国家的情况进行分析和比较，研究范围较为有限。①

从国外学者发表的论文来看，其对不方便法院原则的研究主要有以下特点：

第一，国外学者在早期的大部分研究中，同样重点关注了不方便法院原则在各国的适用情况，通过不方便法院原则的国别研究阐释了不方便法院原则的基本问题，这主要体现在：

在不方便法院原则的基本问题方面，1929 年 Blair Paxton 教授发表的《英美法中的不方便法院原则》(The Doctrine of Forum Non Conveniens in Anglo-American Law)②一文是美国不方便法院原则研究的开篇之作，它奠定了美国学术界和司法实务界对不方便法院原则的认识基础。该论文从美国宪法中"特权与豁免"条款的适用性角度分析不方便法院原则适用的可行性，并分析了不方便法院原则的实际功能，最后对当时要求限制适用该原则的主张进行了回应。它首次详细剖析了英国适用不方便法院原则的情形，并论证了美国适用该原则的可行性和必要性，对此后美国学者对该问题的研究有极大的影响。

晚近以来，也有其他学者对各国的适用情况进行了分析。卡尔加里大学的 Chilenye Nwapi 博士在《加拿大不方便法院原则的重新评价》(Re-Evaluating the Doctrine of Forum Non Conveniens in Canada)③一文中梳理了加拿大不方便法院原则的产生、发展、适用实践，进而提出了对加拿大不方便法院原则的重构建议。此外，该文对于原告选择法院适当性和判决承认与执行问题给予了特殊关注。布里斯托大学的 Ardavan Arzandeh 则在《对澳大利亚（不）方便法院原则的再思考》[Reconsidering

① KARAYANNI M. Forum Non Conveniens in the Modern Age: A Comparative and Methodological Analysis of Anglo-American Law[M]. New York: Transnational Publishers, 2004.

② PAXTON B. The Doctrine of Forum Non Conveniens in Anglo-American Law [J]. Colum. L. Rev, 1929, 29:1-34.

③ NWAPI C. Re-evaluating the Doctrine of Forum Non Conveniens in Canada[J]. Windsor Rev. Legal & Soc. Issues, 2013, 34:59-104.

the Australian Forum（Non）Conveniens Doctrine]①一文中向长期以来学术界和实务界一致认可的、澳大利亚适用不方便法院原则的模式提出了挑战。该文认为学术界和实务界对澳大利亚 Voth 案所确立的"明显不适当法院标准"（"clearly inappropriate forum" test）理解有误，并主张该标准与英国的 Spiliada 案所确立的"明显更适当法院标准"（"clearly more appropriate forum" test）在实践中没有差别。这一说法的提出对于辩证看待澳大利亚适用不方便法院原则的模式有很大的启示。

　　除此之外，部分学者关注了不方便法院原则适用中的具体考虑因素问题。由于各国确立了不同的适用标准，在考虑因素上也有较大的差异，对此进行研究能够直观地展示不方便法院原则适用中的恒常性因素。以色列的 Ido Baum 副教授在《法律移植与跨国法：以色列不方便法院原则中的公共因素之经验》（Legal Transplants v. Transnational Law：Lessons From The Israeli Adoption of Public Factors In Forum Non Conveniens）②一文中针对以色列适用不方便法院原则中的公共因素进行分析，并且对英美法系国家在适用该原则的过程中对公共因素的考量情况进行了评论。该文详细分析了以色列公共因素中的道德价值、国际礼让、偏见以及法院积案情况等考量因素。Emily J. Derr 则在《创造不方便法院原则中公共利益和私人利益更好的平衡》（Striking a Better Public-Private Balance in Forum Non Conveniens）③一文中阐明了决定性公共利益因素存在的风险，进而提出从限制公共利益因素的角度改进不方便法院原则的建议。虽然该文主体是在研究公共利益，但是其一直以私人利益因素作为比较对象，尤其强调公共利益因素与私人利益因素的平衡。更为具体的研究体现在 J. Stephen Crabtree 的《居住地因素在不方便法院原则动议中的适当定位》（The

---

　　①　ARZANDEH A. Reconsidering the Australian Forum（Non）Conveniens Doctrine[J]. International and Comparative Law Quarterly，2016，65（02）：475-491.

　　②　BAUM I. Legal Transplants v. Transnational Law：Lessons from the Israeli Adoption of Public Factors in Forum Non Conveniens[J]. Brook. J. Int'l L，2015，40：357-406.

　　③　DERR E J. Striking a Better Public-Private Balance in Forum Non Conveniens[J]. Cornell L. Rev，2008，93：819-848.

Proper Role of the Residence Factor in Forum Non Conveniens Motions) [1] 一文中,该文主要针对不方便法院原则分析中的"居所地"这一考量因素展开研究。作者在分析不方便法院原则的相关考量因素的基础上,分析了加利福尼亚州的做法,该州将原告居所地作为拒绝适用不方便法院原则的唯一事由。作者认为仅以居所地为由拒绝适用不方便法院原则的做法违反了特权和豁免条款。对于英美法系国家普遍存在的附条件适用不方便法院原则的情况,戴尔豪斯大学 Vaughan Black 教授在《加拿大法院的附条件适用不方便法院原则》(Conditional Forum Non Conveniens in Canadian Courts) [2] 一文中概括了英国、美国、加拿大适用不方便法院原则的做法,而且将不方便法院原则适用中通常附加的条件进行了梳理和分析。

上述研究成果对各国适用不方便法院原则的标准和考量因素进行了全面而细致的研究,内容涵盖法院考察替代法院的标准、相关的私人利益因素和公共利益因素等,但是还缺少系统性分析私人利益因素的种类、权重的成果。而这部分正是不方便法院原则分析中集中体现人权保障的要素,因此这方面的研究还有很大的空间和价值。

第二,从人权角度研究不方便法院原则的成果也有很多。其中不乏直接对人权与不方便法院原则关系的研究,但更多的是研究不方便法院原则适用中的具体人权问题,尤其是对不方便法院原则相关判决的承认与执行中的人权保障问题进行了关注。遗憾的是,目前仍缺乏对诉权方面的研究成果。

在直接研究人权与不方便法院原则的关系方面,Francisco Forrest Martin 教授在《不方便法院原则的国际人权和道德问题》(The International Human Rights & Ethical Aspects of the Forum Non Conveniens Doctrine) [3] 一文中,考察了利用国际人权法院作为不方便法院原则的替代法院的可用性和充分性问题,并阐释了与美国的《外国人侵权请求法》相关诉讼中的不方便法院原则的适用情况。该文的突破之处在于,其不仅

---

① CRABTREE J S. The Proper Role of the Residence Factor in Forum Non Conveniens Motions[J]. S. Cal. L. Rev, 1972, 45:249-262.

② BLACK V. Conditional Forum Non Conveniens in Canadian Courts[J]. Queen's L.J, 2013, 39:41-82.

③ MARTIN F F. The International Human Rights & Ethical Aspects of the Forum Non Conveniens Doctrine[J]. U. Miami Inter-Am. L. Rev. 2004, 35:101-122.

关注了人权案件中的不方便法院原则的适用情况,而且试图从道德的角度来阐释这一原则。Jeffrey E. Baldwin 博士在《国际人权原告与不方便法院原则》(International Human Rights Plaintiffs and the Doctrine of Forum Non Conveniens)①一文中,对美国的《外国人侵权请求法》(The Alien Tort Claims Act)与人权案件中的不方便法院原则适用情况进行了分析。尤其是对此类案件中的不方便法院原则适用条件进行了详细的论证。除此之外,还有其他学者对不方便法院原则适用中的人权问题进行了关注。② 但是,以上文章的侧重点局限于人权案件中的不方便法院原则的适用情况,而未对不方便法院原则适用中的当事人人权保障问题予以关注。

除此之外,晚近的研究逐渐开始关注不方便法院原则相关判决的承认与执行问题。在国际民事诉讼领域,判决的承认与执行是实现当事人实体权利的重要关隘。在这一阶段所体现的人权保障功能不亚于审判阶段。而在不方便法院原则相关判决中尤其如此。有部分学者对此进行了探索。加利福尼亚大学的 Christopher A. Whytock 教授和凯斯西储大学的 Cassandra Burke Robertson 副教授在《不方便法院原则和判决的承认与执行》(Forum Non Conveniens and the Enforcement of Foreign Judgments)③一文中提出,因在案件确定管辖权阶段和判决承认与执行阶段对管辖权的标准不同,导致了回旋镖诉讼(boomerang litigation)的困境,进而出现原告"诉诸司法的鸿沟"(access-to-justice gap)④。作者详细对比了不方便法院原则和判决承认与执行原则之间的异同,指出在确定管辖权阶段对替代法

---

①　BALDWIN J E. International Human Rights Plaintiffs and the Doctrine of Forum Non Conveniens[J]. Cornell Int'l L.J. 2007, 40:749-780.

②　SMITH E F. Right to Remedies and the Inconvenience of Forum Non Conveniens: Opening U.S. Courts to Victims of Corporate Human Rights Abuses[J]. Colum. J. L. & Soc. Probs, 2010, 44: 150-192; GROLIMUND P, Human Rights and Jurisdiction: General Observations and Impact on the Doctrines of Forum Non Conveniens and Forum Conveniens[J]. Eur. J.L. Reform, 2002, 4:87-118.

③　WHYTOCK C A, ROBERTSON C B. Forum Non Conveniens and the Enforcement of Foreign Judgments[J]. Colum. L. Rev. 2011, 111:1444-1521.

④　两位学者所提出的"诉诸司法的鸿沟",是指由于一国法院在不方便法院原则分析和外国判决承认与执行阶段关于外国法院的审查标准不同,导致外国原告被以不方便法院原则为由驳回(中止)诉讼,但其在外国替代法院获得的判决却达不到原法院承认与执行外国判决的管辖法院要求,因而无法得到执行的情形。

院的确定标准宽松、以原告为中心，而在判决承认与执行阶段对管辖法院的标准严格以被告为中心。两种标准差异导致了原告在替代法院获得的判决难以得到承认与执行。因此作者提出了解决方案，即在管辖权阶段考察判决的可执行性，在判决承认与执行阶段快速审查，与管辖权阶段对法院的标准保持一致。在此之后，加利福尼亚大学的 Tarik R. Hansen 博士和 Christopher A. Whytock 教授在《在不方便法院原则分析中的判决可执行性因素》(The Judgment Enforceability Factor in Forum Non Conveniens Analysis)[1]一文中解释了判决可行性因素在不方便法院原则的分析中的定位，并提供了一个简明的框架来指导法官和律师的应用。文章指出，判决可执行性因素不仅在法律上是重要的，而且对于正义和效率目的的实现也很重要。但它经常被忽视或被不一致地适用。Jungmoo Lee 博士则在《以国际仲裁协调不方便法院原则和外国金钱判决的承认》(Harmonizing Forum Non Conveniens and Foreign Money Judgment Recognition Through International Arbitration)[2]一文中提出以国际仲裁作为协调二者矛盾的方式。文章阐述了不方便法院原则和美国承认金钱判决法案(UFMJRA)适用中对替代法院规定的标准类似，但应用中的审查是完全不同的。这种观点上的差异导致原告处于相当困难的境地，必须进行协调。于是作者提出以仲裁的方式来替代法院，以缓解两者对替代法院要求的冲突。Alexander R. Moss 博士在《跨越鸿沟：解决国际民事诉讼中的不方便法院原则与判决的承认与执行之间的不协调问题》(Bridging the Gap：Addressing the Doctrinal Disparity between Forum Non Conveniens and Judgment Recognition and Enforcement in Transnational Litigation)[3]一文中回应了 Christopher A. Whytock 教授和 Cassandra Burke Robertson 副教授的文章，并对缩小两个阶段审查标准差异导致的"诉诸司法鸿沟"问题提出了具体的

①　HANSEN T R，WHYTOCK C A. The Judgment Enforceability Factor in Forum Non Conveniens Analysis[J]. Iowa L. Rev，2016，101：923-954.

②　LEE J. Harmonizing Forum Non Conveniens and Foreign Money Judgment Recognition through International Arbitration[J]. Emory Int'l L. Rev，2014，29：451-498.

③　MOSS A R. Bridging the Gap：Addressing the Doctrinal Disparity between Forum Non Conveniens and Judgment Recognition and Enforcement in Transnational Litigation[J]. Geo. L.J，2017，106：209-247.

建议。

　　总体来说,国外学者对不方便法院原则与人权保障之间的关系和具体保障进路的研究已经取得了一定的成果,并在研究视角上有所突破,也得出了较为新颖的研究结论。但是,目前对不方便法院原则中的人权保障问题的研究仍然没能从不方便法院原则本身来进行。因此,在已有的成果基础上,需要再关注具体人权类型的保障状况。

　　第三,不方便法院原则在新类型和特殊类型案件中的适用受到瞩目。同时,也有学者对不方便法院原则的适用持悲观态度,主张不方便法院原则否定论。这些学术成果是在前面百年的研究成果基础上的升华,是对现阶段不方便法院原则出现的诸多问题的回应,集中反映了经济全球化背景下不方便法院原则和国际民事管辖权的碰撞与发展。

　　在特殊类型案件中适用不方便法院原则的新发展方面,Kathleen Crowe 博士在《清理混乱:不方便法院原则与大规模跨国环境灾难的民事责任》(Cleaning up the Mess:Forum Non Conveniens and Civil Liability for Large-Scale Transnational Environmental Disasters)①一文中指出,大规模环境污染导致的损害具有跨越国境的广泛影响,在欠发达国家发生的环境损害诉讼对双方当事人来说都具有挑战性,而且往往难以公正解决。因此,该文针对此类案件中适用不方便法院原则存在的问题展开探讨,进而提出适用不方便法院原则的"修正的平衡标准"(modified balancing test)。而 Don G. Rushing 博士和 Ellen Nudelman Adler 博士在《关于国际空难案件中不方便法院原则的几点非方便的真相》(Some Inconvenient Truths about Forum Non Conveniens Law in International Aviation Disasters)②一文中,对一些重大空难的索赔诉讼进行了分析,进而总结出空难案件适用不方便法院原则的一般规律。Allan I. Mendelsohn 副教授和 Carlos J. Ruiz 教授在《外国原告、不方便法院和 1999 年〈蒙特利尔公约〉》(Foreign Plaintiffs,

---

　　①　CROWE K. Cleaning up the Mess:forum Non Conveniens and Civil Liability for Large-Scale Transnational Environmental Disasters[J]. Geo. Int'l Envtl. L. Rev,2012,24:449-478.

　　②　RUSHING D G,ALDER E N. Some Inconvenient Truths about Forum Non Conveniens Law in International Aviation Disasters[J]. J. Air L. & Com,2009,74:403-436.

Forum Non Conveniens，and the 1999 Montreal Convention)①一文中对航空事故相关适用得出结论，受害人住所地或经常居住地法院明显是最适合起诉和判定赔偿金标准的法院，而航空公司的保险公司所在地在管辖权的确定中尤其应予考虑。此外，Sandra Adeline 在《不方便法院原则对航空承运人责任相关的统一国际私法的检验：美国与法国判决之间的不协调》(The Forum Non Conveniens Doctrine Put to the Test of Uniform Private International Law in Relation to Air Carriers' Liability：Lack of Harmony Between US and French Decisional Outcomes)②一文中同样是对国际空难案件的适用问题的研究，但该书主要从美国和法国在适用不方便法院原则的矛盾上切入，这给研究大陆法系和英美法系国家适用不方便法院原则的比较分析提供了思路。

各国在国际民事管辖权方面进行国际合作的相关尝试从未间断，并曾尝试将不方便法院原则写入《1999 年公约草案》中。但是各国无法就此达成一致，最终只能在 2005 年达成较小范围的《选择法院协议公约》。这其中，不方便法院原则适用与否的问题一度引起重视。因此，部分学者对这一问题进行了深入的分析。Justin Paul Cook 在《海牙判决项目公约建议案中的拒绝管辖：合并"更适当法院"标准和"明显不适当法院"标准以提供最佳的不方便法院原则条款》(Declining Jurisdiction in the Hague's Proposed Judgments Convention：Amalgamating the "More Appropriate Forum" and the "Clearly Inappropriate Forum" Tests to Provide the Optimal Forum Non Conveniens Clause)③一文剖析了大陆法系和英美法系对待平行诉讼的分歧，并提出将"更适当法院"标准和"明显不适当法院"标准整合成为具有普适意义的不方便法院原则规范。圣地亚哥大学的 Walter W.

---

① MENDELSOHN A I. Foreign Plaintiffs，Forum Non Conveniens，and the 1999 Montreal Convention[J]. Issues Aviation L. & Pol'y，2011，10：265-279.

② ADELINE S. The Forum Non Conveniens Doctrine Put to the Test of Uniform Private International Law in Relation to Air Carriers' Liability：Lack of Harmony Between US and French Decisional Outcomes[J]. Unif. L. Rev，2013，18：313-329.

③ COOK J P. Declining Jurisdiction in the Hague's Proposed Judgments Convention：Amalgamating the More Appropriate Forum and the Clearly Inappropriate Forum Tests to Provide the Optimal Forum Non Conveniens Clause[J]. Austl. Int'l L.J，2014，21：19-40.

Heiser 教授在《海牙选择法院协议公约：对不方便法院原则的影响、管辖权转移、排除及美国法院对判决的承认》(The Hague Convention on Choice of Court Agreements：The Impact on Forum Non Conveniens，Transfer of Venue，Removal， and Recognition of Judgments in United States Courts)①一文对《选择法院协议公约》与美国不方便法院原则适用问题进行了研究。该文指出，《选择法院协议公约》对不方便法院原则的适用进行了限制，如果加入该公约，美国法院需优先适用公约的规定。但作者指出，在大多数情况下公约对美国法院的不方便法院原则、移送管辖、承认外国判决理论几乎没有影响，而某些方面的国内法则要进行重大修改。Songling Yang 在《WTO 与区域贸易协定之间管辖权冲突的解决：不方便法院原则》(The Settlement of Jurisdictional Conflicts between the WTO and RTAS：the Forum Non Conveniens Principle)②一文中分析了 WTO 和区域贸易协定之间的管辖权冲突问题，研究视角比较新颖，也给后续研究者提供了思路。

此外，也有部分学者否定不方便法院原则存在的必要性，并认为这一制度正在走向消亡。哈佛大学 Maggie Gardner 研究员在《即将退隐的不方便法院原则》(Retiring Forum Non Conveniens)③一文中认为不方便法院原则有错误的标准，存在众多问题。该文不仅否定不方便法院原则存在的必要性，而且比较了现有的协调国际民事管辖权积极冲突的各种机制。在此基础上进一步指出，除了不方便法院原则之外，还有很多更加有效、更加直接的协调方式。作者鼓励法院和国会继续发展其他替代协调方式，来更好地帮助法官在美国法院有管辖权和无管辖权的案件之间划分适当的界限。与之类似，Khawar Qureshi QC 律师和 Catriona Nicol 在《不方便法院原则

---

① HEISER W W. The Hague Convention on Choice of Court Agreements：The Impact on Forum Non Conveniens，Transfer of Venue，Removal，and Recognition of Judgments in United States Courts[J]. U. Pa. J. Int'l L，2010，31：1013-1050.

② YANG S L. The Settlement of Jurisdictional Conflicts between the WTO and RTAS：The Forum Non Conveniens Principle[J]. Willamette J. Int'l L. & Dis. Res，2015，23：233-254.

③ GARDNER M. Retiring Forum Non Conveniens[J]. N.Y.U. L. Rev，2017，92：390-461.

之死？》(The demise of Forum Non Conveniens?)①一文中提出，近年来这一原则的适用和效果明显受到布鲁塞尔体系等多边公约的限制。而《选择法院协议公约》生效后，其适用范围会进一步受到限制。这些文章中所表达的不方便法院原则否定论思想与大陆法系对不方便法院原则的限制有关，但是其没能注意到大陆法系对不方便法院原则的态度转变。

(三)国内外研究现状评析

通过以上对不方便法院原则的国内外研究现状的梳理可见，经过 20 世纪末理论界对不方便法院原则国别研究的深度发掘，晚近的研究重点逐渐细化，并集中到四个方面：一是对不方便法院原则适用中的人权问题的关注。二是不方便法院原则在特殊类型的案件中的适用，如环境侵权和空难事故中适用不方便法院原则的情况。这种类型的研究通常会结合相关国际公约，能够很好地结合社会普遍关注的大规模侵权案件，符合当前的社会现实需求。三是不方便法院原则与相邻概念的关系。受 2005 年《协议选择法院公约》的助推，不方便法院原则与协议管辖制度之间、与先系属优先原则之间的关系引起了学者的关注。四是对适用不方便法院原则之后的案件发展情况的分析，主要集中于相关判决承认与执行问题上。将管辖权问题与判决承认与执行问题相互关联的视角，突破了原有研究只关注适用本身的局限性，具有较大的实用性和新颖性。

但是，现有研究尚存在以下不足：一是对人权保障的关注刚刚起步，还有大量的空白。不方便法院原则的根本目的与人权保障有密切的联系，这就要求从人权保障的角度来审视现有的不足。但是已有的研究成果还未对此作出回应。二是现有研究大多只针对英美法系国家的不方便法院原则实践，而对大陆法系的适用情况分析不足。应当引起重视的是，虽然大陆法系国家的有限适用局限于狭窄的范围内，但是已经出现突破既有格局之曙光，因此应当引起重视。

总之，不方便法院原则是一个历久弥新的学术和实践问题，这从相关研究的数量和质量上都可见一斑。但是国内对该原则的研究还存在较大的局限性，未能认识到现在存在的问题与当事人人权保障之间的关联。鉴于此，我们仍然需要从人权保障的角度出发，针对不方便法院原则的晚近发展，从

---

① QURESHI K，NICOL C. The Demise of Forum Non Conveniens? [J]. JIBFL，2014，8：509.

保障诉权和公正审判权以及促进相关判决的承认与执行三个维度审视和完善这一制度,为今后我国不方便法院原则制度体系完善提供支持。

(四)研究重点

本书尝试从人权保障的视角对不方便法院原则进行全面、深入的研究,具体来说,研究重点主要有以下几个方面的内容:

第一,人权保障与不方便法院原则的基本问题。本书首先对"人权保障"进行了界定,并通过剖析人权司法保障对民事诉讼的要求,结合国际民事诉讼的特点,发掘出不方便法院原则中的人权保障要求。此后,本书对不方便法院原则适用中的人权保障情况进行了类型化分析。这既包括分析不方便法院原则的根本目的及其与人权保障的关联,也包括明确各国适用不方便法院原则保障人权的具体体现,以及部分国家和地区对人权保障的背离。在此基础上,本书提出了从人权保障视角审视不方便法院原则的具体路径,包括诉权、公正审判权和判决承认与执行三个不同的维度。

第二,从保障诉权的角度审视和完善不方便法院原则。诉权作为一种基本人权,是人人享有且可行使的权利。本书通过梳理和分析不方便法院原则在适用中对当事人诉权的直接妨害和间接妨害两个方面的情况,对各国在具体适用不方便法院原则的过程中存在的妨害诉权的程序、制度问题进行了剖析。本书对目前已有研究成果尚未关注的方面进行了分析,也对目前存在的种种问题分别提出了完善建议。

第三,从保障公正审判权的角度审视和完善不方便法院原则。公正审判权是人权的重要内容,它包括多项具体权利。本书对不方便法院原则适用中当事人的平等权问题进行了考察;对不方便法院原则的特殊情形对当事人及时审判权的影响进行了分析。在此基础上,本书分别针对不方便法院原则在适用中存在的问题提出了完善之策。

第四,促进与不方便法院原则相关判决的承认与执行。与不方便法院原则相关的判决能否得到承认与执行,是检验该制度能否切实保障人权的标准之一。本书对不方便法院原则相关判决的承认与执行中出现的"诉诸司法的鸿沟"(access to justice gap)现象进行了关注,并通过对典型案例的详细分析来深刻分析其出现的原因、作用机制。本书以此为根据,以人权保障为导向,并对促进不方便法院原则相关判决的承认与执行提出了建议。

第五,研究我国的不方便法院原则现状并提出完善建议。自20世纪后半叶开始,在我国的司法实践中就出现了不方便法院原则的适用需求。但是直到 2015 年《民事诉讼法解释》施行,我国的不方便法院原则制度才正式确立起来。本书对我国的不方便法院原则发展状况进行了梳理,并就其中存在的人权保障困境进行了重点分析。以前文的研究为基础,本书对我国的不方便法院原则制度完善提出了一些建议。

(五)研究思路

本书的研究思路采取的是以人权保障的要求为引、从具体的人权保障需求视角进行审视和提出建议为主、对我国的分析和完善为结尾的模式。

首先,本书对不方便法院原则与人权保障的一般问题进行了分析。这部分详细剖析了人权保障对不方便法院原则的要求,并梳理了不方便法院原则在适用中的人权保障状况。

其次,本书从不方便法院原则适用中的具体人权类型角度出发,分别从诉权、公正审判权和判决承认与执行三个方面对各国适用不方便法院原则的标准和实践加以分析。经过从这三个角度的审视,可以清晰地看出不方便法院原则适用中的人权保障情况。在此基础上,本书分别对出现的问题提出了完善建议。

最后,本书对我国的不方便法院原则发展情况进行了梳理和研究。我国虽然已经确立了不方便法院原则,但是也存在人权保障的困境,还存在一些特殊的人权保障难题。对此,可以从前文的分析和我国的实际需求中得出一定的结论。

(六)研究方法

1.比较研究方法

本书首先从比较法的角度,对适用不方便法院原则的主要国家的适用情况进行了比较研究,并从中发掘不同国家存在的共性问题予以解决。尤其是对适用不方便法院原则较为成熟的英国、美国、澳大利亚、加拿大等国的研究,有利于对不方便法院原则形成全面、系统的认识。而对欧盟、德国、日本等国的研究则有利于发现大陆法系对适用不方便法院原则的态度转变及发展趋势。

2.案例分析方法

各国的典型案例是了解其适用不方便法院原则的具体路径。这其中,除了对主流国家的代表性案例,如"Spiliada Maritime Corp. v. Cansulex

Ltd.案"①"Piper Aircraft Co. v. Reyno 案"②"Voth v. Manildra Flour Mills Pty Ltd.案"③"Amchem Products Inc v. British Columbia（Workers Compensation Board）案"④的关注之外，本书也对晚近各国适用不方便法院原则的其他重要案例进行了研究。通过对案例的研析，能够清晰地看到各国的适用理念、标准和趋势。

3.历史分析方法

任何制度的存在和发展都有其历史局限性。不方便法院原则在特定时期的发展情况更是受制于当时的政治、经济等因素。尤其是，人权保障与时代发展息息相关，它随着社会的进步而日益受到重视。在不同的时代背景下研究不方便法院原则，将有利于了解这一制度的发展脉络，且能够加深对其中的人权保障内涵的理解。

三、研究的创新性

国内外关于不方便法院原则的研究成果较多，但是大都围绕不方便法院原则的一般问题进行。晚近的研究虽然在研究范围和对象上有所拓展，但是仍未能关注其本质。本书的研究可能的创新之处在于：

1.在研究视角上，从人权保障的角度研究不方便法院原则的视角较为新颖。在晚近关于不方便法院原则的大量研究成果中，出现了很多新的关注点。但是现有的研究成果未能从人权保障的角度来审视不方便法院原则的适用。而从不方便法院原则的根本目的来说，其与人权保障有密切的联系。从人权保障的角度能够为不方便法院原则的完善提供根本支撑。

2.在研究方法上，本书综合运用比较研究方法、案例分析方法和历史分析方法，不仅对不方便法院原则在主流国家的立法、司法实践进行了横向比较和纵向比较，而且对特定历史时期的发展背景、制度理念进行了剖析。

3.在研究结论上，本书分别从诉权、公正审判权和判决的承认与执行三个角度审视不方便法院原则的适用并提出结论，至少可以发现并证实以下几点：(1)大陆法系国家和地区对不方便法院原则的态度有所转变，并已经

---

① Spiliada，[1987] AC 460.
② Piper，454 U.S. 235，102 S. Ct. 252，70 L. Ed. 2d 419 (1981).
③ Voth，171 C.L.R. 538 (1990).
④ Amchem，[1993]1 SCR 897.

在家事案件等特殊案件中有限适用不方便法院原则。其适用的目的是保障特殊类型的人权。(2)当前各国对不方便法院原则的适用出现了不同程度的人权保障障碍,尤其体现在不方便法院原则的考虑因素方面。(3)我国目前的不方便法院原则相关制度不足以实现对当事人人权的保障,还需要从保障诉权、公正审判权和促进判决承认与执行的角度加以完善。

第一章　不方便法院原则与人权保障的基本问题

不方便法院原则的适用与当事人人权保障有着密切联系。国际民事诉讼中的当事人人权保障要求体现在不方便法院原则的适用中有其特殊性。总体而言,各国在适用不方便法院原则时,既有契合该要求的实践,也出现了部分背离要求的情形。本章将从不方便法院原则适用中的人权保障要求、不方便法院原则适用中的人权保障现状及不方便法院原则中人权保障的具体路径三个方面展开。

第一节　不方便法院原则适用中的人权保障要求

人们对"人权"和人权保障的界定还存在着较大的争议,但是对于国家应在人权保障问题上承担义务却能够达成共识。[①]　至于如何履行这一重任和职责,则需要以了解人权保障对具体司法制度的要求为基础。这其中,人权保障也对国际民事诉讼中的重要制度——不方便法院原则——提出了迫切的要求。

一、人权保障的基本界定

人权保障理念对不方便法院原则的发展有重要的意义。不方便法院原则的产生、发展与国际民事诉讼中的当事人人权的保障息息相关。在了解人权保障的具体要求之前,首先需要对相关概念加以厘定。

---

① 　罗豪才,宋功德.人权法的失衡与平衡[J].中国社会科学,2011(03):4.

(一)人权的内涵

"'人权'(human rights),顾名思义,就是人的权利。"①"它是基于人的自然属性和社会属性而具有的权利。"②它是社会不断发展的产物,并与一定的生产方式变革、人们逐渐普遍化、规模化的"摆脱权力的桎梏、消除不平等制度"的愿望相伴而生。③ 古希腊、古罗马时期虽然没有"人权"的概念,但是已经出现了它的萌芽。④ 这一时期的自然权利理论为西方人权奠定了基础。⑤ 而文艺复兴时期的格劳秀斯、霍布斯等启蒙思想家继承和发展了自然法学说。⑥ 但是,经过了两次世界大战对人权的严重侵凌,人权理论也随之黯淡了。直到二次世界大战结束之后,全世界人民对战争中的暴行更加忿恨,同时对民主与世界和平有了更加强烈的要求,推动了人权思想的兴起。⑦

人权总是与法治相伴随的,它的每次发展都通过法律得到了确定和巩固。⑧ 例如,美国的《独立宣言》、法国的《人权和公民权宣言》等都一再强调人权是人人享有且不可剥夺的权利。⑨ 1948 年,联合国的《世界人权宣言》,进一步明确了人权的内容。它激发了区域性人权公约的发展。⑩ 1966 年,《公民权利和政治权利国际公约》和《经济、社会和文化权利国际公约》的通过更赋予了《世界人权宣言》中规定的权利以法律效力。人权所内含的不同

---

① 李龙,万鄂湘. 人权理论与国际人权[M]. 武汉:武汉大学出版社,1992:28.

② 杨宇冠等. 完善人权司法保障制度研究[M]. 北京:中国人民公安大学出版社,2016:3.

③ 徐显明. 人权法原理[M]. 北京:中国政法大学出版社,2008:75.

④ 沈宗灵. 二战后西方人权学说的演变[J]. 中国社会科学,1992(05):58.

⑤ 陈林林. 从自然法到自然权利:历史视野中的西方人权[J]. 浙江大学学报(人文社会科学版),2003(02):81.

⑥ 杨宇冠等. 完善人权司法保障制度研究[M]. 北京:中国人民公安大学出版社,2016:8.

⑦ 沈宗灵. 二战后西方人权学说的演变[J]. 中国社会科学,1992(05):58.

⑧ 房广顺,司书岩,马慧亮. 建构与经济社会发展相适应的人权理念和人权保障[J]. 科学社会主义,2015(05):82.

⑨ 邱静. 论人权的私法保护:基于英国裁判实践的研究[D]. 重庆:西南政法大学,2016:15.

⑩ 主要有《欧洲人权公约》《亚洲人权宪章》《美洲人权公约》《非洲人权和民族权宪章》等。

类别的具体权利有着共同的价值。道德层面的权利更多地体现了"正义"的价值取向,而法律层面的权利则主要反映的是人们之间的关系和对利益的诉求。权利的概念逐渐重视"人"的主体性地位,人们对权利的认识也更加关注权利主体的趋势。①

总而言之,人权是人的基本权利,是所有自然人都应享有的权利。尤其是在国际发展和全球意识觉醒的背景下,人权保障具有相应的国际意义和全球价值。② 随着人权学说的不断发展,各个学科也开始了对人权法的研究,它逐渐成为法学、政治学、哲学、伦理学、社会学、文学等学科共同的重要研究对象。③ 与此趋势相符合,在国际私法的研究中,同样产生了大量的研究成果。④ 这些研究成果和人权理念的传播,显示了人权理论的重要性,并促进了国际民事诉讼各项制度的人权化分析。

(二)人权保障的界定

1.人权保障的内涵

"人权保障,又称'人权保护',它在长期的发展中被赋予了丰富的内涵。从文艺复兴时期霍布斯、洛克等人的'自然权利说'和卢梭等人的'天赋人权说',直至美国 1776 年《独立宣言》和法国 1789 年《人权宣言》将人权保障规范化,保障人权始终被作为立宪的基本价值目标。"⑤具体来说:

首先,人权保障是宪政的核心。从宪法规范来看,各个国家的宪法或宪政实践也都确认人权保障原则的核心地位。人权保障原则的确立甚至被作为立宪主义的一个重要标志,它也被认为是宪法众多原则中最核心的一个

---

① 吴英姿.作为人权的诉权理论[M].北京:法律出版社,2017:19.

② 刘旺洪,陆海波.西方宪政与人权保障:本质与启示[J].世界经济与政治论坛,2016(11):20.

③ 沈宗灵.二战后西方人权学说的演变[J].中国社会科学,1992(05):59.

④ 相关代表性成果有:刘仁山,粟烟涛.法律选择中的人权保障问题:基于两大法系司法实践的比较研究[J].法商研究,2007(02);周后春.当代国际私法的人权价值取向[J].求索,2009(12);王葆莳.论我国国际私法立法中的人权考虑[J].法学杂志,2009(07);刘仁山.人权保护对国际民商事判决承认与执行的影响:以《欧洲人权公约》之适用为中心[J].法学评论,2015(03);黄志慧.人权法对国际民事管辖权的影响:基于《欧洲人权公约》第6(1)条之适用[J].环球法律评论,2016(01);等等。

⑤ 何建华,张向军.论人权保障原则在公法中的地位[J].山西大学学报(哲学社会科学版),2006(04):70.

原则。①

其次,保障人权首要的和主要的义务主体是国家。"实现人权的根本在于构建一套完善的国家人权保障制度。"②现代社会人权的权利主体是个人,但是其义务主体主要是国家。《公民权利和政治权利国际公约》第2条规定:"缔约国应尊重和保护在其领土内及受其管辖的所有人享有本公约规定的权利。"国家负责保障人权的实现,制裁侵犯人权的行为。

最后,人权保障也需受到必要的限制。人权是人之为人所享有的权利,所有人都有保障人权的义务,但这并不意味着对人权的保障毫无边界和原则。从更加广义的"保障"目标来说,人权也应当受到部分限制,限制部分人权具有必要性。"而对人权既保障又限制,正是人权保障的重要内容,也体现了人权不受侵犯性和受制约性这一自我矛盾的基本性质。"③

2.人权保障的实现方式

由于人权是一个内涵非常丰富的概念,因此其保障方式也更加多元。无论是从国际法的层面还是从国内法上的人权保障来说,国际社会和各国内部都积极制定了多元化的人权保障机制。

第一,人权的立法保障。"人权本身还处于一种应然状态,通过立法对其进行法律上的承认,使其法律化、制度化,能够使之得到最有效的保障。"④在国际法的层面上,国际人权保护机制(international regime of human rights protection,又称"全球人权保护机制")是指"有关国际人权组织通过一定的法律和政治程序,惩治侵犯人权者和实施人权保护的国际人权保护体系"。⑤它主要包括联合国及各区域人权组织起草、制定的一系列公约。已经生效的国际人权公约在国际人权保障方面发挥着重要的作用,具体来说,《公民权利和政治权利国际公约》《经济、社会和文化权利国际公约》等国际性人权公约和《欧洲人权公约》等区域性人权公约都为人权保障提供了法律依据。

从国内法的层面来说,英国的《英国大宪章》《权利请愿书》《权利法案》,

---

①　林来梵,季彦敏.人权保障:作为原则的意义[J].法商研究,2005(04):64.

②　戴瑞君.联合国人权条约机构体系的加强进程:联合国人权保护机制的最新发展[J].环球法律评论,2013(06):169.

③　林来梵,季彦敏.人权保障:作为原则的意义[J].法商研究,2005(04):66.

④　胡亚球.试论民事诉讼中的人权保障[J].现代法学,1992(02):11.

⑤　黎尔平.国际人权保护机制的构成及发展趋势[J].法商研究,2005(05):25.

美国的《弗吉尼亚的权利宣言》《独立宣言》《权利法案》等不断确认和发展了人权的规定,法国的《人权和公民权宣言》《法兰西宪法》等一些资产阶级宪法性文件都奠定了人权保障在国内法上的坚实基础。①

第二,人权的司法保障。"人权是法治的逻辑起点和最终归宿,也是一切司法改革的价值依据与评判标准。司法是从应然人权向实然人权转化的最重要方式和最根本保障。"②因此,各国也都非常重视人权的司法保障。

人权的司法保障既包括运用司法程序来为侵犯人权的现象提供救济,也包含在司法程序中保障当事人和诉讼参与人的具体权利。③ 对于侵犯人权的行为,应当为受害者提供足够的司法路径,令其在权利被侵犯时能够得到来自国家司法机关的救助。司法被作为保障人权的最有力也是最后的防线。同时,在司法机关进行相关民事诉讼、刑事诉讼、行政诉讼的过程中,也应充分保障程序和实体上的人权,防止以公权力再度侵犯当事人和其他诉讼参与人依法享有的权利。

完善人权的司法保障制度,首先需要确立司法机关的地位。司法机关应当独立于各种政治因素。一方面,法院应独立于立法和行政机关;另一方面,法官应当独立办案,任何个人和组织不能影响其判决的作出。这是因为,司法的独立性对其公正审判有很大的影响,无法确保司法独立也难以保证作出公正的判决。其次,应当充分发挥司法机关的作用。各国宪法和法律赋予了法院以司法权来保障人权,但司法机关在实践中是否能充分发挥其作用却值得质疑。具体来说,充分发挥司法机关的作用要求司法机关保障当事人诉诸司法的权利和在司法程序中的人权。

总之,司法一直被视为国家的人权保障体系中最主要的人权保障途径之一。④ 最常见的人权司法保障方式是国家通过设置各种诉讼制度来保障人权。"它应当是最权威的、最有效的,也是最后的手段。"⑤

第三,人权的行政保障。现代社会主体的生存和发展与国家的行政管

---

① 李伯军. 人权的国际保护:成就、困境与前景——法律、政治与伦理的多维视角[J]. 武大国际法评论,2007(01):50.

② 汪习根. 论人权司法保障制度的完善[J]. 法制与社会发展,2014(01):50.

③ 江必新. 关于完善人权司法保障的若干思考[J]. 中国法律评论,2014(02):11-12.

④ 韩大元. 完善人权司法保障制度[J]. 法商研究,2014(03):20.

⑤ 杨宇冠等. 完善人权司法保障制度研究[M]. 北京:中国人民公安大学出版社,2016:3.

理有紧密的联系。通过依法行政特别是行政程序而实施的人权行政保障在人权保障体系中具有重要的地位。因为人权侵害大多发生在行政领域,建立人权保障的行政体系就显得尤其重要。① 它要求,行政机关行使权力必须遵守法律优先、法律保留和比例原则,使行政机关的权力在法治的范围内运行。②

然而,现实中常会发生行政主体在行使其权力时侵犯公民的人权,导致以根据法律、法规行使行政权的行为中包含着侵犯行政相对人利益的行为。③ 因此,强调人权的行政保障,要求行政机关在制定具体规则、履行具体职务和进行行政管理时,以人权保障作为价值导向,恰当地行使行政权,并切实以行政权实现行政相对人的人权保障。

二、人权保障的具体要求

不方便法院原则是国际民事诉讼中的一项重要制度,是人权司法保障体系中的重要一环。在不方便法院原则的适用中,既应符合人权司法保障的要求,又需接受人权保障的检验。它首先应当符合人权保障对民事诉讼的要求,同时又需结合其特殊程序接受特定的要求。

(一)民事诉讼中的人权保障要求

刑事诉讼、民事诉讼和行政诉讼都涉及人权保障的问题。其中,民事诉讼主要解决平等主体之间的财产和人身关系及纠纷,它对社会成员权利的救济以及对社会公众正当利益的保障较大程度地反映了整个社会对人权的保障状况。④ 具体来说,人权保障对民事诉讼提出了以下几点具体要求。

1.保障诉讼权利是民事诉讼中人权保障的首要要求

诉讼权利是当事人诉权在诉讼不同阶段的具体体现。在当事人自由支配其诉讼权利并且这种处分行为得到了法院的尊重时,其人权就得到了切实的保障。⑤

具体来说,人权保障要求维护民事诉讼中的以下诉讼权利:一是当事人

① 韩大元. 完善人权司法保障制度[J]. 法商研究,2014(03):19.
② 广州大学人权理论研究课题组. 中国特色社会主义人权理论体系论纲[J]. 法学研究,2015(02):74.
③ 刘志强. 论人权的行政保护[J]. 法制现代化研究,2017(04):87.
④ 廖中洪. 人权保障与我国民诉法的修改[J]. 现代法学,2004(03):53.
⑤ 周利民,羊震. 关于民事诉讼中人权保障问题的思考[J]. 法学评论,2001(03):80.

的自由处分权利。民事诉讼所解决的是私权利争议,当事人在民事诉讼中的处分权更加自由,这包括当事人可自行决定是否提起诉讼、何时起诉与撤诉、诉讼标的额的大小、是否和解或同意调解等。二是当事人获得司法救助的权利。在民事诉讼中,法律应当保障当事人充分地行使诉权,使其不因进行诉讼而根本影响生活或生存。[①] 因此,国家和法院有义务为无力支撑诉讼的民事权益受害者提供必要的司法救助。这既是民事诉讼目的的体现,也是民事诉讼中人权保障的要求。三是当事人获得公正审判的权利。"公正"是民事诉讼应达到的首要目标。要实现公正的结果,保障民事争议主体的人权,首先应当确保民事程序的公正性。它要求,诉讼程序应当及时、公开地进行,并由依法组成的审判法庭依法作出具有法律效力的判决。在部分案件中,因案件性质不能公开审理的,也应保障当事人参与诉讼的权利。四是当事人获得有效执行的权利。正如学者指出的那样,"当事人依法享有借以实现民事权益的诉讼权利,主要是申请执行权,即当事人有权申请法院执行已生效的判决"[②]。这是因为,判决的执行是民事司法救济的终点,是保障民事判决得以实现的重要环节。如果当事人获得的胜诉判决无法得到执行,那么其民事争议并未得到解决,其民事权利也没能得以实现。出于对当事人人权保障的需求,不仅应当保障审判程序中当事人诉权和公正审判权的行使,而且应促进诉讼结果的实现。

总之,人权保障对民事诉讼提出的要求以实现当事人在诉讼中的诉讼权利为基础,同时需兼顾民事诉讼的私权属性,公正、高效地解决民事争议。

2.诉讼义务是民事诉讼中人权保障的必要补充

诉讼义务与诉讼权利相伴而生,它对诉讼秩序的维护和公正裁判的实现以及当事人合法权益的保障都有重要的意义。[③] 要平等地保障当事人的诉讼权利,就需要对双方当事人附加同等的诉讼义务。在当事人人权保障方面,诉讼权利与诉讼义务是民事诉讼中一体两面的问题。

虽然民事诉讼中经常出现"义务"这一概念,但是它与民法中的"义务"有所不同。诉讼义务通常而言只是一种诉讼负担,当事人不为此负担时将

---

① 田平安,肖晖. 简论人权的民事诉讼保护[J]. 现代法学,2007(05):69.

② 李龙,万鄂湘. 人权理论与国际人权[M]. 武汉:武汉大学出版社,1992:98.

③ 胡亚球. 试论民事诉讼中的人权保障[J]. 现代法学,1992(02):12.

承担不利的后果。[①] 它也是当事人之间人权保障的平衡手段,通过诉讼义务的履行与否来决定诉讼后果的负担。通常认为,主要的诉讼义务有:"(1)必须依法行使诉讼权利,不得滥用权利,无理缠讼;(2)必须遵守法庭秩序和诉讼程序;(3)必须履行发生法律效力的判决、裁定和调解协议。"[②]其中,不得滥用诉讼权利是为了避免一方当事人的权利行使对另一方当事人的权利损害;遵守法庭秩序和诉讼程序则是为了保障诉讼程序快速、公正地进行;履行相关判决、裁定和调解协议是与胜诉债权人享有的判决执行权利相对的败诉债务人的义务,是为了保障当事人的权利落于实处。

(二)国际民事诉讼中的特殊保障需求

在国际民事诉讼的管辖权领域,存在着人权的保障与限制之间的紧张关系。人权是一种自然权利。虽然不同的思想家对这一权利有不同的理解,但是通常可以将之理解为"它是依据自然法则和人性得来的权利,具有不可剥夺、不可变更、不可转让等特性"[③]。因此,对人权予以保障就需要肯定其自然权利的属性。但不得不面临的问题是,假如每个人的人权都不可剥夺、不可变更,那么它们必然会发生重叠,且会产生碰撞。因此,在人权保障的基础上,为了所有个体的权利得到最大的保障,就不得不对人权加以必要的限制,个体就需要作出必要的退让。例如,在国际民事管辖权问题上,虽然原告的诉权是不可让渡与剥夺的人权,但是在为了公共利益或存在恶意诉讼等情形下,就需要对其加以必要的限制。具体来说,国际民事诉讼中人权保障的要求的特殊性体现在:

首先,国际民事诉讼通常涉及多个国家的法院、法律和人员,当事人诉权的行使也面临着多重挑战。一方面,原告可以提起诉讼的法院数量更多,且各法院在程序法和实体法上的差异较大,因此原告存在挑选法院(forum shopping)的动机。只要原告有机会在该法院提起诉讼,原告几乎总是会选择一个他们相信将获得最大回报的法院。当事人挑选法院获得最佳利益的

---

① 周翠. 现代民事诉讼义务体系的构建:以法官与当事人在事实阐明上的责任承担为中心[J]. 法学家,2012(03):120.

② 江伟,肖建国. 民事诉讼法[M]. 北京:中国人民大学出版社,2015:113.

③ 钟丽娟. 自然权利的人性基础[J]. 法学论坛,2011(01):62.

想法本身并没有固有的错误。① 另一方面,挑选法院也存在很多负面的影响。一是挑选法院增加了当事人的诉累,也占用了更多的司法资源。二是在当前的管辖权连接因素扩大化的背景下,科技(包括交通和通信)的进步会使原告挑选法院的广度和规模远超当下,原告挑选法院可能超出被告人的合理预期,使其面临过重的负担。②

值得肯定的是,挑选法院是原告行使诉权的正常表现,应当受到法律的保护。在没有相反证据证明原告恶意提起诉讼、滥用起诉权的情况下,法院应当尊重原告挑选法院的权利。但是,法院在行使管辖权时必须正视原告恶意挑选法院给被告造成的过分不利现象。

其次,在国际民事诉讼中,一国法院作出的判决并不当然能够得到执行。获得国际民商事胜诉判决并不代表民事纠纷的终结,如果判决债务人在作出判决的法院地国没有足够可执行的财产,胜诉方还需要在败诉方可供执行的财产所在地请求执行该判决。在经济全球化的背景下,国际民商事主体的资产不固定地存在于某个国家,而可能广泛地分布于不同的国家。同时,外国判决的承认通常使其具有与内国法院作出的判决同等的法律效力,因此各国在承认与执行外国判决时,都会进行审查。而且实际上,"在各国法律体系中,法院地国以外所发生的司法判决的承认与执行的条件是由成文法或习惯法、判例等进行规定的"③。各国的判决承认与执行机制是否合理,则取决于根据该机制能否实现当事人的人权保障。

概言之,国际民事诉讼中的人权保障应当注意:一方面,原告选择法院的权利与被告参加诉讼的权利之间的矛盾需要调和,既要保障原告的诉权,又应当保障被告的诉讼权利。另一方面,国际民事判决所涉及的承认与执行问题给人权保障提出了更大的难题。但是出于民事诉讼目的的考虑,各国仍应协力促进外国判决的承认与执行,使当事人在国际民事诉讼程序中

---

① KARAYANNI M. Forum Non Conveniens in the Modern Age: A Comparative and Methodological Analysis of Anglo-American Law[M]. New York: Transnational Publishers, 2004:234.

② KARAYANNI M. Forum Non Conveniens in the Modern Age: A Comparative and Methodological Analysis of Anglo-American Law[M]. New York: Transnational Publishers, 2004:144.

③ 李双元,谢石松,欧福永. 国际民事诉讼法概论:第 3 版[M]. 武汉:武汉大学出版社,2016:458.

的人权落到实处,使胜诉债权人的权利得到实现。

(三)人权保障对不方便法院原则的要求

人权保障对民事诉讼的要求当然也是对不方便法院原则的要求。同时,人权保障对不方便法院原则的适用还有一些特殊的要求和限制,这不仅包括其作为国际民事诉讼中的特有制度所应考虑的特殊问题,还包括针对该制度本身特性的要求。在国际民事诉讼中,当事人可以通过行使诉权的方式来实现其国际民事权益。而在国际民事诉讼的语境下,当事人诉权的行使又存在许多模糊的地带。原告极有可能在众多有管辖权的法院中挑选一个对自己最为有利的法院,而该法院可能对被告极为不利,甚至有损被告的人权实现。在此背景下,不同国家采取了不同的方式来对原告与被告的人权保障加以协调。其中,不方便法院原则是重要的一种,它是对原告行使诉权的必要限制,可以谓之为"对人权的限制"。尤其是原告滥用诉权导致诉讼对被告而言极不公正时,法院可以以不方便法院原则为由拒绝管辖。人权保障对不方便法院原则的要求,则是"对限制的限制"。

首先,人权保障对不方便法院原则的要求包括其作为民事诉讼制度的一般性要求。不方便法院原则的适用必须符合人权保障对民事诉讼的要求,即保障当事人的诉讼权利,并分配相应的诉讼义务。就诉讼权利的保障而言:一是对当事人的自由处分权利的保障。不方便法院原则在适用中涉及的当事人自由处分权利主要是原告的起诉权的行使问题,因此不方便法院原则的适用首先应当尊重当事人的起诉权。二是当事人获得司法救助的权利。三是当事人获得公正审判的权利。在不方便法院原则的适用中,无论是原受诉法院还是替代法院,都应为当事人提供公正的审判。四是当事人获得有效执行的权利。虽然不方便法院原则通常只在确定管辖权阶段适用,但是其相关判决同样需要得到执行。就诉讼义务分配而言:一是要求当事人必须依法行使诉讼权利,不得滥用诉权;二是要求当事人必须遵守法庭秩序和诉讼程序;三是败诉方必须履行发生法律效力的判决。尤其是在附条件适用不方便法院原则时,必须对当事人所作出的保证执行判决的承诺加以监督。而在当事人不履行其诉讼义务时,不方便法院原则的适用还应当包含必要的惩戒措施。

其次,人权保障对不方便法院原则的要求还包括与国际民事诉讼的特点相适应的特殊要求。一方面,国际民事诉讼中存在"挑选法院"的现象,原告可以在一个以上国家的法院提起诉讼。与国内民事诉讼不同,很多国家允许国际民事诉讼同时在几个国家进行(平行诉讼)。因此,被告可能被要求在对其极为不利的法院进行诉讼。为了实现诉讼正义,法院可以适当限制原告诉权的行使,但应当最大限度地尊重原告的起诉权。另一方面,需要考虑外国判决的承认与执行中的人权保障问题。前文已经论证了外国判决在承认与执行中的特殊要求,这也将成为对不方便法院原则的要求。

最后,人权保障对不方便法院原则的具体要求还需要与不方便法院原则的具体适用相吻合。第一,不方便法院原则的适用本身是对原告诉权的"限制",它是对依法行使诉权的案件拒绝管辖的制度。其限制诉权的理由是为了"正义的目的"。然而原告享有提起诉讼的权利,因此对这种权利的限制必须控制在有限的范围内。这就要求,在不方便法院原则的适用中充分保障当事人的诉权,只在例外情形下适用不方便法院原则,避免滥用和错用,减少对原告诉权的直接或间接妨害。第二,不方便法院原则是一个具有较大裁量性的制度,它要求法官根据个案的具体情况进行权衡。而且,适用不方便法院原则需要在两个或两个以上国家的法院进行诉讼,对诉讼效率的要求更高。因此,无论是决定是否适用不方便法院原则的法院,还是其指定的替代法院,都应保障当事人的公正审判权。这就要求,所涉及的法院平等对待双方当事人、为其提供充分的司法救助和公正、及时的审判。第三,适用不方便法院原则的案件在判决承认与执行环节具有独特性。尤其是在回旋镖诉讼中,可能因两个阶段对外国法院认定标准的不同而导致当事人无法实现正义。因此,判决承认与执行阶段尤其要强调当事人的人权保障,需要通过两个阶段的共同努力促进相关判决的承认与执行。

总之,不方便法院原则的适用必须符合人权保障的要求,这既包括人权保障对民事诉讼的一般要求,也包括人权保障对不方便法院原则的特殊要求。具体来说,不方便法院原则的适用应保障当事人的诉权、公正审判权,并促进相关判决的承认与执行。

第二节　不方便法院原则适用中
人权保障的现状

人权保障的要求渗透于各国适用不方便法院原则的实践中。从苏格兰法院最初确立这一原则开始,它便带有保障当事人权利的深深烙印。随着不方便法院原则在全世界范围内的发展和变化,人权保障的理念也得到了升华。在实践中,多数国家和地区对不方便法院原则的适用符合这一根本目的,重视对当事人人权的保障。但也不乏对人权保障和正义目的的初衷之偏离的现象。部分国家和地区逐渐将不方便法院原则变成维护本国利益的工具,而忽视其中的人权保障需求。对此,我们既要关注不方便法院原则在适用中契合人权保障要求的部分,也要注意偏离人权保障的部分国家和地区的做法。

一、根本目的与人权保障的关联

不方便法院原则的最初理论混合了国际礼让、方便性考虑、司法行政管理、最密切联系等相关因素。关于不方便法院原则的目的,有多种不同的学说。有学者指出,不方便法院原则的适用有三个目标:一是法律现实主义(legal realism)的兴起和地域主义的消亡;二是"外部理论"(ouster theory)的衰落和国际礼让受到重现,或者更准确地说,是由于对待外国管辖权更加宽容的态度导致的管辖权"沙文主义"之死;三是规制全球范围内的挑选法院问题。[①]

但通过对适用不方便法院原则相关判例的分析,可以清晰地看到法院在考虑是否适用该原则时并没有考虑过于复杂的制度目的,而是一再强调该原则最根本的目的是"正义的目的"(the ends of justice)。

(一)各国的司法实践与"正义的目的"

自 18 世纪苏格兰法院最早采用不方便法院原则拒绝国际民事诉讼管辖权开始,这一制度逐步受到英美法系各国的青睐。各国适用不方便法院原则的标准也不断发展,并形成多种不同的模式。而在各国的发展模式中,都隐含了实现正义这一根本目的。

1.早期苏格兰法院的实践:提出"正义的目的"

"正义的目的"可以追溯至最早采用不方便法院原则(最早采取的是"forum non competens"的说法)的苏格兰法院的早期实践。苏格兰法院对不方便法院原则的所有考虑必须得出结论:"各方当事人的利益能够得到更

---

① KARAYANNI M. Forum Non Conveniens in the Modern Age: A Comparative and Methodological Analysis of Anglo-American Law[M]. New York: Transnational Publishers, 2004: 109-145.

好的实现，且在替代法院能够更好地实现正义的目的。"①

如在 Longworth v. Hope 案中，迪斯（Deas）法官明确指出，"forum non competens"的请求并不是指受案法院是一个完全无能力处理该争议的法院。它有着更广泛的意义，并经常在这样一些案件中被提及，即法官可能出于实现"正义的目的"的考虑，而认为当事人应在另外一个法院寻求救济更为适当。② 在 Clements v. Macaulay 案中，克拉克（Clerk）大法官表明：在苏格兰，以"forum non competens"为由中止诉讼必须建立在"为了所有当事人的利益和正义的目的，诉讼在其他地方受诉更加合适"的基础上。③ 考恩（Cowan）法官同样强调，只有在"为确保正义的目的而在其他法院审理更加方便和适当"的情况下才能适用这一原则。④ 金尼尔（Kinnear）法官在 Sim v. Robinow 案中重申了这一点：不方便法院原则在"满足存在其他具有管辖权的法院，且在该法院审理更有利于各方当事人的利益和正义的目的的前提下适用"。⑤

总的来说，苏格兰法院最初适用不方便法院原则的初衷是为了避免其管辖压迫、烦扰被告。不方便法院原则最初的制度设计也是出于对原、被告权利的平衡，尤其是避免被告遭受烦扰和压迫性诉讼。这是不方便法院原则适用中人权保障观念的萌芽。

2.英国法院适用不方便法院原则的发展史：强调"正义的目的"

英国法院适用不方便法院原则的标准几经变迁，其中对正义目的的追求是其变化发展的主要动因。

英国法院早期运用不方便法院原则时，在 Logan v. Bank of Scotland 案⑥中确立了"压迫性（oppressive）、烦扰性（vexatious）"标准，强调在诉讼对被告造成压迫和烦扰时，法院才可以以不方便法院原则拒绝管辖。这一标准的确立是为被告提供维护权益的路径，防止被告被迫在对其极不公平

---

① ABBOTT R T. The Emerging Doctrine of Forum Non Conveniens: A Comparison of the Scottish, English and United States Applications[J]. Vand. J. Transnat'l L, 1985(18):123.

② Longworth v. Hope, 3 Sess. Cas. M. 1049, 1053 (Scot. 1865).

③ Clements v. Macaulay, (1866) 4 M 583, 592.

④ Clements v. Macaulay, (1866) 4 M 583, 594.

⑤ Sim v. Robinow, (1892) 19 R 665.

⑥ Logan v. Bank of Scotland, [1906] 1 KB 141.

的法院应诉。但同时,这一标准的适用也必须保证中止诉讼对原告而言不会造成不公正的结果。

在英国的代表性判例 Spiliada Maritime Corp. v. Cansulex Ltd.案(以下简称 Spiliada 案)中,高夫(Goff)法官强调,适用不方便法院原则最基本的标准就是当事人的利益和正义的目的。① 英国法院在 Spiliada 案中确立的"更适当法院标准"到目前为止仍是英国和大部分英联邦国家和地区适用不方便法院原则的准则,印度、新加坡和我国香港特别行政区法院目前仍然适用这一标准来实际适用不方便法院原则。其中所体现的对"正义"和当事人权利保障的理念也影响至今。在 Lubbe 案中,英国法院指出,受案法院在不方便法院原则分析的第二个阶段不仅关注诉讼程序与外国或本国法院的联系因素,而且注重原告是否能够在外国的司法管辖下获得正义。②

在 2010 年的 Agbaje v. Akinnoye-Agbaje 案中,英国最高院经过仔细分析不方便法院原则的适用及先例,并结合原审法院和上诉法院对适用不方便法院原则的分析指出,上诉法院错误地运用了传统的不方便法院原则,其未能确认哪个法院更能实现"正义的目的"。英国最高院认为,上诉法院没有理由干涉原审法院的司法裁量权,其没有认识到因夫妻双方在两国收入差距之大所造成的真正困难和严重的不公正。③

3.其他国家的司法实践及对"正义目的"的追求

美国法院适用不方便法院原则的标准同样经历了类似的转变。在美国法院早期适用的案件,如 Gulf Oil Corp. v. Gilbert 案(以下简称 Gilbert 案)和 Koster v. (Am.) Lumbermens Mut. Cas. Co.案(以下简称 Koster 案),集中关注于"原告滥用起诉权骚扰被告人"的情况。在 1946 年的 Williams v. Green Bay & W. R.R. Co.案中,美国法院就指出,不方便法院原则被设计成"实现正义的工具"。④ 1947 年,在 Koster 案中,美国法院重申,不方便法院原则的适用是为了正义的实现。⑤ 此后,美国法院在 Piper Aircraft Co. v. Reyno 案⑥中,才将不方便法院原则的适用标准转变为相对

---

① Spiliada,[1987] AC 460.

② Lubbe v. Cape PLC,[2000] 1 W.L.R. 1554 (H.L.).

③ Agbaje v. Akinnoye-Agbaje,[2010] UKSC 13,at76.

④ Williams v. Green Bay & W. R.R. Co.,326 U.S. 549,554 (1946).

⑤ Koster v. (Am.) Lumbermens Mut. Cas. Co.,330 U.S. 518,528 (1947).

⑥ Piper,454 U.S. 235,102 S. Ct. 252,70 L. Ed. 2d 419 (1981).

灵活的"最适当法院"标准。概言之,早期美国法院适用的不方便法院原则的标准也是为了阻止原告滥用诉权压迫和烦扰被告,是对当事人权益的平衡。

作为英联邦国家的澳大利亚最初采取英国法院的做法。但在 Oceanic Sun Line Special Shipping Co. Inc v. Fay 案[①]中,澳大利亚法院逐步放弃了英国法院的标准,并在 Voth v. Manildra Flour Mills Pty Ltd.案[②](以下简称 Voth 案)中确立了"明显不适当法院标准"。虽然 Voth 标准是一个"严重以法院为中心"的标准,但是它比 Spiliada 标准更关注对原告诉权的维护,因此更有可能在国际争端中产生公正的结果。

(二)正义的目的与人权保障的关系

不方便法院原则的根本目的与当事人的人权保障相互契合。"在法理学思想史中,正义观念往往是同自然法概念联系在一起的。"[③]"它在不同历史阶段有不同诉求,将正义诉诸人权是近代社会的产物。"[④]而人权也是自然权利的重要内容,二者的关系非常密切,但同时也存在相互冲突的可能。诸多学者对二者的关系进行了分析,详言之:

第一,正义是人权的本质之一。"从人权观念与人权现象的历史演进与内涵发展来看,人权本质应当可以归结为两个要素:利益与正义。"[⑤]"正义与人权之间存在天然的联系,没有正义也就无所谓人权。"[⑥]人权的本质,主要表现在人应得其之为人所应享有的正义结果,实现了正义也是对人权的维护。在不方便法院原则的适用中,其所要实现的正义的目的亦即让当事人获得程序正义和实体正义,是当事人人权的集中体现。

第二,人权保障是对"正义"的具体解释。不同时代、不同国家的传统不

①　Oceanic Sun Line Special Shipping Co Inc v. Fay,165 C.L.R. 197 (1988).

②　Voth,171 C.L.R. 538 (1990).

③　E.博登海默. 法理学:法律哲学与法律方法[M]. 邓正来译. 北京:中国政法大学出版社,2017:290-291.

④　广州大学人权理论研究课题组. 中国特色社会主义人权理论体系论纲[J]. 法学研究,2015(02):62.

⑤　广州大学人权理论研究课题组. 中国特色社会主义人权理论体系论纲[J]. 法学研究,2015(02):61.

⑥　广州大学人权理论研究课题组. 中国特色社会主义人权理论体系论纲[J]. 法学研究,2015(02):62.

同，因此也面临着不同的问题。各个时代和国家都需要以"人权保障"为原则来提出具有针对性的理论和制度，以解决本时代和本国的正义难题。①对于"正义是什么"这一抽象问题，可以从对人权的保障中找到解答。人权保障能够得到人们的支持，也正是因为它符合一个时代人们对正义的主流诉求。

第三，正义是人权司法保障的重要价值。"为社会大众提供有效的司法运作机制以保障其接近司法乃至接近正义的权利是人权司法保障的价值取向和改革目标。"②相应地，人权的司法保障需要体现社会正义和公平价值，要"让人民群众在每一个司法案件中都感受到公平正义"③。

第四，人权保障与正义也会发生冲突。人权保障与实现正义在大多数情况下都能达成一致，但在特定情形下，人权保障与正义之间也会发生冲突。例如，原告滥用诉权对被告提起恶意诉讼，导致被告不得不疲于应对诉讼程序而受到损失，即诉权与正义矛盾的体现。为了避免或减轻人权与正义的冲突，就有必要对二者加以协调。

除了"正义"与"人权保障"之间的密切联系外，不方便法院原则所追求的正义的目的的诸多具体表现形式也与人权保障密切相关。人权保障不仅与不方便法院原则的根本目的相互契合，而且渗透于其具体的表现形式之中。无论是便利性考虑，还是对过度管辖权的平衡，乃至对替代法院的关注，都隐含了对人权保障的关注。这一方面表现为方便当事人的权利行使，另一方面表现为对原告和被告的权利平衡。

概言之，人权保障与不方便法院原则的根本目的之间具有一致性。二者在国际民事诉讼的管辖权领域有共同的价值目标和内核。具体来说，正义包括实体正义和程序正义。程序正义通常能够保障实体正义的实现。但是在国际民事诉讼的背景下，各国实体法和程序法的规定各不相同，依据不同国家的法律也可能导致完全相反的结果。为了实现"正义的目的"，则往往需要保障当事人的基本人权，以实体法保障为主体，借助完善的程序法来

---

① 王柱国. 人权：正义难题的现代解答——一个思想史的视角[J]. 北京联合大学学报（人文社会科学版），2014(03)：33.
② 韩大元. 完善人权司法保障制度[J]. 法商研究，2014(03)：21.
③ 韩大元. 完善人权司法保障制度[J]. 法商研究，2014(03)：20.

实现程序正义,并推动实体正义的实现,让实体法与程序法相互配合。① 在国际民事诉讼的管辖权问题上,不方便法院原则的适用是为了实现当事人之间的实质正义,其本质也是对当事人人权的保障。而人权是不方便法院原则追求的"正义的目的"的应然之意,是不方便法院原则的终极价值。但同时,二者也存在相互冲突的可能。因此需要制定有效协调之策,来使二者的关系恢复平衡。

(三)"正义目的"的具体表现形式

正义目的论是自不方便法院原则出现伊始就存在的理论,法院在审判中也始终强调对"正义目的"的追求。而当事人和法院的便利、当事人诉讼成本的投入以及法院司法资源的耗费等,都是这一制度目的的具体表现形式。

1.便利性考虑

在实现正义这一根本目的的多重具体表现形式中,法院首先考虑到的是在本国法院进行诉讼的便利程度。早期的案件中常常提及"替代法院应有利于双方当事人和实现正义的目的"(with advantage to the parties and to the ends of justice),在当时的考虑因素中主要是对便利性的考察。

自 Clements v. Macaulay 案②开始,苏格兰法院开始在不方便法院原则分析中关注审判法庭对当事人而言的便利性、审判法庭是否适于决定案件。法院认为,"为了诉讼能够在更便利和有管辖权的外国法院提起",需要一个更加方便且有管辖权的替代法院。③ 这也是不方便法院原则中"方便"(conveniens)一词的由来。这一拉丁语一直沿用至今,可见"方便"对于不方便法院原则分析的重要程度。

具体来说,法院考虑的便利程度包含三层含义:

(1)当事人和其他诉讼参与人的便利。当事人和其他诉讼参与人的便利包含当事人参加诉讼程序需要付出的时间、金钱和其他成本,以及证人出庭的可能性和便利程度、相关参与人出庭参与诉讼的可能性以及便利与否。

---

① 罗豪才,宋功德.人权法的失衡与平衡[J].中国社会科学,2011(03):16.

② Clements,(1866)4 M 583.

③ ABBOTT R T. The Emerging Doctrine of Forum Non Conveniens:A Comparison of the Scottish,English and United States Applications[J]. Vand. J. Transnat'l L,1985,18:115.

（2）法院的便利。法院的便利是指法院在审理该争议的过程中,因当事人的选择而需耗费的诉讼资源,以及进行诉讼的便利程度。例如,法院对当事人之间的举证和质证程序的判定、对特殊证据的调取、给证人出庭提供的法律援助等。

（3）诉讼程序的便利。诉讼程序的便利则包含较多因素,如调取证据的便宜程度、送达和翻译相关文件的难易程度、因在不同法院审理而存在的取证可能性问题等。

然而,不方便法院原则字面含义上的"方便"并不仅仅指便利性。"forum non conveniens"作为拉丁文,常常被译为"不方便法院原则",而其中对于"conveniens"一词的理解却常常使其陷入误区。如果仅从字面意思来理解"方便",就只注意到了受案法院在形式上的便利性,而忽略了民事诉讼对纠纷解决的实质性追求。《戴赛和莫里斯论冲突法》对此进行了校正,并指出不方便法院原则中的"方便"不应局限于字面意思,"conveniens"指的并不是"便利"。[①] "conveniens"的意思应该理解为"适当的"（appropriate）,"它虽然包含证人、证据及准据法的便利及当事人的利益,但最主要的还是指'更适于达成正义目的'（more suitable for the ends of justice）的法院"[②]。便利性考虑在不方便法院原则的适用中有非常重要的影响,它是判断审判权是否适当的直观依据。

但需要注意的是,便利性考虑只是不方便法院原则考虑因素中的一部分。一方面,仅仅符合便利性并不当然具有决定性效果。虽然一再强调对"方便"的考虑,但是在19世纪末、20世纪初苏格兰法院涉及适用不方便法院原则的案件表明,"仅仅平衡当事人之间的便利并不足够",该诉求要想获得成功,还必须存在"不公正的不利因素"或"真实的不正义"。[③] 法院还需要考虑替代法院有无管辖权、案件适用的准据法、证据因素、法院与争议的密切联系、原告司法利益的保障等。另一方面,便利性对诉讼的影响正在淡化。当代科学技术的发展和通信方式的网络化和普遍化给诉讼便利提供了

---

① COLLINS L et al, Dicey, Morris, Collins on the Conflict of Law, 15th ed. [M]. London: Sweet & Maxwell, 2012:465.

② 陈隆修. 中国思想下的全球化管辖规则[M]. 台北:五南图书出版有限公司, 2013:32.

③ 这里所指的"不公正的不利因素"是指在 Longworth 案中法院所指的"(被告)在另一个具有管辖权且可提起诉讼的法院不会遭受不公正的不利因素"。

很大的方便,尤其是电子证据对于域外证据的获取和固定起到了重要的作用。

2.限制过度管辖

苏格兰法院最初采用不方便法院原则主要是为了限制管辖权制度中某些过分的规定。① 对于 18 世纪之前,苏格兰法院在司法实践中适用的"forum non competens"是否属于现代意义上的不方便法院原则还存在一定的争议。但是自 18 世纪,苏格兰从荷兰引入可供扣押财产所在地这一过度管辖权依据之后,苏格兰法院对不方便法院原则的适用就正式起来,也使其真正成为现代意义上适用的不方便法院原则。

有学者指出,大约 18 世纪中叶开始,可供扣押财产所在地这一管辖权依据成为苏格兰在国际民事诉讼中确定管辖权的重要基础。② 它与德国的可供扣押财产所在地这一管辖权依据相似,是作为一种过度管辖的制度存在,使法院能够对与法院地毫无关联的案件行使管辖权。据此,只要被告在苏格兰境内有可供扣押的财产,不论其存在形态,也不论其价值是否与诉讼标的相符,都可对其提起诉讼。这无疑极大地扩大了苏格兰法院在国际民事诉讼中的管辖权。

在 M'Morine v. Cowie 案③中,因可供扣押财产所在地而建立的过度管辖权所带来的问题爆发出来。本案涉及已经在印度被执行的遗嘱中的财产分配的问题。被继承人的遗产大部分由被告继承。原告以被告在苏格兰有可供扣押的财产为由,向苏格兰法院提起诉讼,并请求追回部分遗产。根据苏格兰的法律,苏格兰法院因此享有管辖权。为了中和因过度管辖带来的各种问题,苏格兰法院逐步确立了不方便法院原则作为拒绝管辖权的方式。法院在判决中指出,虽然苏格兰法院对本案有管辖权,但是不得不承认,本法院不是审理本案的适当法院,并表明法官有酌情拒绝行使管辖权的权力。

3.替代法院审理案件的正当性

"正义的目的"还体现在对于替代法院审理案件适当性的关注上。苏格兰和英格兰的法律实践显示,即使所有因素都表明在另一法院审理更为适

---

① 徐伟功.不方便法院原则研究[M].长春:吉林人民出版社,2002:7.

② GIBB A D. The International Law of Jurisdiction in England and Scotland[M]. London: William Hodge & Co, 1926:62.

③ M'Morine v. Cowie,(1845) 7 D 270.

当,但如果本法院认为其管辖将不满足正义的目的也会拒绝中止诉讼。

高夫(Goff)法官在 Spiliada 案中,将现代英格兰和苏格兰对不方便法院原则的适用总结为六点,其中第五点指出,如果没有其他可用的法院明显更加适合审理本案,那么本法院将拒绝中止诉讼。① 可见,在原告依法选择本国法院提起诉讼之后,本国法院如果对案件有管辖权,首先应当维持本国的管辖权,以保障原告的起诉权。只有在综合考虑案件所涉及的情况之后,为了双方当事人的利益且不损害原告起诉权时,才能中止本国法院的诉讼。

通过对相关案件的研析,法院对替代法院审理案件正当性的分析主要包含以下几个方面。

第一,准据法的适用。对于"由哪个法院适用案件的准据法更符合正义"的慎重态度反映了法院对当事人人权的极大尊重。无论是当事人抽象的诉权保障还是具体的诉讼权利维护,都离不开对案件事实的认定和法律的适用。尤其是实体法内容差异较大的国家的法律,一旦适用错误,可能会导致判决结果发生颠覆性逆转。在 1982 年的 Credit Chimique v. James Scott Engineering Group Ltd.案②中,苏格兰法院即将案件的准据法是不是本国法作为权衡正义的目的能否实现的标准。

第二,证据的可获得性。区别于对证人出庭作证和调取证据的便利性考虑,正当法院的认定则更加重视证据的可获得性。这是因为,证人出庭和调取证据的时间、花费都不构成对案件审理的实质性阻碍,而因外国的政策等原因导致的证据无法获取则会对本国法院的审判造成实质性阻碍。这也在很大程度上决定了哪个国家的法院审理案件更加适当。

第三,替代法院能否提供相应的司法救助。有效的司法救助是平衡原、被告诉讼利益的重要方式,其内容主要包括诉讼费用的减免、获得公共登记机关保存的记录和判决书副本、人身拘留及安全通行等。③ 能否提供有效的司法救助是特殊案件中判断替代法院正当性的重要因素,也是人权保障对民事诉讼的基本要求之一。

---

① Spiliada,[1987] AC 460.

② Credit Chimique v. James Scott Engineering Group Ltd,[1982] Scots L. T. 131.

③ 《海牙国际司法救助公约》[EB/OL].北大法宝 http://www.pkulaw.cn/fulltext _form.aspx? Db=eagn&Gid=100669613,2018-11-6.

此外，为了实现对原告起诉权的维护，适用不方便法院原则的举证责任通常由被告承担。被告提供的证明应当是足以支撑本法院拒绝诉讼的原因及证据，仅仅在不同当事人之间平衡相对的方便与否是不够的。在 St. Pierre v. S. Am. Stores (Gath & Chaves) Ltd.[①]案中，英国法院明确了被告在申请适用不方便法院原则时，需同时承担以下两个事项的证明责任：(a)继续诉讼将会导致不公正，因为该诉讼对其而言是压迫性的或烦扰性的，或以某种方式滥用法院的程序；(b)中止诉讼不会导致对原告的不公正。而且，当被告履行了其举证责任之后，法院在拟作出中止诉讼的决定之前，会以转移举证责任的方式保障原告的诉权。

二、契合人权保障要求的实践

晚近人权保障在不方便法院原则适用中的新发展主要体现在大陆法系国家和地区的态度转变上。不方便法院原则常常被认为是英美法系的制度，大陆法系一直对此持反对和排斥的态度。但是，晚近欧盟、德国、法国等大陆法系国家和地区在这一问题上的发展表明，大陆法系的法律制度与不方便法院原则并非完全对立。出于特殊群体的人权保障的目的，部分大陆法系国家和地区有限适用了这一原则。

(一)欧盟《布鲁塞尔条例Ⅱa》第 15 条的有限适用

尽管欧洲法院在某些案件中明确排斥不方便法院原则的适用，并在 Owusu v. Jackson 案中表明不方便法院原则的适用将会导致"法律的确定性原则面临风险"，且会"破坏由《布鲁塞尔公约》制定的管辖权规则的可预见性"。[②] 但在长期的司法实践中，欧洲法院也发现在某些案件中僵硬的管辖规则将导致不公正的结果，尤其是在儿童抚养权案件中，需要更加灵活的制度来保障儿童的利益。经过审慎的考虑，《欧盟理事会 2003 年 11 月 27 日〈关于婚姻事项及父母亲责任事项的管辖权及判决的承认与执行的第 2201/2003 号条例〉》(以下简称《布鲁塞尔条例Ⅱa》)第 8 条规定了一般管辖权规则是在儿童的惯常居所地进行诉讼，但第 15 条允许在该管辖权依据不能达到儿童利益保护的目的时，法院可以有限适用不方便法院原则进行

---

① St. Pierre v. S. Am. Stores (Gath & Chaves) Ltd.，[1936] 1 K.B. 382，398 (Eng. C.A. 1935).

② Case C-281/02，Owusu v. Jackson，ECR [2005] I-01383，at 38，41.

移送管辖。此种司法合作被认为是突破了欧洲司法制度的常规,非常具有独创性。① 该条款也在《布鲁塞尔条例Ⅱa》生效后得到了适用,欧洲法院通过在 E. v. B案②和 Child and Family Agency v. J. D.案③等案件中进一步明确了其不方便法院原则的适用。

(二)德国:《家事事件和非讼事件程序法》中的类似规定

作为大陆法系的代表性国家,德国更加注重对成文法的关注,而较少赋予法官司法裁量权。2008 年,德国《家事事件和非讼事件程序法》第 99 条第 3 款则在家事案件中突破性地赋予了法官一定的司法裁量权,这一规定也被认为是确立了与不方便法院原则非常类似的制度。该条款规定"若德国法院和外国法院对指定监护人案件均有管辖权,且监护在德国境内,受案法院可以将案件移送至对监护人指定的、有管辖权的外国法院,前提是这样做符合被监护人的利益、监护人表示同意且外国法院表示愿意审理该案件"④。但是德国法院在司法实践中较少适用这一制度,其有限适用的领域主要涉及监护权、家庭关系、遗嘱认证和领养等。⑤

(三)日本:特别情势原则等类似制度

日本 2012 年修订的《日本民事诉讼法典》中新增了一项"驳回诉讼的特别情势"规定:"即便日本裁判所对于某一诉讼有管辖权(基于仅能向日本裁判所提起诉讼的合意提起诉讼的场合除外),裁判所依据案件性质、被告应诉负担的程度、证据所在地以及其他情事,认为日本裁判所进行审理以及作出裁判可能有害当事人之间的公平,或者妨碍了公平及迅速审理的实现时,可以驳回该诉讼全部或部分。"⑥这一规定被称为日本的"不方便法院原则"⑦。此外,日本的《人事诉讼法》第 7 条和《家事案件程序法》第 9 条也规

① MAGNUS U, MANKOWSKI P. Brussels I Regulation,2nd ed[M]. Munich:Sellier European Law Publishers,2012:174.

② Case C—436/13,E. v. B.

③ Case C—428/15,Child and Family Agency v. J. D.

④ 德国《家事事件和非讼事件程序法》[M]. 王葆莳,张桃荣,王婉婷,等译. 武汉:武汉大学出版社,2017:45.

⑤ REUS A. Judicial Discretion:A Comparative View of the Doctrine of Forum Non Conveniens in the United States,the United Kingdom,and Germany [J]. Loy. L. A. Int'l & Comp. L.J,1994,16:490.

⑥ 日本民事诉讼法典[M].曹云吉,译.厦门:厦门大学出版社,2017:7.

⑦ 李双元,欧福永. 国际民商事诉讼程序研究[M]. 武汉:武汉大学出版社,2016:20.

定了这一制度。该规定明确规定了存在排他性协议管辖情形下不得适用不方便法院原则，除此之外可以由法官酌情决定是否适用。该规定在本质上与不方便法院原则有同样的效果，但更加注重对案件公正性的考虑。

除了欧盟、德国和日本对于在立法和司法实践中的特殊类型案件中适用不方便法院原则的态度出现缓和之外，在荷兰和加拿大魁北克省的相关法律规定中也出现了不方便法院原则的身影。以上各个国家和地区的态度转变大多是出于对特殊案件中公平正义和当事人基本人权的考虑，在事实上符合国际民事诉讼中的人权保障之要求。

三、偏离人权保障要求的实践

不方便法院原则的根本目的是实现正义，保障人权。但部分国家和地区在适用中出现了假借不方便法院原则漠视当事人人权，乃至践踏当事人人权的现象。对此，有必要从人权保障的视角审视不方便法院原则的发展，斧正不方便法院原则偏离人权的现象。

（一）美国法院适用不方便法院原则对人权的侵犯

美国是目前适用不方便法院原则经验最为丰富的国家，其适用中对当事人人权的侵犯也最为典型。以下将以美国法院的司法实践为重点[①]，剖

---

①　美国实行联邦和州的两套司法系统。在不方便法院原则的问题上，州法院和联邦法院存在不同的态度。本书对美国不方便法院原则的研究主要集中于美国联邦法院系统适用不方便法院原则的情况。美国各州适用不方便法院原则的情况：遵循与联邦法院的不方便法院原则的标准类似或相同标准的州有 38 个，分别是：阿拉斯加州、亚利桑那州、阿肯色州、加利福尼亚州、康涅狄格州、华盛顿哥伦比亚特区、佛罗里达州、伊利诺伊州、印第安纳州、爱荷华州、堪萨斯州、肯塔基州、缅因州、马里兰州、马萨诸塞州、密歇根州、明尼苏达州、密西西比州、密苏里州、内布拉斯加州、内华达州、新罕布什尔州、新泽西州、新墨西哥州、纽约、北卡罗来纳州、北达科他州、俄亥俄州、俄克拉荷马州、宾夕法尼亚州、罗得岛、南达科他州、田纳西州、得克萨斯州、犹他州、华盛顿州、西弗吉尼亚州、威斯康星州。表明愿意遵循联邦法院的不方便法院原则标准的州有 3 个，分别是：夏威夷、俄勒冈州、弗吉尼亚州。还未确立明确的不方便法院原则模式的州有 1 个，即爱达荷州。采用相对有限适用的不方便法院原则标准的州有 6 个，分别是：亚拉巴马州、科罗拉多州、特拉华州、南卡罗来纳州、佛蒙特州、怀俄明州。将不方便法院原则限定于有限的案件范围内适用的州有 2 个，分别是：路易斯安那州、佐治亚州。质疑不方便法院原则是否普遍适用的州有 1 个，即蒙大拿州。资料来源于 SPRINGER B J. An Inconvenient Truth: How Forum Non Conveniens Doctrine Allows Defendants to Escape State Court Jurisdiction[J]. U. Pa. L. Rev, 2015，163:833-866.

析不方便法院原则偏离人权和正义目的的态势及动因。具体来说,美国法院对不方便法院原则中人权保障的偏离主要体现在以下几个方面。

1.对根本目的的背离

美国法院对不方便法院原则的根本偏离在于,其将不方便法院原则的根本制度目的由"正义的目的"转变为对本国利益的过度维护。"正义的目的"是对于基本人权的维护,是不方便法院原则的立身之本,它强调的诉讼效率和诉讼公正都必须以实现私权争议中的人权为前提。而美国法院晚近的发展表明,其适用不方便法院原则不再以当事人获得"正义的结果"为导向,而是更加注重本国利益之考虑。据悉,美国的公司被告提出的不方便法院原则动议,大约有50%都获得了同意。在如此广泛的适用下,一些评论者质疑不方便法院原则是否允许跨国公司逃脱其责任,而非为了确保"正义的目的"。①

这也突出表现在美国法院在适用不方便法院原则的考虑因素上。同为英美法系国家的英国、澳大利亚、加拿大,在适用不方便法院原则时都有各自的适用标准。但是只有美国法院对案件涉及的所谓"公共利益"因素加以着重考察并将之作为驳回诉讼的重要依据。尤其是将法院积案情况作为适用不方便法院原则驳回原告起诉的考虑因素,无疑对原告起诉权有极大的损害。民商事法律关系的长足发展导致了全球民事争议的爆发,同时各国司法系统的逐步完善也使诉讼成为纠纷解决的重要方式。在此背景下,各国法院都面临着较大的积案压力,这在全球具有普遍性。美国在国际民事管辖权中实行的长臂管辖原则更加加剧了本国法院受理案件的压力。但是对国际民事案件管辖权的争夺不应该成为排除部分案件以维护本国国民利益的理由。

2.侵犯诉权的常规化

例外性是不方便法院原则的特性,是保障原告的起诉权、避免诉讼恣意的重要保证。美国法院在不方便法院原则的适用中也常强调其例外性,但在实际操作中,却日益扩大了不方便法院原则的适用范围,导致原告起诉权受到侵凌的可能性不断增加。萨缪尔(Samuels)教授在调查了Piper案之

---

① BURKE J. When Forum Non Conveniens Fails: The Enforcement of Judgments in Foreign Courts Obtained After Forum Non Conveniens Dismissal in the United States [J]. Rev. Litig, 2017, 36:274.

后的 1500 多个案件之后,发现在近 1/4 的案件中法院同意了被告以不方便法院原则驳回诉讼的动议。[①] 另外一项研究也表明,被告在美国地区法院有 60% 的机会对外国原告成功适用不方便法院原则驳回诉讼。[②]

同时,美国的上诉审查制度给不方便法院原则的适用提供了便利。美国联邦地区法院经常适用不方便法院原则驳回外国原告对美国公司的索赔,联邦巡回法院则通常会确认这种驳回诉讼的结果。例如 Kryvicky v. Scandinavian Airlines Sys. 案[③]、Van Schijndel v. Boeing Co. 案[④]、De Aguilar v. Boeing Co.案[⑤]、Fosen v. United Tech. Corp.案[⑥]等都表明,联邦地区法院已经将不方便法院原则作为一种应对在境外发生的、在美国提起的国际空难案件的常规工具,且通常会得到联邦巡回法院的认可。因此,美国被告为了逃避诉讼而将不方便法院原则引为常规,联邦法院则采用宽松的态度扩大了不方便法院原则的适用。

3.对外国当事人的歧视待遇

美国法院非常重视对原告选择法院权利的尊重,但是这种尊重只限于本国原告,外国原告则不享有同等的尊重。在管辖权问题上通常存在这样一种“强推定”来支持原告挑选法院,只有在公共利益因素和私人利益因素明显指向驳回诉讼,让诉讼在替代法院进行审理法人情况下才能越过这种强推定。许多判决都回应了这种“强推定”。

但是,美国法院的这种“强推定”只及于美国公民。包括美国最高院在内的大部分联邦法院同意当原告不是美国公民时,对于原告挑选法院将给予更少的尊重。在 Lewis v. Lycoming 案[⑦]、BFI Group Divino Corp. v.

① SAMUELS J H. When is an Alternative Forum Available? Rethinking the Forum Non Conveniens Analysis[J]. IND. L.J, 2010, 85:1077.

② WHYTOCK C A, ROBERTSON C B. Forum Non Conveniens and the Enforcement of Foreign Judgments[J]. Colum. L. Rev, 2011, 111:1462.

③ Kryvicky v. Scandinavian Airlines Sys., 807 F.2d 514, 516-18 (6th Cir. 1986).

④ Van Schijndel v. Boeing Co., 434 F. Supp. 2d 766, 781 (C.D. Cal. 2006).

⑤ De Aguilar v. Boeing Co., 806 F. Supp. 139, 145 (E.D. Tex. 1992).

⑥ Fosen v. United Tech. Corp., 484 F. Supp. 490, 507 (S.D.N.Y. 1980).

⑦ Lewis v. Lycoming, 917 F. Supp. 2d 366, 371 (E.D. Pa. 2013).在该案中美国联邦第三巡回法院指出,虽然存在这样的强推定来支持原告挑选法院,但是当原告或真实当事人是外国人时,该推定只起到很小的作用。

JSC Russian Aluminum 案①、Zions First Nat. Bank v. Moto Diesel Mexicana 案②等案件中,美国法院都不断强调对外国原告的歧视待遇。美国法院针对外国原告往往会考虑其不在本国提起诉讼的动因。除了对外国国籍的原告的歧视,美国纽约南区法院在 Bohn v. Bartels 案中甚至将歧视对象扩大到定居在国外的美国公民,认为他们不应受到与法院地美国公民同等的尊重。③ 该法院在 Varnelo v. Eastwind Transport, Ltd.案④中表示:"居留权,而不是公民身份,是对原告选择法院的权利的尊重程度分析的试金石。"

显而易见,美国法院对待外国居民原告与本国居民原告的诉权保障采取了不同的态度。与之形成鲜明对比的是,英国法院反复强调对当事人的平等尊重。英国上诉法院在"大西洋星号"案中阐明了较为直接的观点:"任何一个人来法院诉讼都不应是徒劳的。这种权利的享有者不应仅限于英国人,任何友好国家的外国人也可以享有此项权利。"⑤当事人所享有的诉权应当是平等的,不受国籍的限制。这种恶意区分的做法侵犯了当事人合法享有的平等诉权,不仅在学理上引起了较大的争议,而且在实践中也面临着困境。这种做法也遭到了其他国家的抵触。拉丁美洲一些国家为了抵制美国的歧视待遇甚至出台了相应的法律来对抗美国的做法。⑥

4.对本国利益的过度维护

利用国际民事管辖权来维护本国利益原本是管辖权制度的应有之义。

---

① BFI Group Divino Corp. v. JSC Russian Aluminum,298 Fed. Appx. 87,90 (2d Cir. 2008).在该案中第二巡回法院表示,法院应当对原告挑选法院给予尊重,但是这种尊重因具体情况的不同而不同。第二巡回法院罗列了六项是否给予尊重的考虑因素,其中第一项即为"原告是否为美国公民"。

② Zions First Nat. Bank v. Moto Diesel Mexicana,S.A. de C.V.,629 F.3d 520,523-524 (6th Cir. 2010).在该案中,第六巡回法院表示,在决定一个案件是否适用不方便法院原则予以驳回诉讼时,地区法院必须适用强推定来支持原告的挑选法院,尤其是当原告"在家"起诉时。因此可以合理假设该法院是方便的。

③ Bohn v. Bartels,620 F. Supp. 2d 418,429 (S.D. N.Y. 2007).

④ Varnelo v. Eastwind Transport,Ltd.,2003 WL 230741 (S.D. N.Y. 2003).

⑤ 刘仁山.加拿大关于国际民商事管辖权自由裁量的理论与实践[J].中国国际私法与比较法年刊,2000,3:485.

⑥ CASEY M R, RISTROPH B. Boomerang Litigation: How Convenient is Forum Non Conveniens in Transnational Litigation? [J]. Int'l L. & Mgmt. Rev,2007,4:26.

但对本国利益的维护,应当限定在有效的界限内,而不应成为地方保护主义的工具。美国法院逐步将不方便法院原则演变为经济霸权主义的工具,这突出表现在美国法院适用不方便法院原则时对本国跨国公司海外利益的维护。

美国法院在 Bhopal 案、Shell 案和 Chevron 案中,更将其过度维护本国利益的目的表现得淋漓尽致。这三个案件虽然在当事人、诉因和诉求上各不相同,但是都被以不方便法院原则驳回诉讼。Bhopal 案是美国跨国公司在印度造成大规模化工污染导致的侵权之诉,美国法院以证据的地理位置、可获得性以及大规模案件给美国法院造成的巨大审判负担等为由,以不方便法院原则为由驳回印度原告的诉讼。Shell 案同样由来自十几个发展中国家的农场工人在美国法院起诉壳牌石油公司及其他美国被告使其暴露于二溴氯丙烷(DBCP)所造成的癌症和不育症。联邦法院同样以不方便法院原则为由驳回了原告的诉讼。Chevron 案则是由德士古石油公司(Texaco,后被雪佛龙公司收购)1964 年到 1990 年间在亚马孙流域倾倒巨量有毒物质,导致当地严重的环境污染和居民遭受严重的人身损害。1993年,厄瓜多尔受害者相继在纽约南区法院提起诉讼。法院认为,本案原告为厄瓜多尔居民,被告在厄瓜多尔从事商业活动,且厄瓜多尔的司法制度能够提供充分的程序保障,可以为原告提供救济。因此,联邦地区法院认定厄瓜多尔当地法院是本案"更适当的替代法院",遂以不方便法院原则为由驳回原告的起诉。Shell 案和 Chevron 案,分别经过长达 20 余年的诉讼和仲裁等程序,受害的外国原告仍未能得到充分的救济。

这三个案件将美国法院利用不方便法院原则过度保护本国利益的一面暴露无遗,它们都是美国在经济全球化的过程中,向发展中国家转移第二产业导致的对当地环境侵害造成的大规模环境侵权诉讼。由于受害者人数众多、涉案赔偿金额极高、损害造成的影响极大,因此该类案件中美国法院的利益倾向更加明显,对不方便法院原则的适用也有失偏颇。美国法院无视不方便法院原则的适用规则,漠视外国受害人的合理诉求,极大地侵害了国际民事诉讼中的当事人人权,不仅导致当地居民所遭受的严重生理痛苦无法得到救助,还一再假借司法的名义浇熄当地居民获得援助的希望。

(二)偏离现象导致的问题

各国在实现公正这一根本目的的指导下适用不方便法院原则,其对国际民事管辖权的协调都以当事人的私权纠纷得到公正解决、当事人的人权得到保障作为标尺。对这一根本目的的偏离,带来了一系列问题。

第一,扭曲了大众对不方便法院原则的认知。不方便法院原则的根本目的是实现"正义的目的",是法院在平衡原、被告之间的权利保护之后对国际民事诉讼管辖权的微调。它不应成为歧视外国原告、协助本国被告进行"反向挑选法院"的工具,更不应引导本国当事人借这一原则逃避国际责任。[①]

第二,妨害了当事人诉权的行使。无论是滥用不方便法院原则作为筛选案件的工具,还是对外国当事人的歧视待遇,都直接或间接地妨害了当事人诉权的行使。它一方面扩大了对原告诉权的限制,导致原告依法提起的诉讼被驳回;另一方面也妨害了当事人获得公正审判的权利,难以保证当事人能够获得司法救济。

第三,阻碍相关判决的承认与执行。以美国为首的国家在适用不方便法院原则阶段和判决承认与执行阶段对外国法院管辖权的审查标准有较大的差异。这导致了原告提起的诉讼符合不方便法院原则的适用条件,但不符合美国法院判决的承认与执行程序中的审查标准,最终历经多次诉讼而无法实现民事权益。因此,当事人在诉讼中的人权无法得到最终落实,其进行的诉讼也失去了意义。

可见,偏离了"正义的目的"这一根基,不方便法院原则就太容易被抛弃和践踏,也难以发挥管辖权积极冲突的协调作用,更难以保障当事人的人权。

第三节　不方便法院原则适用中人权保障的路径

由前文的论述可以看出,人权保障对不方便法院原则的适用提出了特殊的要求。在当前不方便法院原则的适用中,既有契合人权保障价值的做法,也存在对人权保障的偏离现象。对此,应当从人权保障对不方便法院原

---

① 被告提出不方便法院原则的真实目的是逃避法律责任和反向挑选法院。参见徐伟功. 我国不宜采用不方便法院原则:以不方便法院原则的运作环境与功能为视角[J]. 法学评论,2006(01):151.

则的具体要求出发,审视当前各国对不方便法院原则的适用情况,并对其中不符合人权保障要求的部分加以完善。

具体而言,作为确定是否行使管辖权的制度,不方便法院原则适用中的人权保障首先要求在确定管辖权阶段的分析中保障当事人的诉权和公正审判权。此外,促进相关判决的承认与执行同样是不方便法院原则适用中人权保障的重要内容。

一、确定管辖权阶段的人权保障

不方便法院原则的适用分析是受案法院的权力与当事人的权利之间共同作用的"场",由原告、被告、法院共同组成的三方结构缺一不可。在这个结构中,主要围绕的是当事人的权利能否顺利行使、如何行使的问题,最应当受到关注的是当事人的权利保护。具体来说,各人权公约和各国基本法对不方便法院原则适用中的人权保障要求主要体现为对诉权(right of access to justice)和公正审判权(right to a fair trial)的保障。

(一)不方便法院原则的适用应当保障当事人的诉权

诉权的特殊性和复杂性在于它既是一项权利本身,也是恢复被侵害或被忽视的权利行使的手段,对通过诉权实现的权利的重视与对它自身的关注同等重要。

1.诉权在不方便法院原则适用中的适当让渡

在某些情况下,个人的诉权可能会受到限制,可能需要与国际社会的其他权利和其他合法利益相平衡。① 在国际民事诉讼中,因管辖权依据的不同,以及各国关于国际民事管辖权的规定有很大的不同,因此常常同时有多个国家的法院对同一件国际民事争议具有管辖权。在此情形下,原告将优先选择对其最为有利的法院。该法院的管辖和审判可能造成被告极大的不利,或导致诉讼无法获得公正的结果。出于对这种情况的考虑,个人的诉权将会受到必要的限制,受案法院将以不方便法院原则对原、被告双方的权利进行再平衡。

因此需要注意的是,不方便法院原则的适用,以原告之起诉符合起诉条件为前提,亦即原告系合法行使其诉权。但不方便法院原则是一项拒绝管

---

① FRANCIONI F. Access to Justice as a Human Right[M]. Oxford: Oxford University Press, 2007:67.

辖的制度,它将对原告诉权起到抑制的效果。因此,在不方便法院原则的适用中,尤其需要注重原告诉权的行使,只在例外情形下才能适用这一原则。

2.不方便法院原则适用中保障诉权的具体进路

不方便法院原则的适用是对原告正当行使的起诉权的否定性评价,但同时能够达到对滥用诉权的行为加以规制的效应。因此,为了实现对当事人诉权的保障,不方便法院原则应谨慎适用。在规制滥用诉权现象的同时,必须保证在极其例外的情形下才能适用不方便法院原则。具体来说,包括以下两个方面。

第一,避免不方便法院原则适用中对当事人起诉权的直接侵犯。"诉权的人权性引起了对其绝对性的重视。它的绝对性是指诉权具有与生俱来性、不可或缺性、不可取代性、不可转让性,且其实现不得附加条件等特质。"①但是,当该权利的行使侵犯到他人的正当人权时,则不得不对其加以必要的限制。从人权保障的角度来说,对人权相互之间的冲突进行协调的不方便法院原则,必须保持谦抑的品格,必须谨慎适用之。但在不方便法院原则的适用中,存在直接侵犯当事人起诉权的现象。为了减少对原告诉权的侵凌,还需对此加以调整。

第二,避免因不方便法院原则的模糊性导致的扩大化对当事人起诉权的进一步侵犯。如前文论述的那样,不方便法院原则的适用本身就是对当事人诉权的侵凌,只有在存在滥用诉权的情形或为了实现"正义的目的"时,其适用才有正当性基础,是对当事人诉权的可忍受范围内的限制。这就要求,不方便法院原则的适用应当避免扩大化。

(二)不方便法院原则的适用应当保障当事人的公正审判权

公正审判权是人权的基本内容,"《公民权利和政治权利国际公约》第14条、《亚洲人权宪章》第3.7条、《欧洲人权公约》第6条、《美洲人权公约》第8条以及《非洲人权和民族权宪章》第7条等都对公正审判权做了明确规定"②。以"保证司法公正"为目的的《公民权利和政治权利国际公约》第14条规定了与公正审判权相关的一系列个人权利。不方便法院原则在实现其保障国际民事诉讼的当事人人权之工具价值时,首先应当关注的就是当事

① 吴英姿.作为人权的诉权理论[M].北京:法律出版社,2017:83.
② 张吉喜.刑事诉讼中的公正审判权:以《公民权利和政治权利国际公约》为基础[M].北京:中国人民公安大学出版社,2010:1.

人的基本人权,尤其是公正审判权。适用不方便法院原则所涉及的多个法院都应当保障当事人的此项权利。

确定管辖权阶段不方便法院原则对诉权和公正审判权的保障既相互独立,又相互联系。对当事人诉权的保障要求法院尊重原告的起诉权,并将不方便法院原则控制在出于正义目的的例外情形下适用。对公正审判权的保障则要求受案法院对不方便法院原则的分析符合当事人获得公正审判的程序性利益。二者共同作用于不方便法院原则的适用标准中,共同促进不方便法院原则根本目的的实现。不方便法院原则是确定管辖权的程序性手段,更需要强调对诉讼当事人的程序利益的保障。

就不方便法院原则的适用来看,它与当事人的公正审判权是相互作用的关系。

第一,从当事人的角度来看,只有符合正当程序的法院作出的不方便法院原则判决才能使人信服;保障当事人的公正审判权才能使当事人对法院确定管辖权的决定产生认同感,推进民事纠纷的解决。不方便法院原则的适用效果之一,是当事人的公正审判权得以实现;而受案法院对当事人公正审判权的维护,也令不方便法院原则的适用更具有公信力。

第二,从民事诉讼程序的价值来看,如果替代法院无法提供公正审判,那么司法效率和司法公正都无从谈起。民事诉讼的基本价值是程序正义和效率。同时,在决定是否适用不方便法院原则的过程中,强调当事人的正当程序权,使案件在更适当的法院审理,也符合诉讼效率的要求。

第三,从适用不方便法院原则的目的来看,使当事人在有正当程序保障的适当法院进行诉讼程序才有可能实现最终正义结果的目的。公正审判权是一个贯穿诉讼全过程的权利形态。"随着诉权人权化、宪法化和国际化的发展,人们逐渐认识到获得有管辖权法院的公正审判是现代民事诉权的内在要求。"①因此,要实现最终"正义的目的",就必须以维护不方便法院原则分析中的公正审判权为前提。

综上所述,在国际民事诉讼的管辖权问题上,既要肯定原告拥有挑选法院的自由,又要避免原告恶意挑选法院,或者避免原告所选择的法院在审理案件中存在种种不适当,而赋予法院和被告一定的权力(利)来对原告滥用

---

① 叶榅平. 传统使命的现代转型:诉权保障理念、制度与程序[M]. 北京:法律出版社,2016:113.

诉权的行为加以限制。不方便法院原则也发挥了这样的作用。同时，作为对原告诉权的限制，不方便法院原则的适用本身也应当受到当事人诉权和公正审判权的制约。

二、判决承认与执行阶段的人权保障

从人权保障的角度来审视不方便法院原则，则不应将目光仅仅集中于确定管辖权阶段的不方便法院原则的适用，还应当对相关判决承认与执行中的特殊问题予以关注。这是因为，适用不方便法院原则的案件，在判决的承认与执行问题上有其特殊性。具体来说：

一方面，在适用不方便法院原则的案件中，诉讼程序必将在两个以上的国家进行，无论是法院还是当事人都投入了大量的成本和费用。不方便法院原则的适用，通常比常规国际民事诉讼的程序更加冗长。这是因为，一国法院以不方便法院原则驳回或中止诉讼后，该诉讼将在另一个国家的法院进行。这无形中增加了国际民事诉讼的环节，加重了当事人的负担。

另一方面，诉讼的"前端"（确定管辖权阶段）与"后端"（外国判决的承认与执行阶段）的双重标准导致了判决的承认与执行障碍。由于在诉讼的"前端"审查外国法院的管辖权采取了较为宽松的标准，而在"后端"采取了比较严格的审查标准，因此导致诉讼中外国法院的管辖符合不方便法院原则的适用条件但是不符合判决承认与执行的条件。尤其是，当作出不方便法院原则判决的国家和被请求承认与执行的国家是同一个国家时，两种不同标准之间的间隙将作用于同一个案件中。当事人按照法院指引前往替代法院提起的诉讼，却无法在该法院得到承认与执行，其在诉讼中的人权保障也难以得到落实。

因此，当不方便法院原则相关判决需要在其他国家承认与执行时，尤其应当注重当事人的人权保障，促进民事纠纷迅速解决。为了达到这一目的，应当从前端和后端分别采取举措实现相关判决的承认与执行中的人权保障。

本章小结

由于人权是一个内涵非常丰富的概念，因此对其保障也更加多元。无论是从国际法的层面还是从国内法上的人权保障来说,国际社会和各国内部都积极制定了多元化的人权保障体系。其中,人权的司法保障对民事诉讼提出了要求。作为国际民事诉讼中的重要制度,人权保障对不方便法院原则的要求更加深刻。它要求,不方便法院原则的适用应当着重保障当事人的诉权和公正审判权,并促进相关判决的承认与执行。

同时不方便法院原则的适用情况表明,它与人权保障有着密切的联系。首先,从不方便法院原则制度本身及大多数国家的适用情况来看,不方便法院原则的根本目的是实现"正义的目的"(the ends of justice)。而"正义的目的"与人权保障密切相连,正义是人权的本质之一,人权保障又能够反映人们对正义的追求。在大多数时候,二者都能达成一致,但是在某些情况下,人权保障与正义也会发生冲突。不方便法院原则是调和二者冲突的重要方式。其次,晚近以来,大陆法系国家和地区的司法实践与人权保障的价值相契合。为了有效保障特殊群体的人权,欧盟、德国、日本等国家和地区在家事案件等特殊类型的案件中有限适用了这一原则。最后,也有部分国家和地区出现了对正义目的和人权保障的偏离。

对此,有必要以人权保障的视角审视之、分析之、完善之。与人权保障对不方便法院原则的要求相适应,对当事人的人权保障应分别从不方便法院原则相关案件的确定管辖权阶段和判决承认与执行阶段着手。具体来说,一是在确定管辖权阶段保障当事人的诉权及公正审判权。诉权和公正审判权是人权的重要内容,也是不方便法院原则分析主要涉及的权利类型,对诉权和公正审判权的保障程度将直接体现不方便法院原则适用中的人权保障状况。二是在判决承认与执行阶段保障当事人的人权。若将目光仅仅停留在管辖权阶段,将忽略国际民事诉讼中当事人的人权实现的最终结果。当事人民事权益的实现并不仅仅在于获得审判,还应当获得有效的执行。因此,还需要对相关判决的承认与执行加以关注。

第二章 不方便法院原则适用中的诉权保障

在国际民事诉讼领域,原告的起诉权和被告对原告起诉权的抗辩已经超出单纯国内民事诉讼权利的范畴,变得更加复杂和多元。相应地,其对当事人诉权的保障也提出了更高的要求。而不方便法院原则的适用,对当事人诉权的保障而言具有特殊的意义。不方便法院原则是对原告起诉权的否定评价,并以拒绝管辖的方式来中止原告在本法院的诉讼。为了减少不方便法院原则的适用对原告起诉权的妨害,需要对不方便法院原则的适用加以引导。这就要求,既要防止相关适用规则直接妨害当事人诉权的行使,又要避免因不方便法院原则适用的扩大化造成对当事人诉权的间接妨害。鉴于此,本章将从诉权的角度审视不方便法院原则的适用,重点从直接和间接两个方面考察不方便法院原则对当事人诉权的妨害情况并分别提出应对之策。

第一节　不方便法院原则与诉权的关系

"人们始终珍视当事人提起诉讼和确定诉讼标的的排他性权利,即'无人可禁止当事人做原告'(Nemo judex sine actore)。"[①]对于原告已经提起的诉讼,如果符合起诉的条件,就理应受到法院和对方当事人的尊重。不方便法院原则却试图对其中不符合诉讼正义的案件管辖权加以调整。鉴于此,如何让不方便法院原则发挥最好的效果,又避免对原告诉权的过度妨害就成为一个重要的课题。它首先要求了解诉权的基本内涵,并厘清二者的关系。

[①]　江伟,邵明,陈刚.民事诉权研究[M].北京:法律出版社,2002:311.

一、诉权的国际法渊源

诉权理论有着重要的作用。在解释"诉的行为"之前,必须首先说明何为诉的性质,并对原告"为何可以提起诉讼"加以解释。[①] 因此,对不方便法院原则的研究离不开诉权论分析。

(一)诉权的理论

1.大陆法系的诉权理论

"通说认为'诉权'一词起源于罗马时期的'actio',并在大陆法系国家得到传承和发展。但是,就学说或理论的构成标准来看,诉权学说或理论在古罗马时期并未形成。"[②]"在罗马法时期,由于诉讼法和实体法合为一体并未分立,因此现代意义上的诉权与请求权也处于未分离的状态。"[③]它不具备现代权利的权威、自由等基本要素,也并非今天所指的"权利",而仅是针对不同类型纠纷的救济程序或诉的种类。

研究诉权理论的鼻祖是德国历史法学派代表人物萨维尼。在 19 世纪,萨维尼等人引用了 actio 的表达,并把它理解为"请求权和诉权的结合",并把诉权和请求权视为一体,这种学说被称为"私权诉权说"。[④] 到了 19 世纪后半期,公权概念和公法的理论得到了发展,人们开始承认私人对国家享有公法上的审判请求权,也就是即诉权。这种发展促进了公法诉权说的产生。除此之外,还存在宪法诉权说、诉权否定说和多元诉权说等学说。[⑤]

在民事诉讼法理论的长期发展过程中,出现过各种有关诉权理论的学说流派,但还没有一个称得上"权威"的理论。[⑥] 以至于有学者认为诉权并无实际意义,甚至提出了"诉权否定论",从根本上否定诉权作为一种独立权利的必要性。也有学者在参考《牛津法律大辞典》《元照英美法词典》《布莱克法律词典》《法学词典》等权威辞典的解释,并参考学者的定义之后将民事诉权界定为:"民事权益受到侵害或者与他人发生争议之时,国民请求法院

---

① 蔡肖文.诉权理论的中国阐释[M].北京:中国政法大学出版社,2016:3.

② 江伟,邵明,陈刚.民事诉权研究[M].北京:法律出版社,2002:2.

③ 王晓.民事诉权的保护与滥用规制研究[M].北京:中国政法大学出版社,2015:1.

④ 吴英姿.诉权理论重构[J].南京大学法律评论,2001(01):148.

⑤ 江伟,邵明,陈刚.民事诉权研究[M].北京:法律出版社,2002:5-43.

⑥ 吴英姿.诉权理论重构[J].南京大学法律评论,2001(01):149.

行使审判权解决纠纷、保障民事权益的权利。"①

当代诉权理论已经得到了长足的发展,尤其是因二次世界大战导致的人权之反思更加推动了人权理论的发展,其中诉权的宪法化与国际化是其成就之一。② 而在其发展的过程中,裁判请求权、诉诸司法权、程序保障请求权、接近正义权、接近司法权等现代话语逐渐取代了传统的诉权概念。③

2.英美法系的诉权理论

正如有学者所指出的那样,"诉权理论主要发达于大陆法系国家,英美法系不热衷于诉权的内涵等抽象问题的理论上的探讨,更不注重诉权理论的体系化,而是着重于有关诉权规则的合理制定和有关诉权的实用性等问题的探讨"④。虽然英美法系不太关注诉权相关的内容,但是并不代表英美法系的司法者和学者不关注当事人诉的权利的保障。在我国的相关文献中,"诉权"的英文翻译很多,主要被译为英文"right to sue"、"right of action"等。⑤ 事实上,英美法系与大陆法系的民事诉权概念相近的术语是"民事救济权"(right of civil remedies)、"诉诸司法的权利"(right of access to courts/justice)等。⑥ 美国有学者将《美国联邦宪法》第 3 条规定的利用诉讼程序处理案件的可能性称为诉诸司法的权利或民事救济权,这与大陆法系所称的诉权有类似之处。⑦

---

① 王晓.民事诉权的保护和滥用规制研究——兼以社会控制论为基础展开分析[M].北京:中国政法大学出版社,2015:24.

② 吴英姿.作为人权的诉权理论[M].北京:法律出版社,2017:53.

③ 齐树洁,周一颜.司法改革与接近正义——写在民事诉讼法修改之后[J].黑龙江省政法管理干部学院学报,2013(01):1.

④ 江伟,邵明,陈刚.民事诉权研究[M].北京:法律出版社,2002:127-128.

⑤ 如吴英姿在《论诉权的人权属性——以历史演进为视角》(载《中国社会科学》2015 年第 6 期)中将诉权翻译为"right to sue";《牛津法律大词典》和任瑞兴的博士学位论文《诉权的法理分析——以我国的诉权发展为基点》(吉林大学 2007 年博士学位论文)、巢志雄的博士学位论文《罗马法"诉"的理论及其现代发展》(西南政法大学 2011 年博士学位论文)将其译为"right of action"。相庆梅的博士论文《民事诉权论》(中国政法大学 2006 年博士学位论文)将之译为"litigation right"。

⑥ 江伟,邵明,陈刚.民事诉权研究[M].北京:法律出版社,2002:128.

⑦ 王晓.民事诉权的保护和滥用规制研究——兼以社会控制论为基础展开分析[M].北京:中国政法大学出版社,2015:117.

3.诉权的人权属性

诉权是人之为人的基本权利,而每个人都有寻求司法救济的权利,人权是诉权最基本的属性。它作为民事诉讼法学上的一个概念,"在大陆法系民事诉讼理论中具有十分重要的地位,是整个大陆法系民事诉讼法学的基石"①。而人权的基础是人的社会本性,它"先于、独立于法律而客观地、历史地产生、存在于社会中,而不是有了法律以后才发生的"②。也正因为如此,任何人都享有诉权,同时其诉权不受非法侵犯。

与基于民事契约关系而产生的"请求权"相比,诉权是一种宪法性权利,它对抗的是国家权力。③ 很多国家已经将诉权写入宪法,承认诉权作为宪法性权利的地位。诉权的人权属性决定了原告依法提起的诉讼应受到足够的尊重,如非必要不受侵损和限制。在国际民事诉讼中如此,在不方便法院原则的适用中更是如此。

(二)诉权的国际法渊源

随着"人"的地位的提升,诉权概念中也越来越强化对诉讼主体的关照,并被写入人权公约以及各国的宪法,诉权逐渐实现其人权的性质变化。④ 它成为人权体系中的重要部分,是权利享有这一事实自身的逻辑产物或延伸产物。

《世界人权宣言》第 8 条规定:任何人在宪法或法律赋予他的基本权利遭受侵害时,有权由合格的国家法庭对这种侵害行为作有效的救济。与《世界人权宣言》第 8 条相类似,《公民权利和政治权利国际公约》第 2(3)条要求主管当局采取有效的救济措施。联合国人权事务委员会对此的评论是,第 2 条要求各国"采取立法、司法、行政、教育和其他适当措施,以履行其法

---

① 张卫平.法国民事诉讼中的诉权制度及其理论[J].法学评论,1997(04):67.

② 吴英姿.诉权理论重构[J].南京大学法律评论,2001(01):150.

③ 莫纪宏,张毓华.诉权是现代法治社会第一制度性权利[J].法学杂志,2002(04):3.

④ 人权公约方面的规定有:《世界人权宣言》第 8 条、第 10 条;《公民权利和政治权利国际公约》第 14 条第 1 款;《欧洲人权公约》第 6 条第 1 款等。宪法方面的规定有:如英国 1925 年的《大宪章》、1969 年的《人身保护法》;美国 1787 年的《美国联邦宪法》、1791 年《权利法案》和 1879 年的《司法法》等关于人身保护令状的规定,以及 1947 年《日本宪法》第 32 条、1947 年《意大利宪法》第 25 条等。参见吴英姿.作为人权的诉权理论[M].北京:法律出版社,2017:54-56.

律义务"是要求各国在政府控制范围内采取措施来确保当事人的诉权得以实现。^① 委员会还表示,第 2(3)条"缔约国除了要有效保护公约规定的权利外,还必须确保个人能够获得有效的救济措施来维护这些具体的权利"^②。

1998 年 6 月 25 日,联合国欧洲经济委员会通过的《在环境问题上获得信息公众参与决策和诉诸司法的公约》(*Convention on Access to Information*,*Public Participation in Decision-Making and Access to Justice in Environmental Matters*,简称《奥胡斯公约》)规定了环境权利受害人可以对不尊重该公约所赋予的权利或违反一般性环境法的公共决定行使诉权。^③ 在欧洲人权法中,对诉权(the right of access to justice)的保障体现在《欧洲人权公约》第 6 条和第 13 条以及《欧盟基本权利宪章》第 47 条之中。

二、诉权保障与不方便法院原则的交互作用

在不方便法院原则的适用中,同时存在以不方便法院原则保障当事人诉权的一面,也存在人权保障介入不方便法院原则具体制度的一面,二者存在交互作用。

(一)不方便法院原则对诉权的保障

由前文的论述可知,诉权是当事人的基本人权内容之一,它在国际民事诉讼中应受到充分的重视和尊重。而不方便法院原则的适用也可以用于保障当事人的诉权,这主要体现在:

其一,不方便法院原则对诉权保障有积极的一面。它为了实现正义的目的而对当事人的诉权加以优化。不方便法院原则的表现形式是对原告依法享有的起诉权的否定,但在其适用得当的情况下,它也是对当事人诉权行使的优化。如前所述,诉权是基本人权,人人可以依法行使。但同时,诉权

---

① United Nations Human Rights Committee,General Comment No. 31,Nature of the General Legal Obligation on States Parties to the Covenant,U.N. Doc. CCPR/C/21/Rev.1/Add. 13. 2004,para. 7.

② United Nations Human Rights Committee,General Comment No. 31,Nature of the General Legal Obligation on States Parties to the Covenant,U.N. Doc. CCPR/C/21/Rev.1/Add. 13. 2004,para. 15.

③ See European Commission. The Aarhus Convention,available at:http://ec.europa.eu/environment/aarhus/,last visited on 6 November 2018.

是一柄双刃剑,滥用诉权亦会引起对对方当事人的侵扰、对司法资源的浪费和对司法权威的动摇。尤其是,在国际民事诉讼的语境下,管辖权连接因素的多元化与各国法律制度的较大差异相互作用,在不同国家提起诉讼的结果差异较大。原告为了寻求更大的诉讼利益或者以诉讼的形式达到迫害被告人的目的,可以选择在被告极不方便且与案件关联性较小的法院起诉,使被告无法应诉或者因诉讼付出较大的代价。因此,在保障当事人诉权的同时,必须对滥用诉权的行为加以必要的规制,既要保障原告的起诉权,又要注重对被告诉讼利益的平衡。不方便法院原则通过管辖权的微调,实现当事人之诉的"正义的目的",是对恶意诉讼、侵扰之诉的合理救济。

其二,不方便法院原则对诉权的保障有消极的一面。不方便法院原则的本质是通过法官行使自由裁量权来实现对国际民事诉讼中的个案管辖权的平衡。它是该法院单方面对管辖权的再分配,并不必然引起所谓的"替代法院"审理该案件的诉讼。不方便法院原则适用与否的分析过程,是以管辖权为代表的司法权与当事人诉权之间共同作用的过程。它发生于涉外民事案件的审前阶段,与当事人能够行使诉权息息相关。

不可否认的是,适用不方便法院原则是对原告起诉权的限制。不方便法院原则的表现形式是对原告业已享有的起诉权的限制,这是因为,不方便法院原则并不是对原告的起诉不符合起诉条件的判定,而是对符合起诉条件之诉的拒绝管辖。起诉权是一种程序性基本人权,只要民事权益受到侵害或者与他人发生民事纠纷,就可以通过法院利用司法制度来保障自己的实体性人权和解决民事纠纷。[①] 因此,任何人不得随意剥夺当事人起诉的权利,也不得减损之。原告依法提起的、合法有效的诉被法院以不方便法院原则为由拒绝审判,就违背了诉权作为基本人权的属性。

(二)诉权保障对不方便法院原则的具体影响

当事人诉权保障的要求也反映在具体的司法实践之中。各国在适用不方便法院原则时,通常会对当事人的诉权予以尊重。

第一,通常存在有利于原告的"强推定"。美国最高法院表明,通常存在支持原告选择法院的权利的强推定,只有在私人利益和公共利益因素明显

---

① 柯阳友. 起诉权研究——以解决"起诉难"为中心[M]. 北京:北京大学出版社,2012:15.

指向驳回诉讼和案件应在替代法院审判时,才能推翻这一强推定。① 2008
年第二巡回法院在 BFI Group Divino Corp. v. JSC Russian Aluminum 案
中回应了这一强推定,并指出,法院应当尊重原告选择法院的权利,但尊重
的程度则视具体案件的情况而定。② 很明显,美国法院承认应当尊重当事
人的起诉权,但同时又对本国原告和外国原告区别对待,这不仅给外国侨民
造成不公正待遇,而且显然违背了起诉权作为自然权利所具有的平等性。
此外,美国第二巡回法院为确定原告选择法庭的合适程度提供了指导。③
一般来说,如果原告与法院有很强的实质性联系,就会被推定为是为了方便
或成本而选择法院,且不属于挑选法院。④ 但是,"计算尺方法"(sliding
scale)仍然将对原告起诉权的尊重作为法院操纵的对象,没有将起诉权作
为基本人权来加以保障。

第二,拒绝管辖必须达到较高的说服标准。无论是英国早期适用不方
便法院原则需要达到的"烦扰性"、"压迫性"标准,还是在 Spiliada 案中确立
的"明显更适当法院标准",还是美国法院适用的"最适当法院标准",或是澳
大利亚适用的"明显不适当法院标准",都要求被告达到较高的说服标准。

英国法院在 Logan v. Bank of Scotland 案中确立的"压迫性(oppres-
sive)、困扰性(vexatious)"标准认为,"英国法院将保留管辖权,除非:(1)被

---

① Piper,454 U.S. 235,102 S. Ct. 252,70 L. Ed. 2d 419 (1981).

② 美国联邦第二巡回法院在该案中指出:决定是否推翻这一"强推定"应考虑下
列因素:(1)原告是否为美国公民;(2)对原告的便利;(3)证人的可用性;(4)被告的诉讼
义务;(5)能否获得适当的司法援助;(6)以有利的法律、美国陪审团的习惯性慷慨和在
该地区原告的受欢迎程度或被告的不受欢迎程度等为条件的原告挑选法院的证据。
[参见:BFI Group Divino Corp. v. JSC Russian Aluminum,298 Fed. Appx. 87,90 (2d
Cir. 2008)]

③ 美国联邦第二巡回法院的做法是:首先假定原告选择法院的权利有权获得实
质的尊重。然后采用"计算尺"(sliding scale)的方法来确定是否有理由怀疑其方便性
的假定。原告选择法院与方便和成本相关的合理理由越多,则将给该原告更多的尊重。
相应地,原告选择法院的行为看起来更像是受到挑选法院的刺激(包括有利的法律、慷
慨的陪审团或较高的损害赔偿,或企图用起诉来给被告造成负担等),则该原告选择法
院的权利将受到更少的尊重。参见 Forum Non Conveniens—Deference to Plaintiff's
Forum Choice,Fed. Prac. & Proc. Juris. § 3828.2 (2016),p.1.

④ Forum Non Conveniens—Deference to Plaintiff's Forum Choice,Fed. Prac. &
Proc. Juris. § 3828.2 (2016),p.1.

告可以表明原告在英国法院进行的诉讼对其是烦扰的;(2)当被告需要应诉时,引起了强烈的压迫,导致对被告产生了严重和实质的不公平,而在另外有管辖权的法院进行诉讼,可以避免这种现象"①。而在 Spiliada 标准中,被告主要承担证明另一个法院是明显更适当的法院。为了保障原告在其他国家的法院能够继续行使诉权,各国法院大都要求被告证明存在适当的替代法院,且比本法院的管辖更为适当。暂且不论各国的替代法院分析标准能否达到保障当事人在外国法院获得司法救济的效果,仅从各国法院向被告附加的证明标准就显示了适用不方便法院原则分析中对原告诉权的重视。

第三,不方便法院原则也为被告行使诉权提供了途径。诉权是双方当事人平等享有的,原告提起诉讼,被告亦可提出反诉。相对于原告主动提起诉讼的优势而言,被告除了行使反诉权外,还可以通过不方便法院原则的适用来进行管辖权异议,以避免对自己的过度侵扰。不方便法院原则也正发挥着这样的作用。

综上所述,不方便法院原则作为国际民事诉讼领域审前程序的重要制度,它是以审判权为代表的司法权与当事人诉权共同作用的过程。不方便法院原则的适用,对当事人诉权的实现是一把双刃剑。客观而言,不方便法院原则的适用是对原告依法享有的起诉权的限制。但事实上,不方便法院原则秉持实现"正义的目的"的初衷,可以成为规制滥用诉权的行为的有利武器。因此,不方便法院原则的制度建构应兼顾对原告起诉权的保障和对被告诉权利益的平衡。法院适用不方便法院原则时,首先需尊重原告的起诉权,只在极其例外的情形下,出于正义的目的,才能有限适用该原则,以减少对原告诉权的侵凌。同时,又需要明确适用标准,对当事人以滥用诉权、以诉的形式侵犯他人权益的行为进行必要的规制。

第二节　对诉权的直接妨害及应对

一般来说,"诉权是诉诸司法的权利,是打开司法之门的钥匙,是整个诉

---

① 徐伟功. 不方便法院原则研究[M]. 长春:吉林人民出版社,2002:192.

讼程序的原动力,因而诉权在诉权体系中处于非常重要的地位"①。"而承认诉权是当事人发动诉讼的基本权能,就应当承认诉讼是当事人行使诉权的结果。"②事实上,适用不方便法院原则可以例外地中止该诉讼,但需要避免对诉权的过度妨害。

所谓不方便法院原则对诉权的直接妨害,是指不方便法院原则在适用中存在否认当事人诉权的适用规则,及对基本人权附加条件来不合理地促成或阻止其适用的情形。对这些问题的审视和应对是不方便法院原则的人权保护应有之义。

一、适用不方便法院原则的程序性结果

根据现有的司法实践,受案法院适用不方便法院原则通常以驳回诉讼或中止诉讼为结果。以英美法系的代表性国家英国和美国为例,美国法院倾向于"驳回诉讼",英国法院则倾向于"中止诉讼"。③ 两种形式看似区别不大,实则对当事人(尤其是原告)及诉讼程序的进行有重大的意义。

各国在适用不方便法院原则之后的程序结果上采取了不同的做法。当受案法院经过不方便法院原则分析,决定同意适用该原则时,主要采取驳回诉讼或中止诉讼两种方式。

1.驳回诉讼

美国法院适用不方便法院原则以驳回诉讼居多,且大多采取附条件驳回诉讼。在其早期的案例中大都采取这一模式,以向被告附加一定条件为前提来适用不方便法院原则驳回诉讼。

早期案件所附条件主要有被告服从替代法院管辖权、同意履行替代法院作出的生效判决等。近年来,美国法院在驳回诉讼时,经常附加"返回管辖权条款",允许当事人在替代法院无法获得救济时,返回美国法院提起诉讼。在 Vasquez v. Bridgestone/Firestone Inc.案④中,美国法院认为没有规

---

① 柯阳友.起诉权研究——以解决"起诉难"为中心[M].北京:北京大学出版社,2012:36.

② 吴英姿.诉权理论重构[J].南京大学法律评论,2001(01):153.

③ KARAYANNI M. Forum Non Conveniens in the Modern Age: A Comparative and Methodological Analysis of Anglo-American Law[M]. New York: Transnational Publishers,2004:54.

④ Vasquez v. Bridgestone/Firestone Inc., 325 F.3d 665, 675 (5th Cir. 2003).

定返回管辖权条款属于滥用司法裁量权。根据该返回管辖权条款的要求，替代法院受理诉讼是法院适用不方便法院原则所附加的条件之一。此外，在美国法院晚近的案例中，常常以"替代法院同意受理诉讼"为条件方可适用不方便法院原则。例如，在 Flash Airlines 案中，美国法院即以法国法院同意对该案行使管辖权作为驳回诉讼的条件。

2.中止诉讼

在不方便法院原则的适用中采取中止诉讼方式的做法相对普遍，具体来说有以下几种类型。

第一，径行中止诉讼。苏格兰和英格兰、加拿大、澳大利亚在适用不方便法院原则时大都采用径行中止诉讼的模式。苏格兰法院在适用不方便法院原则时，通常都是中止诉讼。英格兰的代表性案件 Spiliada 案和加拿大的代表性案件 Amchem 案都在不方便法院原则分析后，径行采用中止诉讼的方式。而在此之后，英国和加拿大法院适用不方便法院原则的案件也都采取的是中止诉讼的方式。与之相同，澳大利亚法院在其代表性案件 Voth 案中也采用中止诉讼的方式，并在后续案例中得到延续。

第二，中止诉讼，并视情形决定后续的处理方式。在《1999 年公约草案》第 22(5)条规定："当法院根据 22(1)条中止诉讼后，a) 如果另一国法院行使管辖权，或原告在法院指定的时间内不在该替代法院提起诉讼，则本法院不得行使管辖权；b) 如果另一国法院决定不对该案件行使管辖权，则本法院应继续受理该案。"可见，草案规定了在适用不方便法院原则中止诉讼之后，可能拒绝行使管辖权或继续受理该案。

第三，中止诉讼，并告知当事人向适当法院提起诉讼。欧盟《布鲁塞尔条例Ⅱa》第 15 条规定了这种模式。第 15(1)条(a)项规定：(法院可)部分或全部中止本诉讼，并告知当事人依第 4 款的规定向另一成员国法院提起诉讼。为了保障当事人在适当法院获得审判，《布鲁塞尔条例Ⅱa》第 15 条规定了两种模式，其中一种就是由受案法院中止诉讼并告知当事人向适当法院提起诉讼。但是当该决定是由受案法院主动提出或由另一成员国法院申请移送时，必须取得至少一方当事人的同意。

第四，中止诉讼，在外国判决在本地法院获得承认后，视为本院诉讼已撤诉。2006 年，我国台湾地区所谓"涉外民事法律适用法修正草案"的第 10 条规定了我国台湾地区法院可以以"法院不便管辖"作为停止其民事诉讼程序的理由。① 虽然该"草案"最终没有被通过,但是仍对理论和实务界产生了一定的影响。

二、驳回诉讼对诉权的妨害

驳回诉讼和中止诉讼使诉讼处于两种不同的状态。二者既有联系也有区别。

(一)驳回诉讼与中止诉讼的辨析

1.二者的界定

通常所说的"驳回诉讼",又称"驳回起诉","乃是法院依法不承认当事人有权提起该民事诉讼的权利"②。它主要针对程序意义上的诉权问题,是"确认不符合起诉条件的原告对本案没有起诉的权利"③。驳回诉讼与起诉密切相关,它是对原告提起之诉的否定评价,是以起诉不符合起诉条件为由终止诉讼的一种方式。在不方便法院原则的适用中,驳回诉讼意味着原告提起的诉讼产生诉讼终结的效果,其寻求司法救济需要重新提起诉讼。

而"中止诉讼"则是指"诉讼进行过程中,由于某种法定情形的出现而使诉讼活动难以继续进行,受诉法院裁定暂时停止本案的诉讼程序的制度"④。诉讼中止的事由不管是程序性的还是实体性的,都是一种可消除的暂时状态。⑤ 在中止事由完成后,诉讼将继续进行。具体到不方便法院原则的适用中,法院中止诉讼后,当事人如果不能在替代法院获得相应的审判,那么在原受案法院的诉讼可以依法继续进行。反之,则原受案法院将终止本法院的诉讼。

2.二者的区别

驳回诉讼与中止诉讼的区别主要有以下几点:

第一,对起诉是否符合起诉条件的评价不同。驳回诉讼是在原告所提起的诉不符合起诉条件的情形下适用。中止诉讼则不然,中止诉讼是在起

---

① 陈启垂. 英美法上"法院不便利原则"的引进——涉外民事法律适用法修正草案增订第十条"不便管辖"的评论[J]. 台湾本土法学杂志,2002(30):1.

② 谢庄. 关于驳回起诉的几个问题[J]. 政法论坛,1986(06):48.

③ 杨善明. 驳回起诉与驳回诉讼请求的区别[J]. 政治与法律,1986(02):65.

④ 江伟,肖建国. 民事诉讼法:第7版[M]. 北京:中国人民大学出版社,2015:292.

⑤ 杨光. 关于诉讼中止的思考[J]. 中国律师,2014(02):70.

诉符合起诉条件前提下的临时程序暂停。

第二,诉讼系属的状态不同。中止诉讼时,该案件在受案法院的诉讼系属处于存续状态,当事人的诉权能够正当行使。驳回起诉则意味着诉讼系属归于消灭,当事人的起诉权被否定。

第三,程序后果不同。驳回诉讼之后,当事人欲就同一纠纷诉诸司法,需要再行起诉。中止诉讼则案件卷宗、证据并不封存,在符合条件时,可直接恢复诉讼。

(二)驳回诉讼与中止诉讼对诉权保障的不同意义

适用不方便法院原则时,当事人的诉权处于一种特殊的状态。在该状态中,驳回诉讼和中止诉讼对诉权的实体意义和程序意义有所不同。并且,二者对诉权保障的不同意义,将会影响不方便法院原则的适用效果。

1.适用不方便法院原则时的诉权状态

首先,适用不方便法院原则以当事人享有诉权为前提。起诉权是人人都享有的权利,但并非任何起诉都应被受理。在享有诉权的基础上,还需符合法院地的起诉条件。当原告提起诉讼的情形符合既定的起诉条件时,就有引发诉讼程序的权利。对于不符合起诉条件的案件,法院将直接驳回诉讼,而无须适用不方便法院原则。我们不能允许以审判权否定人依法寻求纠纷解决和合法判决的正当权利。换言之,不方便法院原则以认可当事人的起诉符合起诉条件为前提,它不否定当事人起诉的权利。此时原告提起诉讼,必须是依照法定起诉条件行使诉权的行为。

其次,不方便法院原则的适用是对原告起诉权的优化。不方便法院原则是在肯定当事人的起诉符合起诉条件的基础上,使案件在更适当的法院审理,它是对原告起诉权的优化。在存在管辖权的积极冲突的语境下,不方便法院原则的适用有利于促进案件在更符合正义目的的法院进行,它试图实现在全球范围内的管辖权的合理分配。但是,不方便法院原则的适用不构成对原告起诉权的否认。而是在肯定原告之起诉符合起诉条件的同时,以不方便法院原则作为协调管辖权积极冲突的重要工具,对案件的管辖加以分析,以选择更适当的法院。

最后,不方便法院原则的适用允许在特殊情形下恢复本法院的诉讼。不方便法院原则只是假设存在更适当的替代法院,事实上当事人能否在该法院得到救济还无法确定。无论是《1999 年公约草案》第 22 条规定的中止诉讼情形,还是美国法院附条件驳回诉讼时的"返回管辖权条款",都表明了在适用不方便法院原则的案件中,当事人若不能在替代法院获得相应的司法救济,就有权在原受案法院恢复诉讼或重新提起诉讼。这一方面肯定了受案法院对该案的管辖权,另一方面也为不方便法院原则在相关案件中保障当事人的诉权提供了救济途径。

2.驳回诉讼对诉权的直接妨害

在不方便法院原则中采用驳回诉讼的方式是对当事人诉权的直接妨害。这体现在以下几个方面。

第一,从理论上讲,驳回诉讼是对当事人诉权的否定。由上文的分析可知,驳回诉讼是法院依法不承认当事人有权提起该民事诉讼的权利。这显然与不方便法院原则中的起诉权状态有所出入。从原告的起诉权角度来说,法院只有在原告的起诉不符合起诉条件时才可以"驳回起诉"。不方便法院原则的适用并非原告的起诉不符合条件,而是有更适当的法院审理本案会实现正义的目的,不符合"驳回起诉"的适用条件。因此,适用不方便法院原则的案件以驳回诉讼的方式终结将直接妨害当事人的诉权,是对符合起诉条件的诉讼的否定。

第二,从实践来看,不能直接恢复诉讼将增加当事人实现诉权的困难。大卫·罗伯逊教授(David Robertson)曾经就适用不方便法院原则驳回诉讼的案件的后续情况做过一项调查。该调查是通过问卷的形式,将问卷邮寄给被美国法院以不方便法院原则驳回诉讼的 180 宗案件的原告代理律师。这 180 份调查问卷发出后,共收到 85 份回函,并提供了一个后续情况的大致结果。这 85 个案件的原告中,有 15 件的原告后来放弃了起诉;22件的原告获得了最高达到其最初预估值的 50% 的赔偿;另外 14 件没有明确数额的或超过预估值的 50%;16 件日后在外国法院提起了诉讼,但该 16宗案件都还在诉讼中;3 件诉讼的原告还未作出进一步打算;剩余 12 件则无法知晓。[①] 在美国法院以不方便法院原则驳回诉讼之后,原告很难获得预期的赔偿,甚至失去再次起诉的精力。尤其是在原告是个人,被告是体量庞大的跨国公司时,相互之间在诉讼精力和财务能力上显然无法形成抗衡,处于弱势的一方可能直接失去行使起诉权的机会。

---

① ROBERTSON D W. Forum Non Conveniens in America and England:"A Rather Fantastic Fiction",[J]. L. Q. Rev,1987,103:418-419.

3.二者在诉权保障问题上的区别

在适用不方便法院原则的案件中,与驳回诉讼相对应的程序结果是中止诉讼。这是因为,受案法院适用不方便法院原则拒绝管辖,要求当事人在其他法院进行诉讼,则本法院的诉讼将处于停滞状态。二者都是对当事人在受案法院的起诉权的回应,但是作用机制不同。从诉权保障的角度来看,中止诉讼比驳回诉讼对当事人的侵害小。

首先,二者表达了对当事人诉权的不同态度。中止诉讼与驳回诉讼的一个重要区别在于,中止诉讼使诉讼系属继续存续,该案的诉权行使状态仍然存在。在适用不方便法院原则的语境下,中止诉讼是受案法院为了支持更适合审理本案的外国法院对案件进行审理,而暂停对案件的审理。以中止诉讼作为适用不方便法院原则的程序结果,是肯定当事人的起诉权,而驳回诉讼则是否定当事人的诉权。但是,不方便法院原则的适用并不存在否定当事人诉权的情形,也不是指当事人的起诉不符合起诉条件。因此,不宜使用驳回诉讼的方式。

其次,二者对于诉权保障的程序要求不同。在替代法院不可用的情形下,中止诉讼的正确性越发明显。在替代法院无法获得相应救济时,原告应当在先前的受案法院继续诉讼还是重新提起诉讼? 在驳回诉讼的情形下,原告需要重新提起诉讼,而中止诉讼则可恢复诉讼程序。恢复诉讼时,案件卷宗无须调取、相关证据不必重复提供,审判人员也无须重新接触和了解案情。显然,恢复诉讼程序比重新起诉要方便、快捷,不仅减少了法院的负担,也给双方当事人节省了诉讼成本。《1999 年公约草案》和《2001 年临时文本》的第 22(5)条从公约的角度将不方便法院原则对诉权的效力解读为"临时封存",当原告在替代法院无法继续行使该诉权时,本法院将恢复诉讼程序。这一规定显然比驳回诉讼更周到,更符合对原告诉权的关照。以中止诉讼为基础的恢复诉讼程序不仅符合诉权保障的理念,而且能够提高诉讼效率。

三、可能的完善进路

各国在适用不方便法院原则时采取的不同程序选择,将对当事人的诉权有直接的影响。尤其是驳回诉讼直接否定了当事人依法行使的起诉权,显然不符合不方便法院原则的适用情况。因此,有必要对其程序选择加以优化。

首先,驳回诉讼直接妨害当事人诉权,应采取中止诉讼的方式。驳回诉讼的方式既不符合当事人诉权保障的要求,也不符合不方便法院原则的适用情形。从人权保障的视角来看,不方便法院原则的适用虽然使原受案法院的诉讼处于停滞状态,但是当事人在该法院的起诉权仍然有效。该诉讼在诉讼系属存续期间因特殊情形而暂时停止,更符合中止诉讼的情形。因此,适用不方便法院原则拒绝管辖的案件采用中止诉讼的方式更加适当。

其次,中止诉讼的状态应及时根据具体的情况进行调整。虽然中止诉讼比驳回诉讼更符合适用不方便法院原则的案件中的人权保障,但是其诉讼系属存续期间的效率问题也需要引起注意。这是因为,在中止诉讼期间,原受诉法院的诉讼存续体现为案件卷宗、审判人员和诉讼程序的存续状态。为了提高诉讼效率和减少诉讼成本,中止诉讼的状态应根据替代法院的诉讼进程而适当调整。

其一,原受诉法院的诉讼在以下情形下应当及时终结。(1)该诉讼在外国法院获得审判、执行的,本法院应终结诉讼;(2)当事人怠于行使诉权导致在外国的诉讼期间经过的,本法院应终结诉讼;(3)因当事人达成和解、同意调解等其他主观原因导致未能在替代法院获得审判的,本法院应终结诉讼。

其二,替代法院无法对该案件进行审判的,在当事人要求恢复本法院的诉讼时,原受诉法院应当及时恢复诉讼。至于当事人对该情况的证明,则应适当简化,减少不必要的时间损耗。

第三节 对诉权的间接妨害及应对

不可否认,在原告滥用诉权的情形下,不方便法院原则是行之有效的规制办法。而在原告正常行使诉权时,不方便法院原则作为审判权对诉权的干预,应当秉持谦抑的品格。换言之,为了保障当事人的诉权,需要谨慎适用不方便法院原则,将其限定在特殊情形下例外适用的范畴内并避免对当事人诉权的间接妨害。

所谓对诉权的间接妨害主要是指各国适用不方便法院原则由例外适用到常规化适用,导致其适用范围突破了诉权让渡的合理区间,因不方便法院原则的扩大化导致对当事人诉权的妨害由"极其有限的让渡"变为"常态化妨害"。这突出体现在以下几个方面。

一、不方便法院原则适用的扩大化

不方便法院原则具有例外性,它只能在为了正义的目的,拒绝管辖更加适当的情形下才能例外地适用。但是从各国的适用情况来看,部分国家存在将不方便法院原则常规化的趋势,这种趋势不仅在客观上超出了不方便法院原则的合理适用范围,而且也间接妨害了当事人的诉权。

(一)适用不方便法院原则的例外性

国际民事诉讼的一般规则是原告在有管辖权的法院提起诉讼,法院依据本国的管辖依据对其管辖权进行审查。在特殊情形下,有管辖权的法院才会拒绝管辖。而不方便法院原则是对当事人选择法院的权利作出的限制,是特殊情形下采用的机制。从各个国家和地区的立法与司法实践中也可以清晰地看到适用不方便法院原则的分析中对其例外性的强调。

第一,国际公约的相关内容。《1999 年公约草案》和《2001 年临时文本》分别在第 22 条规定了不方便法院原则,第 22 条第 1 款明确规定,不方便法院原则只在例外情形下适用。虽然该草案最终未能通过,但是从中可以看出参与协商的各国的一般性共识。

第二,英美法系国家的适用。英美法系国家虽然在实践中大量适用不方便法院原则,但是大多数国家仍然承认该原则的例外性。美国法院认为不方便法院原则的适用是"例外的",联邦第九巡回法院指出,不方便法院原则是一种"谨慎适用的例外工具",而非"迫使原告选择最佳法院的原则"。[①]

从主要国家适用不方便法院原则的不同标准来看,澳大利亚实行的"明显不适当法院"标准与术语"不方便法院原则"的词源意义是最相近的,它确保不方便法院原则只"例外性地适用"。虽然通常而言,"更适当法院标准"和英国法院采用的"明显不适当法院标准"在结果上并没有什么不同,但是"明显不适当法院标准"更注重对原告诉权的保障。与关注替代法院的适当性程度相比,"明显不适当法院标准"主要着眼于本国法院在审理案件中的不适当性,对法院而言,只有本国法院极其不适于审理该案件时,才能例外地适用不方便法院原则。这一标准降低了因适用不方便法院原则而导致诉

---

① Carijano v. Occidental Petroleum Corp., 643 F. 3d 1216, 1224 (9th Cir. 2011).

讼不被法院审理的风险。①

　　第三，大陆法系国家和地区的适用。与大陆法系的司法传统相适应，适用不方便法院原则的欧盟、德国等也都非常重视它的例外性。大陆法系国家通常规定法官不得拒绝审判，例如，"《德意志联邦共和国基本法》第 101 条规定：'不得禁止任何人受其法定法官之审理。'《意大利宪法》第 25 条第 1 款规定：'任何人皆有权获得由法律预先设立的自然的法官的审判。'"②此外，相对于普通法系国家而言，大陆法系国家在管辖权制度上更加严格，本国法院有管辖权的案件在客观上比英美法系国家法院与案件的联系更加密切。因此，拒绝管辖权的情形受到更多的限制，法官也更加慎重。

　　从司法实践来看，从最早适用不方便法院原则的苏格兰法院开始，不方便法院原则的例外性就引起了重视。欧盟委员会在 2014 年发布的《〈布鲁塞尔条例Ⅱa〉应用实践指南》指出只在例外情况下，允许对所受理的案件具有管辖权的法院可以将其移交给另一个成员国的法院，前提是后者可以更好地审理案件。③ 可见，欧盟在《布鲁塞尔条例Ⅱa》第 15 条引入的不方便法院原则也必须是在"例外情况下"方可适用。《魁北克民法典》第 3135 条也规定，魁北克法院即使对某一案件有管辖权，但在它认为该争议在外国法院进行审判更加适当，或当事人提出适用不方便法院原则的请求，则魁北克法院在例外情况下可以放弃管辖权。④ 魁北克法院在 Czajka c. The Life Investors Insurance Co. of American 案中也指出魁北克法院只在例外情况下才能拒绝行使管辖权。⑤ 在 Van Breda 案中，法官进一步指出，"例外"这个词应该被解释为：在正常情况下，一旦适当地享有管辖权就应该行使之。⑥

---

　　①　NWAPI C. Re-Evaluating the Doctrine of Forum Non Conveniens in Canada[J]. Windsor Rev. Legal & Soc. Issues，2013，34：59-60.

　　②　吴一鸣. 国际民事诉讼中的拒绝管辖问题研究[M]. 北京：法律出版社，2010：280.

　　③　European commission，Practice Guide for the application of the Brussels Ⅱa Regulation，p. 34.

　　④　袁泉. 不方便法院原则三题[J]. 中国法学，2003(06)：141.

　　⑤　谢海霞. 论国际民商事诉讼中的不方便法院原则[M]. 北京：对外经济贸易大学出版社，2012：70.

　　⑥　Van Breda，[2012] 1 SCR 572 at para. 109.

总而言之,不方便法院原则的例外性不仅体现在各国的立法之中,也深深地烙印于各国的司法实践之中。它是解释不方便法院原则适用中的权利限制问题的最好回答。不方便法院原则的例外性回应了不方便法院原则为何可以限制当事人的人权(主要表现为诉权)以及对人权的限制的界限等问题。

(二)适用不方便法院原则的扩大化态势

如前所述,大部分国家和地区都肯定了不方便法院原则的例外性。对例外性的强调符合不方便法院原则的根本目的,也有利于当事人的人权保障。但是通过对各国的司法实践分析可知,部分国家和地区的实践中还存在忽视不方便法院原则的例外性、放任其扩大化态势的现象。

1.美国

美国早期适用不方便法院原则的判例强调该原则具有例外性。在 Gilbert 案中,美国最高法院明确指出,不方便法院原则只在"例外情形下"适用,且只应适用于极少数案件①。联邦第九巡回法院在 Dole Food Co., Inc. v. Watts 案中也强调,不方便法院原则是法院固有权力的激烈的行使方式,它会导致原告的起诉被驳回,而对驳回诉讼的要求应当尤其苛刻。② 但是,自美国最高法院在 Piper 案中适用不方便法院原则驳回诉讼之后,联邦法院常常将驳回外国原告因飞机事故在美国法院提出索赔的案件引为常规。③

其直接原因是美国的司法制度吸引了大量与美国无关的案件。美国法

---

① Gilbert,330 U.S. 501, at 509, 67 S. Ct. 839, at 841, 91 L. Ed. 1055.

② Dole Food Co., Inc. v. Watts,303 F.3d 1104, 1118 (9th Cir. 2002).

③ 例如在以下大量的案件中,联邦法院就采取了这种态度:Tazoe v. Airbus S.A.S., 631 F.3d 1321 (11th Cir. 2011); Clerides v. Boeing Co., 534 F.3d 623 (7th Cir. 2008); Satz v. McDonnell Douglas Corp., 244 F.3d 1279 (11th Cir. 2001); Lueck v. Sundstrand Corp., 236 F. 3d 1137 (9th Cir. 2001); De Aguilar v. Boeing Co., 11 F.3d 55 (5th Cir. 1993); Cheng v. Boeing Co., 708 F.2d 1406 (9th Cir. 1983); Pain v. United Techs Corp., 637 F.2d 775 (D.C. Cir. 1980); In re Air Crash Over the Mid-Atlantic, 760 F. Supp. 2d 832 (N.D. Cal. 2010); In re Air Crash at Madrid Spain on Aug. 20, 2008, No. 2:10-ml-02135, 2011 WL 1058452 (C.D. Cal. Mar. 22, 2011); In re Air Crash Disaster over Makassar Strait, Sulawesi, No. 09-cv-3805, 2011 WL 91037 (N.D. Ill. Jan. 11, 2011); Pettitt v. Boeing, No. 09-C-3709, 2010 WL 3861066 (N.D. Ill. Sept. 28, 2010); Gambra v. Int'l Lease Finance Corp., 388 F. Supp. 2d 810 (C.D. Cal. 2005). See CAMPBELL B, REDDY K. Practical Considerations: Advancing a Motion to Dismiss on the Grounds of Forum Non Conveniens[J]. Brief, 2012, 41:24.

院对外国原告具有较大的吸引力，这主要体现在美国对侵权责任、产品责任
等规定了较高的赔偿标准上。各国实体法上对损害赔偿的规定差异巨大，
受害人在不同国家诉讼将导致较大的赔偿额价差。由于带有吓阻性的目
的，惩罚性赔偿往往比普通的填补性赔偿数额要大得多，美国法院在
Pennzoil案①中更是作出了高达100亿美元的赔偿判决。赔偿额度的巨大
差异激发了被害人挑选实行惩罚性赔偿制度的美国法院。此外，侵权行为
的严格责任认定依然是原告选择在美国诉讼的主要原因之一，美国至少有
44个州可以提供严格责任方法。② 而美国实行的"长臂管辖权"，更是吸引
了大量与美国无关的案件。

在此背景下，美国法院利用不方便法院原则作为拒绝与本国利益关系
不大，或者美国法院进行审理将不利于本国当事人的案件管辖权的工具。
而且，美国法院为了粉饰其拒绝管辖的真实原因，采用一系列的公共利益因
素，以"案件积压导致的法院管理困难""对当地与诉讼无关的居民施加的陪
审义务""对案件在当地解决有本地利益"等因素为由，进一步扩大不方便法
院原则的适用范围，令外国原告甚至无法在美国被告所在地提起诉讼。

此外，法院对该申请的支持率也在一定程度上反映了这种扩大化的适
用趋势。萨缪尔(Samuels)教授在审查了Piper案之后的超过1500个案件
之后，发现在近1/4的案件中法院同意了被告以不方便法院原则驳回诉讼
的申请。③ 另外一项研究也表明，被告在美国地区法院有60%的机会对外
国原告成功适用不方便法院原则驳回诉讼。④ 换言之，被告就针对自己的
不利诉讼提出适用不方便法院原则的申请，将在很大概率上获得支持。而
适用该原则的结果更有利于被告，它激励了国际民事诉讼中的被告提出适
用不方便法院原则的请求。

2.加拿大魁北克省

《魁北克民法典》第3135条明确规定了不方便法院原则的例外性，加拿

---

① Pennzoil Company v. Texaco, Inc., 481 U.S. 1 (1987).

② FREEDMAN W, Product Liability Actions by Foreign Plaintiffs in the United
States, Springer Netherlands, 1988, p.13.

③ SAMUELS J H. When is an Alternative Forum Available? Rethinking the
Forum Non Conveniens Analysis[J]. IND. L. J, 2010, 85:1077.

④ WHYTOCK C A, ROBERTSON C B. Forum Non Conveniens and the En-
forcement of Foreign Judgments[J]. Colum. L. Rev, 2011, 111:1462.

大最高院在 Spar Aerospace 案①中也强调了魁北克适用这一理论的例外属性。还有学者通过对魁北克绝大多数不方便法院原则的判决进行审查,将该"例外性"解释为 7 个基本类别,但是其中没有一个真正解决了"例外性"的问题。②

尽管有法律的明文要求,近年来魁北克法院适用不方便法院原则的案件数量和比例还是大幅提高了。自 1994 年《魁北克民法典》生效以来,这一原则被大量援引,在魁北克行使管辖权时允许适用司法裁量权的各类案件中都开始采纳这一理论。虽然有明确的立法限制,但是适用不方便法院原则的案件比预期的更多。相较于它原本在国际和省级案件中适用的初衷,它逐渐在决定魁北克法院的管辖权适当性中扮演了过于重要的角色。③ 甚至在有些案件中,魁北克法院基本上忽略了"例外性"要求。例如在 Simcoe v. Arthur Andersen Inc.案④中,法院认可了超出《民事诉讼法》第 161 条、第 165 条规定的期间才提出的不方便法院原则的请求。⑤

就适用标准而言,魁北克法院有时甚至引用了普通法系的判例和标准。魁北克省最高法院在 Cambior v. Recherches internationales Quebec 案中,就引用了美国法院在 Piper 案中的规则,乃至赞成对外国原告的起诉权给予较少尊重。然而,魁北克法院本应根据第 3135 条的规定以及立法依据限制适用不方便法院原则。⑥ 该判决显然违背了要求在例外情况下适用不方

---

① Spar Aerospace v. American mobile Satellite Corp., [2002] 4 SCR 205 at paras 65-82.

② 参见 TALPIS J, KATH S L, The Exceptional as Commonplace in Quebec Forum Non Conveniens Law: Cambior, a Case in Point[J]. R. J. T, 2000, 34:798-807. 作者将之总结为以下七种不同的解释:(1)司法部长的评论中的"例外";(2)通过权衡多种不同标准得出的"例外";(3)法官选择的意义;(4)替代法院更适于审理该争议;(5)因正义的利益而驳回诉讼;(6)其他法院"明显更适当";(7)将魁北克法院作为默认法院。

③ GUILLEMARD S, PRUJINER A, SABOURIN F. Les difficultrs de l'introduction du forum non conveniens en droit qubcois[J]. C de D, 1995, 36:930-951. 转引自 TALPIS J, KATH S L. The Exceptional as Commonplace in Quebec Forum Non Conveniens Law: Cambior, a Case in Point[J]. R.J.T, 2000, 34:795.

④ Simcoe v. Arthur Andersen Inc., [1995] R.J.Q. 2222 (Sup. Ct.).

⑤ TALPIS J, KATH S L. The Exceptional as Commonplace in Quebec Forum Non Conveniens Law: Cambior, a Case in Point[J]. R.J.T, 2000, 34:808.

⑥ 徐伟功. 不方便法院原则研究[M]. 长春:吉林人民出版社,2002:304-305.

便法院原则的法律规定。

以上例外性到常规化的改变,显示出其背后以审判权为代表的公权力对个体享有的起诉权的蚕食。相较而言,虽然澳大利亚法院适用的标准常常与其他英美法系国家的标准得出同样的结果,但是在审判权的行使方式上来说,"明显不适当法院"标准是对原告诉权妨害最少的一种。它强调本法院在对案件行使管辖权时的种种不利因素,尤其是对当事人而言的不利因素。

3.不方便法院原则由例外性向常态化发展的原因

之所以出现不方便法院原则的适用扩大化的现象,主要是因为以下两个方面的原因。

一是被告提出适用不方便法院原则的动议的现象更加普遍。尤其是在美国法院进行的侵权案件中,为了逃避美国法上的巨额赔偿,申请适用不方便法院原则对被告而言是有利无害的。一旦法院准许,则被告将在很大程度上减少赔偿额度;即使法院拒绝该动议,被告也不会有任何损失。加之美国法院对适用不方便法院原则的动议支持率较高。因此,被告有更大的热情去请求适用这一原则。

二是法院适用不方便法院原则的积极性也日渐高昂。这一方面是因为诉讼积案已经成为普遍性问题,采用这一方法能够切实地减少原告挑选法院造成的过度紧张的审理日程。另一方面是因为法院认为将案件交由更适当的法院审理是合理的,或者是对本国当事人更为有利的。虽然在实践中,美国法院适用不方便法院原则驳回诉讼,外国原告在替代法院提起诉讼可能使美国被告承担更大数额的赔偿,但是帮助本国被告逃避惩罚仍然是美国法院适用不方便法院原则的重要原因。

(三)针对扩大化趋势的建议

如前所述,不方便法院原则的适用只能限于对当事人滥用诉权行为的必要规制,因此它只能在特殊情形下例外地适用。"例外性"意味着在某些案件中禁止适用不方便法院原则,而在另外一些案件中则严格限制其适用。[①] 它在实践中的扩大化态势并不符合诉权保障的要求。对此,可以从以下三个具体的建议着手来保证不方便法院原则的例外性。

---

① TALPIS J, KATH S L. The Exceptional as Commonplace in Quebec Forum Non Conveniens Law: Cambior, a Case in Point[J]. R.J.T, 2000, 34:836.

第一，严格审查适用不方便法院原则的动议。立法者在条款的开始就强调不方便法院原则的例外性，司法实践也一再重申这一点，有必要将例外性规定具体为审查标准。它不仅包括对替代法院的充分考察，还包括对案件在不同国家的法院进行诉讼的利益平衡。同时，要求作出不方便法院原则的判决必须对替代法院和当事人权益有足够认识并提供保障。

第二，在部分案件中排除不方便法院原则的适用。强调不方便法院原则的例外性，就必须排除其在某些案件中的适用，以实现特殊案件中的人权保障需求。

一是属于受案法院专属管辖的案件。"专属管辖往往是基于社会公共利益目的而规定的"①，其功能集中于两点："(1)排他功能，即排除其他法院管辖和当事人协议选择管辖，(2)强制功能，即专属管辖的法院具有绝对管辖权或唯一管辖权。"②属于受案法院国专属管辖的案件，一般不得适用不方便法院原则，《1999 年公约草案》第 22 条第 1 款也明确将专属管辖排除在外。

二是当事人之间存在有效的管辖协议的案件。在实践中，有些法院将协议管辖作为适用不方便法院原则的考虑因素之一。③ 有的法院在本法院为当事人协议选择法院时，仍然适用不方便法院原则驳回或中止诉讼。例如，英国法院在 The Eleftheria 案中，认为法院有权依据不方便法院原则对当事人的管辖协议进行审查。英国法院认为，"如果当事人不顾他们缔结的管辖协议而向英国法院提起诉讼，那么在原告提供了强有力的理由时，英国法院享有自由裁量权以决定是否中止诉讼"④。协议管辖以当事人的意思自治为基础，在其不违反公共利益或法律的规定时，不宜适用不方便法院原则。

第三，在某些情形下严格限制不方便法院原则的适用。

一是替代法院作出的判决可能无法在本国法院得到执行。适用不方便法院原则的法院首先应确保本国法院对该替代法院判决的承认问题。如果

① 李浩. 民事诉讼专属管辖制度研究[J]. 法商研究，2009(02):95.

② 刘力. 涉外继承案件专属管辖考[J]. 现代法学，2009(02):144.

③ CLERMONT K M. Governing Law on Forum-Selection Agreements[J]. Hastings L.J, 2015，66:648.

④ 王吉文. 论不方便法院原则对协议管辖的效力问题[J]. 云南大学学报法学版，2015(03):34.

替代法院作出的判决在受案法院所在国也显然无法得到执行,那么将难以保障当事人在替代法院获得胜诉判决之后顺利实现该判决所确定的权利。

二是基于弱者保护而对案件行使的特殊管辖权。这其中包括涉及劳动者、消费者、妇女、老人、儿童为代表的法律意义上的弱势群体的案件。当法院基于保护以上弱势群体而建立了特殊的管辖权时,通常不得适用不方便法院原则驳回或中止诉讼。例如,在国际用工纠纷中,劳动者面对跨国企业,无论是在财力还是影响力上都显示出极大的不平等。与之类似,国际产品责任中的消费者通常也处于弱势地位。而妇女、儿童、老人在家庭关系中相对处于弱势,其中儿童诱拐、监护、亲子关系认定、继承等家事案件中的儿童利益尤其需要特别考虑。

综上所述,从诉权保障的视角来看,不方便法院原则应当保持其例外性。具体来说,首先,应当严格审查不方便法院原则之动议。其次,应在特殊类型的案件中排除不方便法院原则的适用。最后,在某些情形下严格限制不方便法院原则的适用。

二、适用标准不当对诉权保障的影响

不方便法院原则的适用标准集中反映了不方便法院原则的作用机制,它包括不方便法院原则的分析方法和考虑因素两个方面。法院关于不方便法院原则的认定有时会显得不一致和无法预测。而只有该决定是出于足够正当的理由时,原告的法院选择权才能得到最大的尊重。[①] 纵观各国不同的适用标准,不仅在实现不方便法院原则根本目的上的效果差强人意,也存在间接损害当事人诉权的风险。

(一)不方便法院原则的适用标准

关于不方便法院原则的适用标准最常见的分类是依据国别形成的标准,主要有:美国适用的"最适当法院标准"、英国采纳的"明显更适当法院标准"和澳大利亚采取的"明显不适当法院标准"。虽然以上适用标准考察的因素和分析方法各不相同,但是在大多数时候能够达成一致的结果。

1.不方便法院原则适用标准的历史分析

从不方便法院原则的发展历程来看,以上标准并非一蹴而就的,而是跟

---

① WORKMAN B J. Deference to the Plaintiff in Forum Non Conveniens Cases [J]. Fordham L. Rev,2017,86:871.

随社会经济和法制发展而不断变化的。

　　苏格兰法院最早是在 Sim v. Robinow 案①、La Societe du Gaz v. La Societe de Navigation 案②和 Lawford v. Lawford's trustees 案③中,形成了自己的适用标准。在这一时期,苏格兰法院明确了不方便法院原则的适用应当同时符合两个条件:一是存在其他有管辖权的替代法院;二是综合当事人利益和正义的需求,在该替代法院进行诉讼更为适当。而在分析方法上则采取"一步骤"方法。④

　　英国法院目前适用不方便法院原则所采取的"明显更适当法院标准"是由"压迫性(oppressive)、烦扰性(vexatious)"标准转变而来的。最初在 Logan v. Bank of Scotland 案⑤中,英国法院确立了适用不方便法院原则必须达到对被告的"压迫性、烦扰性"标准。而在 St. Pierre v. South American Stores(Gath & Chaves)Ltd.案⑥中,斯科特(Scott)法官进一步明确了适用不方便法院原则的标准和原则,即(1)不得仅仅因为便利而剥夺原告在英国诉讼的利益;(2)在决定是否适用该原则中止诉讼时,应当考虑到积极和消极两个方面的内容,积极的方面是被告需举证证明在本院诉讼将对其不公正,会导致对被告的压迫或困扰。此外,诉讼的中止不得造成对原告的不公平。这一标准此后一直被沿用,但从 Atlantic Star 案⑦开始,该标准受到了越来越多的批判,并产生了一系列的变化。在该案中,法院对"压迫性、困扰性"标准进行了修正。法院认为"应对烦扰性、压迫性、程序滥用

---

　　①　Sim v. Robinow,[1892] 19 R 665.在该案中,法官认为:只有在法院确定存在一个有管辖权的替代法院,且在该法院进行诉讼更有利于双方当事人的利益保护,也更符合正义的目的时,才能允许以不方便法院原则驳回诉讼。这实质上指出了不方便法院原则的适用必须同时满足两个条件:一是存在其他替代法院,二是综合当事人利益和正义的需求,在该替代法院诉讼更为适当。

　　②　La Societe du Gaz v. La Societe de Navigation,参见李旺. 国际诉讼竞合[M]. 北京:中国政法大学出版社,2002:110.在本案中,法院认为:在适用不方便法院原则时,应当同时符合两个条件。这两个条件也就是 Sim 案中法院适用条件的明确化。

　　③　Lawford v. Lawford's Trustees,1927 SC 360.

　　④　ARZANDEH A. Should the Spiliada Test Be Revised? [J]. Journal of Private International Law,2014,10:103.

　　⑤　Logan,[1906] 1 KB 141.

　　⑥　St. Pierre,[1936] 1 KB 382.

　　⑦　Atlantic Star,[1973] 2 All E.R.175,[1974] A. C. 436.

(abuse of process)进行重新界定,改为较为弹性的态度并考虑其他相关因素"[①]。在 Mac Shannon v. Rockware Glass Ltd.案中,英国法院抛弃了"压迫性、困扰性"标准。1987 年的 Spiliada 案给英国法院适用不方便法院原则画上了浓墨重彩的一笔。高夫(Goff)法官在 Spiliada 案中确立了"显然更适当法院的标准",将不方便法院原则的适用总结为两阶段方法。第一阶段首先确定存在"明显更加适当的"替代法院,然后进入第二阶段,根据多种因素来考察替代的法院是否符合诉讼正义的要求。

美国法院适用不方便法院原则的标准同样经过了类似的转变。在美国法院早期适用的案件,如 Gilbert 案和 Koster 案,集中关注于"原告滥用起诉权骚扰被告人"的情况。换言之,早期美国法院适用的不方便法院原则的标准是为了阻止原告滥用诉权压迫和烦扰被告。此后,美国法院在 Piper Aircraft Co. v. Reyno 案中,将不方便法院原则的适用标准转变为相对灵活的"最适当法院"标准。

作为英联邦国家的澳大利亚和加拿大最初都是采取英国法院的做法。澳大利亚法院在 Oceanic Sun Line Special Shipping Co. Inc。v. Fay 案[②]中逐步放弃了英国法院的标准,并在 Voth 案[③]中确立了"明显不适当法院标准"。加拿大最初按照英国法院的分析方法使用不方便法院原则,直到 1993 年加拿大最高法院在 Amchem Products Inc. v. British Columbia (Workers Compensation Board)案[④](以下简称 Amchem 案)中比较分析了英国和澳大利亚法院不同的适用模式,并继续采用英国的"明显更适当法院标准",但在分析方法上则采用单一步骤,不再区分两个步骤进行。目前,加拿大各省主要适用《法院管辖权和移送程序法案》(*Court Jurisdiction and Proceedings Transfer Act*,简称 CJPTA)第 11 条规定的不方便法院原则适用标准。

我国香港特别行政区法院一直遵循 Spiliada 案所确定的基本规则,并在 1987 年的"麦阮迪案"中创立了香港法院适用不方便法院原则中止诉讼

---

① 何其生. 比较法视野下的国际民事诉讼[M]. 北京:高等教育出版社,2015: 151.

② Oceanic Sun Line Special Shipping Co Inc v. Fay, 165 C.L.R. 197 (1988).

③ Voth, 171. C. L. R. 538(1990).

④ Amchem,[1993] 1 SCR 897.

的三阶段法。①

2.关于不同适用标准的学者观点

学者关于不方便法院原则适用标准的研究中,迈克尔教授(Michael Karayanni)在《现代的不方便法院原则——对英美法系的比较法和方法论分析》(*Forum Non Conveniens in the Modern Age：A Comparative and Methodological Analysis of Anglo-American Law*)一书中的新分类具有较大的创新性和实用价值。他将各国适用的标准分为四种类型:自由标准(the liberal standard)、滥用程序标准(the abuse of process standard)、限制标准(the limited standard)和不接受标准(the unreceptive standard)。

其中,自由标准是指,法院基本上接受任何能够表明某一特定法院适当性的可用因素。该标准的意图是找到"最适当的法院",因此其建立了一个包含各个因素的开放清单,并给每个因素不同的权重。这一标准最好的示例是在1892年苏格兰的 Sim v. Robinow 案中,金尼尔法官(Lord Kinnear)表明,除非满足有另外一个具有管辖权的法院,且案件在该法院进行审理更符合双方当事人的利益和正义的目的。这一标准也在英国的标志性案件 Spiliada 案中得到了适用。②

而滥用程序标准则是指澳大利亚法院适用的标准。③ 当前澳大利亚的不方便法院原则标准主要由澳大利亚高等法院的三个标志性案件确定:1988年的 Oceanic Sun Line Special Shipping Co. Inc. v. Fay 案④、1990年的 Voth 案和2002年的 Dow Jones co., v. Gutnick 案⑤。澳大利亚高等法院在 Voth 案中确立了其不方便法院原则的适用标准,并在 Puttick v.

① 张淑钿. 香港不方便法院原则的实践及对内地的启示[J]. 法律适用,2009(08):41.

② KARAYANNI M. Forum Non Conveniens in the Modern Age：A Comparative and Methodological Analysis of Anglo-American Law[M]. New York：Transnational Publishers,2004:56-59.

③ KARAYANNI M. Forum Non Conveniens in the Modern Age：A Comparative and Methodological Analysis of Anglo-American Law[M]. New York：Transnational Publishers,2004:59-62.

④ Oceanic Sun,165 C.L.R. 197 (1988).

⑤ Dow Jones co., v. Gutnick,210 C.L.R. 575 (2002).

Tenon Ltd.案①（以下简称 Puttick 案）中被重述如下：在 Voth 案中法院认定，如果被告成功地以该案件的具体情况及被告提出的其他外国法院的可用性来证明受案法院是审理该争议的明显不适当法院时，被告通常有权请求永久中止对其提起的这一诉讼。Voth 案的重点是"地区法院的不适当性，而非被告建议的外国法院的适当性或相对适当性"。澳大利亚高等法院在 Puttick 案中进一步解释道：第一，依法要求法院行使管辖权的原告有保持其起诉权的权利。第二，以受案法院为不适当法院的理由来中止诉讼的传统权力，必须遵守一般原则。而一般原则要求受案法院驳回或中止诉讼应以诉讼存在压迫性、烦扰性或滥用程序等情形为前提，且必须是为了避免具体案件中双方当事人的不公平方可行使。第三，仅在外国法院进行诉讼更加便利的事实并不足以成为驳回诉讼或中止诉讼的理由。第四，中止诉讼或驳回诉讼的权力必须"非常小心"或"极其谨慎"地行使。② 可见，澳大利亚法院适用不方便法院原则的标准非常保守，只有在原告选择初始法院达到了滥用程序的程度时，法院才有权适用不方便法院原则。

　　限制标准是指，法院并未直接适用不方便法院原则，而是以类似的有限自由裁量权来拒绝管辖权③，尤其是以不具有管辖权为理由。该类型以日本和德国为代表。限制标准的代表案例是 Michico Goto v. Malaysian Airline System 案。日本在 2012 年《民事诉讼法典》修订之前，已经在实践中采用了类似的制度。将其列为限制标准具有合理性。

　　除了迈克尔教授提到的限制标准之外，还应当注意到德国和瑞士法院的特殊标准。与日本的"限制标准"类似，德国和瑞士也都在极其有限的范围内适用这一原则。就目前来说，德国法院只在家事案件中适用不方便法院原则，且适用的标准是"最佳利益标准"。今后德国法院能否普遍接受不方便法院原则将取决于德国联邦宪法法院适用的程序和管辖权规则的平衡标准，其必须建立起法律的确定性和法官的预判及个案中的司法公正之间

---

① Puttick v. Tenon Ltd，［2008］HCA 54；(2008) 238 CLR 265.

② Puttick v. Tenon Ltd，［2008］HCA 54，at 43.

③ KARAYANNI M. Forum Non Conveniens in the Modern Age：A Comparative and Methodological Analysis of Anglo-American Law［M］. New York：Transnational Publishers，2004：62-64.

的平衡。① 瑞士之前的《国际私法》第 8d(III)条规定了不方便法院原则,该条款规定,在亲子关系案件中,当争议与另一个不承认当前法院管辖权的法院存在压倒性的联系时,瑞士法院可以拒绝行使本院的管辖权。然而,这一条款却被瑞士的新国际私法废除了,因此现在瑞士法院对不方便法院原则的适用仅限于国内法院与诉讼之间的联系非常微弱的情况下。②

不接受标准则主要指欧盟的做法,其不仅禁止各成员国之间适用这一原则,也限制成员国与非成员国之间适用不方便法院原则③。2005 年的Owusu 案就是这一标准的典型例证。但迈克尔教授显然没有关注到晚近欧盟在适用不方便法院原则方面的尝试,尤其是以《布鲁塞尔条例 Ⅱa》第15 条为代表的相关规定和适用该条款的相关司法实践。因此这种类型的界定稍显不足。

此外,《1999 年公约草案》设置了一个更加严格限制的标准。该草案第22 条第 1 款规定:在例外情况下,当受诉法院的管辖权不是根据第 4 条规定的排他性选择法院协议确立的,也不是根据第 7 条、第 8 条、第 12 条确立的,那么在本法院明显不适于对该案行使管辖权且存在一个有管辖权的其他国家的法院明显更适于解决该争议时,该法院可以根据一方当事人的申请中止诉讼。可见,它同时要求存在"明显更适当的替代法院",且"本法院是明显不适当法院"。例如,原告在某个国家居住并受雇于一家公司,但他可能在该公司的主营业地(另一个国家)所在的法院提起有关受雇期间遭受人身损害的诉讼。原告居住并受雇的国家的法院可能是"明显更适当"的法院,但是,如果包括其运营会影响员工人身安全在内的主要决定是在主营业地作出的,那么主营业地所在的法院就不能称为"明显不适当"法院,也就不

---

① REUS A. Judicial Discretion: A Comparative View of the Doctrine of Forum Non Conveniens in the United States, the United Kingdom, and Germany[J]. Loy. L.A. Int'l & Comp. L.J, 1994, 16:496.

② REUS A. Judicial Discretion: A Comparative View of the Doctrine of Forum Non Conveniens in the United States, the United Kingdom, and Germany[J]. Loy. L.A. Int'l & Comp. L.J, 1994, 16:497.

③ KARAYANNI M. Forum Non Conveniens in the Modern Age: A Comparative and Methodological Analysis of Anglo-American Law [M]. New York: Transnational Publishers, 2004:64-65.

能适用不方便法院原则。① 这一标准明显比其他国家的标准更加严格。

以上各种不同的标准,都是各国在各自的司法制度与不方便法院原则的适用之间相互平衡的结果,力求达到一国司法体系的自洽性。但是从当事人诉权保障的角度来看,各国的保障力度参差不齐,也存在诸多保护不周的情况。因此,对各国的标准存在的共性问题进行分析和应对将更符合诉权保障的基本价值。

(二)各国的适用标准存在的诉权保障困境

自英美法系各国在 20 世纪后半叶分别确立了各自的不方便法院原则标准以来,晚近并未产生新的颠覆性成案,各国法院只在个别问题上进行了补充和完善。② 这些标准都包含了一系列的考虑因素,但都是开放清单,还存在极大的不确定性,很难保障当事人诉权的有效行使。尤其是随着信息全球化和技术的发展进程,跨国诉讼中人员和证据流动的影响逐渐弱化,已有的标准及其考虑因素都面临着考验。

1.适用标准过于模糊且缺乏一致性

模糊和宽泛的标准能够扩大法院适用不方便法院原则的范围,但同时也使法院在适用中缺少指引和依据,当事人行使诉权存在较大的不确定性。不方便法院原则具有的裁量性和灵活性决定了它的适用条件无法以一个穷尽列举式清单的形式存在。因此,英美法系各国沿用的"最适当法院标准"、"明显更适当法院标准"和"明显不适当法院标准"都包含数量众多的考虑因素,且各因素在具体案件中的适用有很大的任意性。也正因为如此,不方便法院原则的适用标准难以统一,甚至在一国之内也会出现矛盾判决。

---

① 该案例是在英国 Connelly v. RTZ Corp. Plc,〔1997〕3 WLR 373.案的基础上改编的,引自 DOGAUCHI M,HARTLEY T C,Explantory Report on Preliminary Draft Convention on Exclusive Choice of Court Agrements,Prel. Doc. No 26 Decenber 2004,p.94.

② 例如 2007 年,美国法院在中化国际案中对于"适用不方便法院原则是否需要以确立本法院的管辖权为前提"的回应;2012 年,加拿大法院在 Club Resorts Ltd. v. Van Breda 案(〔2012〕1 SCR 572)中详细阐释了"真实和实质联系"标准作为一个适当的普通法管辖权冲突规范的假设,它所考虑的推定的连结因素问题;2013 年,美国最高院在 Atlantic Maritime 案中对不方便法院原则与非排他性选择法院协议的关系进行了详细的分析;2017 年,加拿大最高院在 Deborah Louise Douez 案中就不方便法院原则和协议管辖的问题进行了回应。

几十年来,学者们纷纷指责这样一个事实:至少美国联邦法院所适用的不方便法院原则缺乏一致性,并且不能提供可预见的结果。[①] 美国法院虽然在 Gilbert 案中罗列了一系列的公共利益因素和私人利益因素,但是美国最高法院拒绝给适用不方便法院原则的相关因素列出严格的目录,并通过 Piper 案重申了保持不方便法院原则灵活性的重要意义。

瑞安·凯西(M. Ryan Casey)和巴雷特·利斯朵夫(Barrett Ristroph)律师试图对各国法院适用不方便法院原则中的不一致现象进行分类,并总结为:(1)对"是否考虑本国判决能否在国外执行"或"替代法院作出的判决能否在本国执行"的问题上的不一致;(2)在私人利益因素支持驳回诉讼时,是否考虑公共利益因素这一问题上存在不同政策;(3)对是否比较"外国法院的利益"和本国法院的利益问题存在不一致看法;(4)对诉讼拥堵现象存在不同分析,如有的国家会比较分析不同国家法院的诉讼拥堵情况,有的国家则只考虑本国法院的诉讼拥堵情况;(5)对相关公约的考虑程度不同;(6)关于潜在的替代法院对当事人而言是否具有"可用性"的不同分析。[②] 其中,对可执行性因素、诉讼拥堵等的不一致现象不仅在美国构成对当事人诉权保障的明显障碍,在其他国家的适用也同样存在相似的问题。

即使在美国国内,不方便法院原则的适用标准的模糊现象也引起了不少问题。美国最高法院在 American Dreding v. Miller 案中也认为,不方便法院原则所具有的司法裁量属性,以及为数众多的考虑因素,使得适用不方便法院原则几乎不可能达到结果的统一性和可预见性。[③] 并且意味着当事人不能依靠不方便法院原则来确定"起诉的地点或被起诉的地方"。2009年的一份实证研究报告表明,美国各州适用不方便法院原则的比例很不均衡,有的地区法院更加倾向于同意适用该原则,其他一些州则持不同的态度。在美国适用不方便法院原则的案件数量前十名的州中,纽约州作出的判决数目以 38% 的比例遥遥领先,排名第二的德克萨斯州相关判决的数目

---

①　ROBERTSON C B, Forum Non Conveniens on Appeal: The Case for Interlocutory Review[J]. Sw. J. Int'l L, 2011, 18:448.

②　CASEY M R, RISTROPH B. Boomerang Litigation: How Convenient Is Forum Non Conveniens in Transnational Litigation[J]. Int'l L. & Mgmt. Rev. 21, 2007, 4:24. at n15.

③　American Dreding v. Miller, 510 U. S. 443 (1994).

只占到 10％。①

英国法院的司法实践也已暴露出适用标准模糊的弊病。在 Spiliada 案中，上议院并没有明确罗列可供考虑的因素，甚至没有明确一个标准。通常来说，第一个阶段的考虑因素主要包括案件的准据法、当事人的争议与某个国家关联的程度、相关各方当事人和诉讼参与人参与诉讼的情况等。在第一个阶段，如果法院发现不存在有最真实和实质性联系的外国法院，那么英国法院将直接驳回被告要求适用不方便法院原则的请求。如果存在这样的法院，那么将进入第二个阶段。Spiliada 标准的第二个阶段发生举证责任的转移，由原告证明在该外国法院诉讼不符合正义的目的。英国法院在第二个阶段的司法裁量权比第一个阶段还要模糊和宽泛，这一阶段任何的潜在不确定性都会影响不方便法院原则适用的可预测性。

采用 Spiliada 标准之后，英格兰的法院在诉讼中的司法裁量权如此宽泛和模糊地受限于一种"本能的过程"②。该标准明显缺少对法官适用不方便法院原则的考虑因素和权衡依据的指导。Spliada 案所确立的规则目前仍被英国及大多数英联邦国家沿用，只是在晚近的一些案件中对这一标准进行了补充。

在英国晚近的案件中，有几个案件引起了学者的关注，同时这几个案例也暴露出了因 Spiliada 标准过于模糊而导致的严重问题。这几个案件分别是 Cherney v. Deripaska 案③（以下简称 Cherney 案）、OJSC Oil Company Yugraneft （in liquidation） v. Abramovich 案④（以下简称 OJSC 案）、Pacific International Sports Clubs Ltd v. Soccer Marketing International Ltd 案⑤（以下简称 Pacific 案）和 Altimo Holdings and Investment Ltd v. Kyrgyz

---

① LII M T. An Empirical Examination of the Adequate Alternative Forum in the Doctrine of Forum Non Conveniens[J]. Rich. J. Global L. & Bus, 2009，8:527.

② ROBERTSON D W. Forum Non Conveniens in America and England: "A Rather Fantastic Fiction"[J]. Law Quarterly Review，1987，103:414.

③ Cherney v. Deripaska，[2008] EWHC 1530；[2009] 1 All ER （Comm） 333；Affirmed，[2009] EWCA Civ 849；[2009] 2 CLC 408.

④ OJSC Oil Company Yugraneft （in liquidation） v. Abramovich，[2008] EWHC 2613 （Comm）.

⑤ Pacific International Sports Clubs Ltd v. Soccer Marketing International Ltd，[2009] EWHC 1839 （Ch）. Affirmed，[2010] EWCA Civ 753.

Mobil Tel Ltd 案①（以下简称 Altimo 案）。以上四个案件并非关联案件，但是在案情上具有很大的相似性：(1)索赔人（原告）都主张在外国遭到巨额欺诈；(2)英格兰法院不是与这几个案件有最密切联系的法院；(3)与这几个案件的争议有密切联系的法院都在前苏维埃国家，这也是原告主张替代法院不适当的主要原因；(4)案件是否适用不方便法院原则都主要取决于原告对替代法院不适当性的证明能否说服法官。在这四个案件中，原告都提出了大量证据试图说服法院，其在最密切联系的法院得不到公正审判。而且他们提出的理由也相似，主要是，外国法院"存在腐败"、"容易受到政治压力"、"欺诈"等。然而四个案件的判决结果令人惊讶：Cherney 案和 Altimo 案中，法院接受了原告的主张，并拒绝适用不方便法院原则；而在 OJSC 案和 Pacific 案中法院则没有接受类似的主张。学者的批评主要是针对 Cherney 案和 Altimo 案的。在这两个案件中，原告歪曲了外国的司法质量，还得到了法院的确认，但是另外两个案件的相似主张却遭到了法院的否定。模糊的适用标准和较大的司法裁量权导致了同案不同判的结果，也使当事人对不方便法院原则的适用结果更加不可预期。

　　甚至在部分大陆法系成文法中，不方便法院原则的考虑因素也宽泛而模糊。例如，《魁北克民法典》第 3135 条在文本上只规定了"外国法院是一个审理本案更好的选择"，但对考量依据未做限制。《日本民事诉讼法典》第 3—9 条则以"案件性质、被告应诉负担的程度、证据所在地以及其他情事"作为法官决定适用不方便法院原则与否的依据。

　　适用标准的不一致将导致出现矛盾判决、诉讼效率低下和司法资源的浪费。但在目前各国法律标准分歧较大的现状下，达成一致标准将非常困难。然而，这不足以成为放弃推广类似标准的理由。

　　2.考虑因素过于宽泛

　　各国大都罗列了较多的考虑因素，使得现有的适用标准内容冗杂，对下级法院审判实践的指导性较差。这些因素本身可能被视为"模糊的、不确定的"，因此这些"非穷尽的"、"无序位性的"因素本身并不能为下级法院提供

---

　　①　Altimo Holdings and Investment Ltd v. Kyrgyz Mobil Tel Ltd，［2011］UKPC 7；［2012］1 WLR 1804.

很多的指导。^①加利福尼亚州法院在 Great N. Ry. v. Alameda County 案的判决书中甚至罗列了一个包含 25 个考虑因素的广泛的列表。^②也因为如此,不方便法院原则被认为"完全不适于将其视为法律原则,而应视为一个松散的惯例和态度的集合"^③。

与一般需要司法裁量的程序性问题不同,不方便法院原则可供裁量的因素更加宽泛,具有更强的主观性。为了便于了解当下各国适用不方便法院原则的考虑因素状况,本书将以表格的形式直观展示各国的主要考虑因素。

表 1　各国法院在不方便法院原则分析中的考虑因素

	法律或代表判例确立的考虑因素
英国	Spiliada 案确立的考虑因素:当事人与证人的方便性、费用、准据法、诉讼时效、当事人的住所地及从事商业活动的地方等。
美国	Gilbert 案确立的规则。私人利益因素主要包括:(1)相对容易获得的证据来源;(2)针对不愿出庭者的强制程序的可用性和愿意出庭作证的成本;(3)需要进行现场勘验时,进行该勘验的可能性;(4)其他使案件简便、快捷且成本低廉的实际因素;(5)判决的可执行性因素。公共利益的考虑,则包括:(1)案件积压导致的法院管理困难;(2)对当地与诉讼无关的居民施加的陪审义务;(3)对所涉及主体众多的案件,有理由在相关主体能够了解案件发展的地方进行,而非在遥远的、只能通过报道了解的地方进行诉讼;(4)对案件在当地解决有本地利益;(5)在案件适用的准据法所属的国家(州)进行诉讼,比在其他需要通过冲突法或外国法来审理案件的法院进行诉讼更适当。
澳大利亚	Voth 案中则并未对考虑因素的范围问题作出过多的关注,一般参照适用 Spiliada 案中确立的相关因素。

---

① ROBERTSON D W. The Federal Doctrine of Forum Non Conveniens:"An Object Lesson in Uncontrolled Discretion"[J]. Tex. Int'l L.J,1994,29:359.

② Great N. Ry. v. Alameda County,12 Cal. App. 3d 105,113-14,90 Cal. Rptr. 461,466-67,cert. denied,401 U.S. 1013 (1970).

③ ROBERTSON D W. The Federal Doctrine of Forum Non Conveniens:"An Object Lesson in Uncontrolled Discretion"[J]. Tex. Int'l L.J,1994,29:360.

续表

	法律或代表判例确立的考虑因素
加拿大 （普通法地区）①	《法院管辖权和移送程序法案》(CJPTA)第 11(2)条规定的裁量因素： （a）诉讼当事人及其证人在本法院或任何其他替代法院进行诉讼的相对便利和费用； （b）案件适用的准据法； （c）避免多重诉讼； （d）避免在不同法院作出的冲突判决； （e）终局判决的执行； （f）加拿大法律体系整体运作的公正和效率。
加拿大的 魁北克省	《魁北克民法典》第 3135 条在文本上只概括规定了"外国法院是审理本案更好的选择"②。
日本	《日本民事诉讼法典》第 3—9 条规定的裁量因素：案件性质、被告应诉负担的程度、证据所在地以及其他情事。

---

① 2017 年加拿大最高法院在 Douez v. Facebook Inc.案中总结并列举了代表案例 Eleftheria 案在适用不方便法院原则时的考虑因素，包括：(a)关于事实问题的证据位于哪个国家，或在该国更容易获得，以及其在英国和外国法院之间的相对便利和审判费用的影响。(b)外国法院的法律是否适用，如果是，是否与任何重大方面的英国法律有所不同。(c)任何一方与任何一方有联系，以及多么密切。(d)被告是否真诚地要求在国外进行审判，或只是寻求程序上的优势。(e)原告是否会因为必须在外国法院起诉而受到下列损害：(f)被剥夺担保权；(g)无法强制执行任何判决；(h)面对不适用于英国的诉讼时效；要么(i)出于政治、种族、宗教或其他原因，不可能得到公平的审判。

② 在 Lexus Maritime Inc. v. Oppenheim Forfait GmbH｛[1998] Q. J. No. 2059 (Can.)｝案中，魁北克上诉法院在决定魁北克法院是否应该继续或拒绝行使管辖权以支持"更适于审理本案"的司法机关时，列出了 10 个相关但非穷尽的因素：(1)当事人的住所、证人和专家的住所；(2)物证的地点；(3)合同签订和履行的地点；(4)当事人之间正在另一个管辖区进行的诉讼；(5)被告的财产所在地；(6)适用的法律；(7)原告因选择法院而享有的诉讼优势；(8)正义的利益；(9)双方当事人的利益；(10)判决需要在另一个管辖区承认的情况。MANOLIS F M, VERMETTE N J, HUNGERFORD R F. The Doctrine of Forum Non Conveniens：Canada and the United States Compared[J]. FDCC Quarterly/Fall，2009:22.

续表

	法律或代表判例确立的考虑因素
《1999 年公约草案》	第 22 条第 2 款规定的裁量因素； 因当事人的惯常居所地而导致的任何不便； 包括书面证据和证人在内的证据的性质和位置，以及获取相应证据的程序； 诉讼时效； 另一法院作出的判决得到承认与执行的可能性。

由上表可以看出，各国适用不方便法院原则的考虑因素不仅数目繁多，涉及内容广泛，而且其中任何一项都不具有单一决定性。此外，如果存在列举之外的与案件公正性有关的因素，法官也可能将之作为适用依据。换言之，法官既可以在已经经过法律规定或在判例中罗列的大量考虑因素的基础上作出判断，也可以根据个案情况作出判定。

3.不方便法院原则适用标准的困境分析

从当事人诉权保障的视角来看，不方便法院原则的适用标准过于模糊、适用标准难以统一、考虑因素过于宽泛的问题，都对当事人诉权的实现有不利的影响。

从法院的角度来说，英美法系国家的模糊适用标准和宽泛考虑因素令下级法院的法官在个案中缺乏指引。虽然不方便法院原则的根本目的和基本价值非常清晰，但是其具体适用需要法官根据个案调整，且司法裁量权的行使空间较大。同时，以上因素也会导致诉讼延迟的现象。考虑因素众多，则涉及的举证环节也相应增加，当事人为了获得有利于己方的判决结果，通常会积极举证。

对当事人而言，一方面宽泛的标准和众多考虑因素导致相似案情出现处理结果迥异的不公正现象。另一方面，当事人对不方便法院原则的适用缺乏合理预期。如前述英国法院处理的四个案件，虽然原告提出的抗辩理由相似，但是不方便法院原则的适用结果却出现了完全不同的结果。因此，当事人在相应的抗辩中无法形成有效的判断依据。

(三)诉权保障视角下的适用标准的完善

从诉权保障的角度来看，当前各国的适用标准还存在诸多问题。而适用标准集中反映了该制度能否更好地服务于保障当事人诉权、实现正义结果的目的。为了尽可能减小对原告起诉权的阻碍,需要对不方便法院原则的适用标准加以修正,具体包括:对替代法院的充分性和实际可用性的要求及对考虑因素的适当限制。

1.采用严格的适用标准

各国采取的不同标准都是为了实现国际民事诉讼的正义。各种具体标准是在这一目的的指引下,与不同法律制度相适应的变体。而各种标准本身并无好坏、优劣之分,只是分析方法和考虑因素有所差别。

在现有的标准中,澳大利亚法院采取的"明显不适当法院"标准对原告起诉权的保障最为充分。它的优势至少表现在三个方面。第一,尊重原告选择法院的权利。原告有在法律允许的范围内寻求对其有利的法院的本能,只有在该法院审理本案的确不符合诉讼正义的情形下才能适用不方便法院原则来暂停诉讼。在难以区分受案法院和替代法院哪个明显更适当的情形下,与其将注意力集中于比较竞争法院的适当性,法院应更加关注原告所选择的法院的适当性。[①] 第二,法院更多关注其擅长的领域。澳大利亚法院在适用不方便法院原则时,避免了对不了解也难以了解的外国司法制度进行分析,而更多关注本国法院的适当性问题。相较而言,法官对本国与案件的联系程度的审查更加擅长,也更加可靠。第三,提高诉讼效率。确定本法院的不适当性,相较于确定外国法院的适当性会节省更多时间和精力。

《1999 年公约草案》所确立的不方便法院原则适用标准也具有较高的参考价值。第 21 条和第 22 条同时规定先系属优先原则和不方便法院原则,是融合各种价值取向的产物,也是大陆法系和英美法系在管辖权积极冲突问题上相互妥协的结果。第 22 条的规定,能够兼顾各国的标准,同时尽力保障当事人的诉权,是一种相对完善的标准体系。草案第 22 条规定的不方便法院原则适用标准是叠加适用"明显更适当法院"标准和"明显不适当法院"标准,相较于各国的标准更加严格。这是为了将不方便法院原则限定在符合正义目的的有限空间内,避免因适用标准的模糊、宽泛而超出对原告诉权的合理限制。它既给被告行使合理抗辩权的机会,又保障原告选择法院的权利,不仅能够有效避免法官的恣意,而且能够实现当事人之间权利的平衡。

---

① NWAPI C. Re-Evaluating the Doctrine of Forum Non Conveniens in Canada[J]. Windsor Rev. Legal & Soc. Issues,2013,34:98.

　　以上两种标准可以为各国的适用标准的优化提供借鉴。尤其是严格适用不方便法院原则的具体安排,对促进不方便法院原则中的诉权保障有积极的意义。具体来说,在适用不方便法院原则时应当加强对本国法院审理案件的不适当性的关注,在本国法院审理案件符合诉讼正义的要求时,不再比较多个国家的法院管辖权。

　　2.进一步明确不方便法院原则分析中的考虑因素

　　对考虑因素的分析一方面反映了对当事人人权的考虑程度,另一方面则决定了当事人人权的实现方式。由于不方便法院原则有很强的裁量性,法官在具体案件中需要综合多种因素进行分析,但也因此造成了诉讼拖延和举证困难的局面。为此,可以对其中常见的、富有争议性的几项考虑因素加以必要的明确和限制,达到切实保障当事人的权利、提高诉讼效率的目的。

　　第一,当事人的国籍。美国法院在适用不方便法院原则时,明显对外国原告的诉权给予更少的尊重,甚至将原告是外国人作为适用不方便法院原则的考虑因素之一。而在共同诉讼中,当原告只有少数是美国公民时,美国法院对外国原告的歧视待遇更加明显。例如,在 Tazoe v. Airbus S.A.S案[①]中,同一起空难事故的187名受害者(原告)中,只有1名受害者为美国公民。第十一巡回法院认为,对该名美国公民与其他186名巴西籍原告应当采取不同的态度,美国受害人选择法院的权利应受到更大的尊重。法院要求只有"在极其例外的情形下,有直接证据使法官完全相信存在明显的、极大的不公正"时,法官才会否定美国公民的起诉权。[②]

　　这种区别对待的做法缺乏理论基础。美国法院声称,对外国原告和本地美国公民区别对待是出于对便利性的考虑,并认为外国原告在美国起诉当然没有美国原告的诉讼利益突出,在其国籍国起诉明显更符合常理。但这一说法以偏概全,没有综合分析案件的情况,简单地以国籍作为法院与案件争议的联系程度的判断依据实则有失公允。尤其是,在被告是美国公民或法人的案件中,无论是对被告进行送达、被告参加诉讼还是对被告强制执行都显然更加便利。美国法院公然无视诸多相关因素,仅以原告的国籍对其作出歧视待遇并不符合人权的一般要求。

---

① 　Tazoe v. Airbus S.A.S., 631 F.3d 1321 (11th Cir. 2011).
② 　Tazoe, at 1330-1337.

　　它在实践中同样受到抵制。歧视外国原告的做法也使其遭到抵制，甚至拉丁美洲国家专门制定了所谓的"障碍性立法"。许多拉美国家已经批准了"布斯塔曼特法典"，该法典规定第一个受理案件的法院具有唯一的管辖权。尤其是在美国法院适用不方便法院原则驳回拉丁美洲民众提起的环境侵权诉讼之后，拉丁美洲各国纷纷修订法律，通过了所谓的"障碍立法（blocking statute）"，通过立法使外国法院对被告来说比美国法院有更少的吸引力，以此来阻止美国法院以不方便法院原则驳回诉讼。这些法规否定本国法院对首先在美国提起诉讼的案件享有管辖权，从而阻止跨国公司的影响，使拉丁美洲的法院成为不能接受案件的法院。

　　此外，以国籍作为歧视外国当事人的借口，也违背了相关的人权公约，会影响到国际诉讼的原告行使起诉权。《世界人权宣言》早已确立了"消除一切歧视"的目标，《公民权利和政治权利国际公约》也确认了这一点。美国法院的做法显然已经违反了国际人权公约的义务。

　　对于不方便法院原则适用中的当事人国籍问题，《1999 年公约草案》在第 22 条第 3 款中明确规定了法院在决定是否暂停诉讼时，不得因当事人的国籍或经常居住地而给予歧视性的待遇。草案的规定更符合人权保障对不方便法院原则的要求，这一规定也应当作为不方便法院原则适用中的普遍做法。

　　第二，证人、证据所在地和取证的难易程度。证据是诉讼程序进行的关键。尤其是在交通不够便利的时代，在遥远的法院进行诉讼可能是"无法达成的"，它要求公司的员工或专家长途跋涉，带着所需的大量书籍和文件，这可能会从根本上打乱被告的生计。① 因此在早期适用不方便法院原则的案件中，对证人所在地及其出庭的可能性、难易程度、花费、其他证据的所在地及形态、取证的可能性和难易程度等关注较多。《1999 年公约草案》和《2001 年临时文本》第 22 条也将证据的性质和位置、证据的获得程序作为确定适当法院的非排他性因素之一；加拿大的《法院管辖权和移送程序法案》第 11(2) 条同样明确地将证人到庭的便利程度和花费作为必须考虑的因素之一。而对被告而言，对证据位置的强调将有利于驳回案件，特别是外国原告对美国被告提起的诉讼。案件开始时，很难预测什么证据与索赔内

---

　　①　GARDNER M. Retiring Forum Non Conveniens[J]. N.Y.U. L. Rev，2017，92:409.

容有关,这意味着跨国案件的被告可以以证据在国外来支持他们的辩护。①

随着经济全球化和交通工具的长足发展,人们对"域外取证"的认知也在不断变化。目前,不方便法院原则在分析中对证据的考虑主要有两个方面的特点。

一方面,因人员和物资、信息的流动效率大幅提升,费用更加低廉而使得传统"取证难"的忧虑正在淡化。因此,域外取证在不方便法院原则分析中的权重也相应降低。

首先,人、物、信息的流动更加高效和便捷。从出行效率来说,跨境高铁、飞机和其他交通工具大大降低了人们出行的时间和金钱花费;从出行政策来说,各国对人员的流动都制定了更加宽松的政策,办理证照的效率也不断提高。

其次,域外取证制度已经得到较大的发展。取证方式更加多元化,相关主体调取证据、固定证据的能力都不断加强。尤其是,近年来电子取证在域外取证领域发展较快,也大幅提高了域外取证的效率。"而且目前,加拿大、意大利、日本、法国、德国、英国、俄国、美国等国家已经制定了一系列有关电子取证的标准。"②公约层面上虽然还没有关于电子取证的直接规定,但是已为其预留了空间。1970 年《海牙取证公约》制定时对此预测并不充分,"但是在公约制定后的几十年,海牙国际私法会议一直在探索如何解决新技术带来的问题,并取得了一定成效"③。

电子取证在群体诉讼中也发挥着重要的作用。在群体诉讼中,由于当事人人数众多,所涉及的证据也体量庞杂,尤其是在以环境侵权为代表的群体诉讼中,侵权行为和结果的相关证据往往都具有较强的地域性,在侵权行为地取证更加便利。在此类诉讼中,当事人和证人都前往外国法院应诉和参加诉讼显然不切实际。但是,借助电子取证的方式来固定证据和采用双向在线数据传输的方式可以在很大程度上解决这一问题,且能够极大减少司法资源的耗费。

---

① GARDNER M. Retiring Forum Non Conveniens[J]. N.Y.U. L. Rev,2017,92:420-421.

② 何其生. 比较法视野下的国际民事诉讼[M]. 北京:高等教育出版社,2015:274-275.

③ 乔雄兵. 信息技术与域外取证:问题、规则与实践[J]. 武大国际法评论,2010(01):161.

因此,从今天的交通和通讯水平来看,证人和证据所在地对诉讼程序的进行固然重要,却不应成为适用不方便法院原则的关键因素。尤其是当证据所在地支持电子取证时,不方便法院原则分析需要考虑更多其他因素的影响。

另一方面,因政治、宗教等不可改变的因素导致的"取证难"问题仍应得到重视。由于不可抗力而无法或很难获取其他国家的证据、无法或难以让外国证人出庭作证时,域外取证问题依然应当作为适用不方便法院原则的重要考虑因素。

在 1986 年日本的 Sei Mukoda et al. v. Boeing Co.案[①]中,日本法院适用了特别情势原则,该原则被认为是不方便法院原则的类似方法。在该案中,日本法院发现因为欠缺外交关系而无法获取我国台湾地区的关键证据,日本法院很难公正审判该争议。另外,在本案中日本法院还考虑了证据资料是否相对容易获取、能否对不愿出庭的证人采取强制措施等问题。

而在电子取证的问题上,需要注意的是电子取证的合法性和技术手段的可行性。例如,"1995 年欧洲理事会和欧洲议会通过了旨在保护个人信息的 95/46/EC 指令,对欧盟境内的电子数据转移作出了严格的限制,成为非欧盟成员国取证的重大障碍"[②]。

综上所述,域外取证是国际民事诉讼中的常见情况,如果仅仅因为证据、证人位于国外而适用不方便法院原则驳回诉讼,难免有因噎废食之嫌。尤其是在人、物、信息流动便捷、电子取证迅速发展的今天,对待不方便法院原则分析中的域外取证问题尤其需要辨明情况。只有当诉讼继续在本国进行,将导致域外证据无法获取,或获取成本与诉讼标的严重不成比例的情形下,才能将其作为不方便法院原则分析中的重要考虑因素。

第三,案件的准据法。支持将准据法作为不方便法院原则的考虑因素的主要原因在于,人们通常认为案件适用的准据法由其本国法院来解释和适用最为恰当,外国法院可能会发生理解困难或适用错误。因此,在不方便法院原则的考虑因素中,法院通常并不考虑法律的具体适用,而更关注适用

---

① Sei Mukoda et al. v. Boeing Co., 604 Hanrei Taimuzu 138 (Tokyo Dist. Ct., June 20, 1986), reprinted in 31 Japanese Ann. Int'l L. 216 (1988).

② 何其生. 比较法视野下的国际民事诉讼[M]. 北京:高等教育出版社,2015:282.

的是哪国的法律。

　　准确适用案件的准据法是当事人获得公正判决的前提。Spiliada 案和 Gilbert 案所确立的考虑因素中都包含对准据法的考虑。其中,杰克逊法官在 Gilbert 案中表明,在案件适用的准据法所属的国家(州)进行诉讼,比在其他需要通过冲突法或外国法来审理案件的法院进行诉讼更适当。① 加拿大的《法院管辖权和移送程序法案》中也明确将案件的准据法作为适用不方便法院原则的考虑因素之一。美国联邦第十巡回法院在 Yavuz v. 61 MM, Ltd.案②中表明,当本国法是案件的准据法时,不得适用不方便法院原则。在澳大利亚,外国准据法通常被认为是确定澳大利亚法院是否是一个明显不适当法院的重要考虑因素。证明外国法的难度和不确定性可能是这一做法的根源。③ 在前述澳大利亚的 Puttick 案中,准据法也成为不方便法院原则适用与否的关键。澳大利亚高等法院认为,即使案件的准据法为新西兰的法律,考虑到澳大利亚和新西兰地理位置接近且法律制度基本相似等原因,也不能证明维多利亚最高法院是一个明显不适当的法院。④

　　戴赛、莫里斯和柯林斯对不方便法院原则分析中的准据法因素有一段经典的描述:如果争议核心的法律问题是简单明确的,或者竞争法院的国内法实质上相似,那么准据法在不方便法院原则的分析中就没有多大的意义。但如果法律问题很复杂,或者竞争法院的法律体系差异很大,那么"由准据法所属国法院审理案件更加适当"的一般原则将有助于指明更合适的法院。⑤ 换言之,案件的准据法是外国法不应成为适用不方便法院原则驳回诉讼的常规理由,因为外国法通常是可以查明的。只有在所适用的外国法异常复杂或特别,以至于只有外国法院才能更好地适用它来解决问题时,才能考虑适用不方便法院原则。⑥ 例如准据法与本国法差异较大、法律关系不明确或适用一些涉及习惯、当地风俗的法律时,可能由其当地法院适用其

---

① Gilbert,330 U.S. 501 (67 S.Ct. 839,91 L.Ed. 1055).

② Yavuz v. 61 MM, Ltd.,576 F.3d 1166,1178 (10th Cir. 2009).

③ Murakami v. Wiryadi,(2010) 268 ALR 377, at [63] and [150]-[151].

④ Puttick,[2008] HCA 54,at 31.

⑤ Collins L et al,Dicey, Morris, Collins on the Conflict of Law, 15th ed. [M]. London:Sweet & Maxwell,2012:556.

⑥ NWAPI C. Re-Evaluating the Doctrine of Forum Non Conveniens in Canada[J]. Windsor Rev. Legal & Soc. Issues,2013,34:82-83.

本国法更有利于得到正义的结果。

因此,在具体的不方便法院原则分析中,需要区别准据法在案件中的作用、准据法的适用难度等。同时,从人权保障的角度来说,外国法的查明对于准据法的适用和不方便法院原则分析也非常重要。随着研究视野的扩展和研究人员的增加,查明外国法也变得越来越便捷,不方便法院原则的分析也将更加容易。

第四,原告的司法利益。对原告司法利益的考虑是不方便法院原则分析中,诉权保障理念比较直观的表现。民事争议的各方主体,都有权在法律规定的范围内选择有管辖权的法院提起诉讼,而选择更加有利于自身利益的法院是原告的本能。对其司法利益的保护范围、如何保护都会影响到不方便法院原则的适用结果。

有些法院将诉讼成本、效率作为司法利益的内容①;也有的法院将更高的损害赔偿额度,高效的取证制度和更为宽松的程序规则作为原告司法利益的内容②;还有的将诉讼时效作为一种司法利益的做法。例如,在 Hurst v Societe Nationale de L'Amiante 案③中,上诉人认为在安大略省有司法利益,因为诉讼在魁北克已经超过了诉讼时效期间。上诉法院维持了原审法院的裁决,认为魁北克法院是更适当法院,并认为将诉讼时效作为司法优势是不妥当的。

就原告挑选法院的司法利益而言,在没有相反证据证明原告恶意提起诉讼、滥用起诉权的情况下,法院应当尊重原告挑选法院的权利。如 Cogan 法官指出的那样,法院不能对跨境诉讼的实际现实视而不见。对"挑选法院"贴上本质性的贬义内涵的标签是没有必要的。这是一个事实,只要原告有合理的机会维持在该法院的诉讼,原告几乎总是会选择一个他们相信将获得最大回报的法院,而那个法院往往在美国。相反,被告一般会寻求将诉讼提交到他们认为能将损失最小化的法院,而该法院往往在美国之外。④

鉴于此,对于原告的司法利益,可以从以下两个方面来加以分析。一方

---

① 例如 Bank of New Zealand v. Kemp 案([1991] 4 PRNZ 444,at 449-50)和 Crane Accessories Ltd v. Lim Swee Hee 案([1989] 1 NZLR 221,at 231-32)等。

② Case C-281/02 Owusu v. Jackson [2005] ECR I-1383,at 29.

③ Hurst v. Societe Nationale de L'Amiante,(2008) 93 OR (3d) 338.

④ In re Air Crash Near Peixoto de Azeveda,574 F. Supp. 2d at 279.

面,应当尊重原告选择法院的权利,以及其在该法院获得的司法利益。在有多个有管辖权的法院时,原告选择的法院往往能够给其提供一定的司法利益。不同国家为当事人提供的司法利益水平不可能完全一致,尤其是在国际案件中,不同国家的法律制度差异较大,更能突出某个国家给原告提供的利益优势。另一方面,在不方便法院原则分析中,原告在受案法院的司法利益通常不能起到决定性的作用。多数国家的法院反对仅仅因为原告某些诉讼利益的丧失作为拒绝适用不方便法院原则的理由,而是只有在司法利益差异明显时,才会对此予以考虑。如英国上议院在 Spiliada 案中表明,以牺牲被告的利益为代价给予原告的好处并不符合不方便法院原则固有的客观性。① 然而,在某些非常特殊的情况下,在外国法院能否获得律师服务和法律援助将直接影响当事人能否进行诉讼的可能性。如果没有这种援助,申请人会放弃他的诉讼。② 如果原告在替代法院的司法利益缺失将导致其无法获得司法救济,那么它对不方便法院原则的分析就是决定性的。

第五,儿童利益的最大化(in the best interests of the child)。儿童利益最大化是家事案件中对特殊人权保障的体现。欧盟和德国在不方便法院原则上的有限突破也只限于家事案件之中,这与家事案件中儿童特殊利益保护的需求有很大的关系。

"儿童利益最大化"(in the best interests of the child)在家事法中具有特别的意义,尤其是在儿童监护案件中。在确定该类案件的管辖权时,不得不考虑诉讼程序对儿童身心的影响。这不仅仅是人权保障的应有之义,也是社会发展所必需的。在儿童监护案件中,注重儿童利益最大化意味着,所有有关监护和探视的辩论和判决都是为了保证和促进儿童的幸福、安全、心理健康和情感发展,以呵护其顺利进入成年阶段。③ 具体来说,在相关案件的管辖权问题上,尤其需要注意审判地与儿童之间的联系。

这一因素的重点是考察审判地与儿童的联系程度,以及审判地的取证

---

① Spiliada,[1987] AC 460.

② 例如,在 Cornelly v. RTZ Corporation plc.案([1998] AC 854,pp. 873 and 874)和 Lubbe 案中,替代法院无法提供必需的律师服务和司法援助,导致诉讼无法适用不方便法院原则。

③ See Focusing on the "Best Interests" of the Child, available at:http://family. findlaw. com/child-custody/focusing-on-the-best-interests-of-the-child. html,last visited on 6 November 2018.

规则是否有利于儿童参加诉讼。不少国家在家事案件中都会对此作出特殊的规定。《布鲁塞尔条例Ⅱa》第 15 条第 1 款规定:"作为例外,对实体事项有管辖权的成员国法院,如认为案件由与子女有特别联系的另一成员国法院审理更为合适,且符合子女利益则可依情形移送。"①其制度的目的是实现以儿童为首的家事案件弱势群体的诉讼利益,大陆法系国家和地区才有限引入了这一制度。在多起涉及儿童利益的案件中,法院都对儿童的利益进行了细致的分析。德国法院只在涉及儿童监护权、抚养权、亲子关系的案件中适用了不方便法院原则,以寻求儿童利益的最大化。

总而言之,在不方便法院原则分析中,考虑因素应当受到必要的限制,而且应当更符合当事人实现诉权的现实需求。其中常见的考虑因素在不方便法院原则分析中所占比重和影响程度都应体现正义的目的,应当有利于当事人诉权的保障。

本章小结

诉权是人权的重要内容,是当事人在国际民事诉讼活动中的基本权利。相对于国内民事诉讼中的移送管辖,不方便法院原则试图在更大的范围内达到资源的合理配置。它对当事人的诉权保障有积极和消极两个方面的作用。一方面,不方便法院原则是出于实现正义的目的而对当事人诉权的优化,能够遏制其中滥用诉权侵犯他人合法权益的行为;另一方面,它限制了当事人诉权的行使,是对符合起诉条件的诉的拒绝管辖。鉴于此,不方便法院原则应当在保障诉权的前提下谨慎适用。

对于直接侵犯当事人诉权的情形,尤其应予制止。例如,对否定原告具有起诉权的"驳回诉讼"这一程序结果的适用,不仅与不方便法院原则的适用不相符,而且不利于当事人在特殊情形下快速恢复诉讼程序。同时,因不方便法院原则的适用扩大化导致的当事人诉权损害加重现象也应受到必要的限制。不方便法院原则的适用本身就是对合法起诉的否定评价,因此其必须限于为了"正义的目的"的例外情形之下。因标准的模糊不清和考虑因素过于宽泛导致的不方便法院原则的适用扩大化,可以实行相对严格的适

---

① 外国国际私法立法选译[M]. 邹国勇译. 武汉:武汉大学出版社,2017:434.

用标准,并在考虑因素上加以甄别和取舍。

总之,当事人的诉权是当事人在国际民事诉讼中的重要人权体现,不方便法院原则的适用应以保障当事人的诉权为要义。对于其中存在的损害当事人诉权的情形,需要仔细辨别并作出应对。而采取中止诉讼的方式、限制附条件适用、明确不方便法院原则的考虑因素都可以促进不方便法院原则对当事人诉权的保障。

第三章　不方便法院原则适用中的公正审判权保障

作为国际民事诉讼程序制度的不方便法院原则应符合当事人获得公正审判的合理预期,保障当事人受到人权公约和国内法确认的权利,但当前不方便法院原则的适用中还存在公正审判权保障不足的问题,亟需予以解决。

第一节　不方便法院原则与公正审判权的关系

作为国际民事诉讼的重要一环,不方便法院原则的适用与当事人的公正审判权有密切的联系。它应符合公正审判权的要求,并积极促进当事人公正审判权的实现。

一、公正审判权的界定

公正审判权(the right to a fair trial)是人权的重要内容之一。"《公民权利和政治权利国际公约》第 14 条、《欧洲人权公约》第 6 条、《亚洲人权宪章》第 3.7 条、《美洲人权公约》第 8 条以及《非洲人权和民族权宪章》第 7 条等都对公正审判权做了明确规定。"[①]《公民权利和政治权利国际公约》第 14 条以保障司法公正为重要目的,它确认了公正审判权的主要内容,而且是该公约中条文最长、涉及问题最多也最复杂的条款。[②]

---

① 张吉喜.刑事诉讼中的公正审判权——以《公民权利和政治权利国际公约》为基础[M].北京:中国人民公安大学出版社,2010:1.

② 赵建文.《公民权利和政治权利国际公约》第 14 条关于公正审判权的规定[J].法学研究,2005(05):133.

1.公正审判权的权利主体

根据《世界人权宣言》和《公民权利和政治权利国际公约》的规定,享有公正审判权的主体为"受到刑事指控的人"和"在诉讼案中其权利和义务有待被确定的人",即"公正审判权的享有者不仅包括刑事诉讼中的被指控人,而且包括民事、行政诉讼中的当事人以及刑事诉讼中的被害人"。[①] 因此,国际民事诉讼中的当事人当然属于享有公正审判权的权利主体。

2.公正审判权的性质

从各人权公约和各国国内法的规定来看,公正审判权的性质主要是指:

第一,公正审判权是人权的重要内容。国际人权法中有关公正审判权的规定源于1948年《世界人权宣言》第10条。[②] 此后,公正审判权被写入各种人权公约中,成为基本人权的一种。"公正审判权是公民的人身自由、财产安全乃至生命权利的最终保障措施,没有公正审判权的实现,一切人权都会失去坚实的屏障,从而沦为虚伪的权利。"[③]作为人人享有的权利,公正审判权具有不可剥夺、不可让渡、不可分割的属性,是现代民主社会成员共同尊重的权利。

第二,公正审判权是宪法性权利。"公正审判权是公民在诉讼过程中所享有的一项最基本的权利,是其他许多具体诉讼权利的渊源,因而它可以成为宪法权利。"[④]为了保障人人享有的公正审判权,很多国家将其上升到宪法保障的高度,在本国宪法中明确规定公正审判权,并保障它不受侵犯。例如,"美国宪法第五、第六修正案、《德意志联邦共和国基本法》第103条、《意大利宪法》第24条、《日本宪法》第37条、《印度宪法》第20条等都在一定范围内规定了公正审判权的内容和地位"[⑤]。

第三,公正审判权是当事人平等享有的诉讼权利。公正审判权并非任何一方独享的权利,双方当事人在诉讼中都平等地享有公正审判权。无论

　　① 熊秋红.公正审判权的国际标准与中国实践[J].法律适用,2016(06):24.
　　② 刘学敏.欧洲人权体制下的公正审判权制度研究——以《欧洲人权公约》第6条为对象[M].北京:法律出版社,2014:46.
　　③ 张吉喜.刑事诉讼中的公正审判权——以《公民权利和政治权利国际公约》为基础[M].北京:中国人民公安大学出版社,2010:27.
　　④ 曹盛,朱立恒.公正审判权的宪法性论说[J].当代法学,2009(04):151.
　　⑤ 刘学敏.欧洲人权体制下的公正审判权制度研究——以《欧洲人权公约》第6条为对象[M].北京:法律出版社,2014:56-58.

是民事诉讼还是刑事诉讼,双方当事人在诉讼中都享有这一权利,且可以据此提出抗辩和辩护。

3.公正审判权的内容

从内容上来说,公正审判权本身是一项包含着丰富内容的诉讼权利,而且从公正审判权还可以进一步合乎逻辑地推导出一些更加具体的诉讼权利。各个公约采用了类似的结构,在各自规范的第 1 款规定适用于各类诉讼的普遍规则。根据对各国际公约有关规定的分析,普遍适用于各种诉讼程序中的公正审判权主要包含以下几种具体权利。

第一,双方当事人享有法庭前的平等权。这一权利明确规定在《公民权利和政治权利国际公约》中,其他人权公约虽然没有采用相同的话语,但是也隐含了这种权利。具体来说,"它包含两个方面的内容:一是人人都有平等诉诸法院的权利;二是双方平等武装原则"①。

首先,人人都有平等诉诸司法的权利。当事人在向法院寻求司法救济的权利上并没有高下之分,民事争议主体都可以成为民事诉讼的原告,同样的,被告可以以提起反诉的形式实现其起诉权。任何一方都不得利用其政治、经济影响力获得诉讼中的优越地位。而且,民事争议的主体都有诉诸法院的权利。诉诸法院的权利(right of access to court)又被称为诉诸司法权、司法救助权,"它的本意是为当事人诉诸司法提供必要的法律援助。它并未明文规定于《公民权利和政治权利国际公约》和《欧洲人权公约》等公约的条文中。欧洲人权法院在 Golder v. the United Kingdom 案中发展出这一权利。在该案中,欧洲人权法院首次明确指出,诉诸司法权应属于公正审判权的组成部分"②。此外,在 1988 年生效的《海牙国际司法救助公约》(Convention on International Access to Justice)和英国 1999 年颁行的《司法救助条例》(Access to Justice Act)中也专门规定了这一内容,是指为了保证当事人能够顺利参加诉讼而对当事人提供必要的费用和其他支持。

其次,双方当事人平等武装原则。平等武装原则(equality of arms),又称"等臂原则"或"武器平等原则",是指各方当事人在审判中必须保持程序

---

① 张吉喜.刑事诉讼中的公正审判权——以《公民权利和政治权利国际公约》为基础[M].北京:中国人民公安大学出版社,2010:40.

② 黄志慧.人权法对国际民事管辖权的影响——基于《欧洲人权公约》第 6(1)条之适用[J].环球法律评论,2016(01):162.

上的均势。有学者认为，武器均等原则是"audi alterem pattern"的一种表达，意味着无论是在事实上还是法律上必须给予法庭诉讼的每一方当事人充分的机会来介绍其案情，并对对方当事人的陈述加以评论。这一机会在双方当事人之间必须是平等的，只有在法庭有责任阻止任何形式的、不适当的拖延和延迟诉讼程序时会受到限制。①

"平等武装原则"是公正聆讯（fair hearing）这一概念的必然结果，这意味着每一方都必须有合理的机会，使自己不因对手而处于显著不利的局面下提起自己的诉讼。而这种显著不利一般是由遭受不利的一方来证明的。"平等武装原则"是为了避免在诉讼中出现诉讼两造的不平衡而设置的，其制度目的是通过赋予当事人这种权利来保障自己的诉讼权益不受侵犯，在诉讼中维持公平的诉讼状态。"平等武装原则"能够为当事人提供必要的救济，尤其是在一方当事人受有显著的不利因素时。这种不利因素并非当事人在诉讼中任何的不利，而是指由于社会地位、政治、经济等因素而导致的双方当事人在诉讼中的不平等状态。在国际民事诉讼中，可表现为法院地国法律、政策对外国公民的歧视待遇等。它要求，虽然法庭上的当事人不可能拥有相同的机能或资源，但是双方必须平等地对抗，要使每一方能够获得组织和提出其立场的程序性权利。②

第二，由正当法院进行审判的权利。民事诉讼应在正当的法院接受审判，才能获得具有司法公信力的判决。根据《公民权利和政治权利国际公约》第14条第1款、《美洲人权公约》第8条第1款和《欧洲人权公约》第6条第1款对"法院"的界定，它应当符合以下条件：（1）它是依法设立的；（2）它是独立的；（3）它是公正、无偏见的。

其中，法院需依法设立，是指法庭的组织、权限、法官的资格及非常法庭的设置，应由法律加以明确规范。独立性要求则是指诉讼程序和委任法官的条件，以及任用至法定退休年龄或在有规定的情况下任期届满的保障，晋

---

① Human Rights-Equality or Arms-Presence of Attorney General at Deliberations of Belgian Court of Cassation Held Not Violative of Article 6(1) of the European Convention on Human Rights[J]. N.Y.U. J. Int'l L. & Pol. 1971, 4:124.

② SILVER J S, Equality of Arms and the Adversarial Process: A New Constitutional Right[J]. Wis. L. Rev. 1990, 1990:1009.

升、调职、停职和中止职务的条件,不受行政部门和立法机构的政治干预。①
同时,审理案件的法院还应当是无偏见的中立法院,不应在案件开始前因法
庭以外的因素形成预判。

第三,进行公开审判的权利。公开审判制度,"是指人民法院对民事案
件的审理和宣判应当依法公开进行的制度。与之相对的是秘密审判制度,
它在纠问式诉讼中被广泛适用,为封建司法的专横和擅断提供了庇护所,同
时也强化了审判的恐怖和威胁作用"②。在 Van Meurs v. The Netherlands
案中,人权事务委员会也强调,公开审判作为缔约国的义务不需要当事人提
出请求就必须得到满足。③《欧洲人权公约》和《公民权利和政治权利国际
公约》规定了审判过程公开和审判结论公开,《美洲人权公约》则只规定了对
审判过程的公开。

公开审判也存在一些例外情形。《公民权利和政治权利国际公约》第
14 条第 1 款和《欧洲人权公约》第 6 条第 1 款对此作出了规定。综合各公
约和国内法上的规定,在民事诉讼中,主要在以下情形中进行不公开审理:
(1)涉及国家秘密,例如普通民事争议中涉及的军事机密;(2)涉及个人隐
私,例如婚姻家庭纠纷中的夫妻情感经历等;(3)涉及商业秘密,例如当事人
的质证中包括大量产品的制造技术、独家配方、财务数据、实验数据、客户名
单等信息或核心数据,不宜为公众知晓;(4)涉及道德问题,公开审理将导致
不良社会影响的。

第四,进行及时审判的权利。要求法院及时审判的权利是为了避免诉
讼延迟,尽快解决当事人之间的纠纷,结束权利义务的不确定状态。及时审
判之规定常见于对刑事诉讼的要求之中,如《公民权利和政治权利国际公
约》第 14 条第 3 款、美国宪法第六修正案、《日本宪法》第 37 条第 1 款的规
定都是以刑事诉讼为前提的。但《欧洲人权公约》第 6 条第 1 款、《非洲人权
和民族权宪章》第 7 条第 1 款应当在合理时间内审理案件的规定则具有普
遍适用性。

---

①　人权事务委员会作出的第 32 号一般性意见第 19 段,参见中国人权网:http://
www.humanrights.cn/html/2014/2_1009/1918.html.(最后访问日期:2018 年 11 月 6
日)

②　江伟,肖建国. 民事诉讼法:第 7 版[M]. 北京:中国人民大学出版社,2015:67.

③　张吉喜. 刑事诉讼中的公正审判权——以《公民权利和政治权利国际公约》为
基础[M]. 北京:中国人民公安大学出版社,2010:51.

落实这一权利的难点在于如何界定"诉讼延迟"。斯特拉斯堡人权机构就及时审判所作的相关裁判表明,"对于期间合理性的判断,最重要的就是对以下四个要素的审酌和权衡——案件复杂性、申诉人的行为、内国权责机关的行为、案件对于申诉人的重要性"[①]。这几项因素都会导致诉讼期间发生变化,其中格外需要控制的是申诉人的行为和内国权责机关的行为之间的配合程度,以避免因主观原因导致的过多时间耗费。

及时审判权要求迅速完结诉讼,同时不可忽略对当事人权益的保障。及时审判并非将诉讼期间无限压缩,而是在诉讼程序中尽量避免浪费时间造成不必要的诉讼延迟,它要求在保障正义的前提下提高诉讼效率。

二、公正审判权对不方便法院原则适用的要求

在涉及不方便法院原则的相关案件中,无论是受案法院决定是否适用不方便法院原则的诉讼程序,还是替代法院审理案件的诉讼程序,都应受到公正审判权的制约。关于应当从公正审判权的哪些具体角度来审视和分析不方便法院原则,《欧洲人权公约》第6条给出了参考。该条款从公正审判权的三个不同的角度对适用不方便法院原则相关案件提出了关切:一是由于拒绝诉诸司法权;二是由于诉讼延迟;三是在某些情况下,因为替代法院在诉讼中违反了公正审判的要求。[②]结合公正审判权的内容而言,它对不方便法院原则适用的具体要求主要应包括保障当事人法庭前的平等权、及时审判的权利。

第一,法庭前的平等权。在原被告平等进入法院的权利、获得相关司法救助的考虑、行使起诉权的必要限制等方面,起诉权和公正审判权在不方便法院原则的适用上有相互交叠的部分。本章将主要从公正审判权的视角,对不方便法院原则相关案件中保障双方当事人的平等权的问题进行分析。

法庭前的平等权主要是指原、被告在不方便法院原则分析中的平等权。被告请求适用不方便法院原则是对原告起诉行为的回应,使原本单一、机械

---

① 刘学敏. 欧洲人权体制下的公正审判权制度研究——以《欧洲人权公约》第6条为对象[M]. 北京:法律出版社,2014:204.

② FAWCETT J J. The Impact of Article 6(1) of the ECHR on Private International Law[J]. Int'l & Comp. L.Q,2007(56):9.

的权利形式转化为弹性、平等对抗的机制,减少了单一管辖权因素导致不公正结果的可能性。但是,对于因政治、经济、国际影响力等原因而导致的原、被告之间的不平等,且影响不方便法院原则公正适用的现象也应引起重视并寻求相应的对策。

第二,及时审判的权利。适用不方便法院原则存在不可避免的程序弊病,尤其是在实体审理之前对案件众多相关因素的考察,既需要当事人主张、举证和质证,又需要法院权衡和裁决,在很大程度上降低了诉讼效率。在诉讼标的金额巨大的情形下更是如此,当事人为了获得更加有利的结果会投入更多精力。对此,"当事人有获得及时裁判的权利,有权要求法院在法律规定的期间内及时地审结案件。如果是法院的原因造成的诉讼拖延,当事人有权要求法院及时审理,终结诉讼;若是因对方当事人的原因造成的诉讼迟延,则有权要求对方当事人赔偿由此造成的损失"①。

综上所述,在不方便法院原则的分析中,若要达到保障当事人的公正审判权的目的,至少应从平等权、及时审判权两个方面入手。

第二节　当事人平等权的保障

不方便法院原则中的平等权是原、被告共同享有的权利。一般而言,无论是大陆法系还是英美法系国家,都主张原告与被告在民事诉讼中处于"平等对抗"的地位。但是在国际民事诉讼中,因一方在政治、经济等方面的压倒性优势,常常导致双方当事人处于实质上的不平等局面。尤其是在适用不方便法院原则的语境下,与跨国公司相关的平等权保障难题甚至会影响法院对不方便法院原则的适用结果。

一、与跨国公司相关的平等权问题

在跨国公司作为被告、外国个人作为原告的诉讼中,不方便法院原则适用中的平等权保障问题相对突出。虽然随着经济全球化的深入,跨国公司在世界各地发展壮大,随之而来的争端也种类繁多,但是还几乎没有可以让跨国公司直接为自己的行为负责的机制。由于区域性人权法院和联合国条

---

① 刘荣军. 程序保障的理论视角[M]. 北京:法律出版社,1999:99.

约机构只能听取对国家而非私人主体的诉讼,因此,实现跨国公司对其诉讼负责的义务就落入各国国内法院的管辖范围之中。[①]

(一)主要案件类型

在当代,与跨国公司相关的诉讼案件中涉及不方便法院原则适用并引起最多关注的是大规模环境侵权案件、影响广泛的产品责任侵权案件和大型意外事故侵权案件。

1.大规模环境侵权案件

与跨国公司相关的大规模环境侵权案件主要是指发达国家向发展中国家转移污染严重或潜在危险严重的企业,因污染企业的生产或事故导致当地大规模的环境、人身损害案件。

这类案件的背景是,发达国家经常通过在发展中国家设立跨国公司的方式转移危机并获得更大的经济利益。以美国为例,美国的危险生产设施受到政府严格的监管,并规定了越来越重的侵权责任。对这些负担的一个回应是将监管最严格的设施生产搬迁到法律对制造商更有利的国家。[②] 而发展中国家为了改变经济落后面貌,出台了各种吸引外资的优惠政策,尤其是在立法上设立了较低的准入门槛。因此,大量在美国不合法或受到严格监管的危险品生产、会造成较大环境危害的行业转移到发展中国家,并给当地造成了巨大的损害。以 Bhopal 案、Chevron 案、Lubbe 案为代表的大规模环境侵权案件,引起了环境法和国际法上的共同关注。这些侵权行为导致的不可逆环境污染和对当地人员身体的损害激发了大量群体性国际民事矛盾。

这类案件通常具有以下特点:(1)受害者人数众多,涉及的范围较大。在 Bhopal 案中,受化工厂泄露的毒气污染的死亡人数达到 2000 多人,另有 20 多万人因此患上不同程度的疾病;在 Lubbe 案中,暴露在石棉污染中的受害人数达到 3000 多人;在 Chevron 案中,因油田开采遗留下来的污染而患癌症死亡的人数达到 428 人[③],另有数以万计的当地居民遭受不同程度

---

① SMITH E F. Right to Remedies and the Inconvenience of Forum Non Conveniens: Opening U.S. Courts to Victims of Corporate Human Rights Abuses[J]. Colum. J. L. & Soc. Probs, 2010, 44:150.

② ROSE J N. Forum Non Conveniens and Multinational Corporations: A Government Interest Approach[J]. N.C.J. Int'l L. & Com. Reg, 1986, 11:699.

③ 栗清振. 厄瓜多尔政府起诉雪佛龙[N]. 中国石油报, 2008-5-27 (007).

的身体损害。如此惊人的污染后果,让此类案件的社会关注度更高。(2)涉案金额巨大,存在惩罚性赔偿的风险。由于受害人数较多,侵权行为性质恶劣,跨国公司通常面临巨额赔偿。在 Bhopal 案中,受害者和代表受害者的印度政府向美国法院提出了总额约为 31.2 亿美元的赔偿请求;Chevron 案的诉讼请求更是高达 263 亿美元。(3)在不同国家审判的结果差异性大,促使受害者挑选更有利的法院。各国实体法上对损害赔偿的规定差异巨大,受害人在不同国家诉讼将导致较大的赔偿额价差。由于带有吓阻性的目的,惩罚性赔偿往往比普通的填补性赔偿数额要大得多,美国法院在 Pennzoil 案①中更是作出了高达 100 亿美元的赔偿判决。赔偿额度的巨大差异激发了被害人挑选有惩罚性赔偿规定的法院,也给不方便法院原则的适用留下了空间。

此类案件是适用不方便法院原则的灰色地带,标准的模糊性与涉案因素的复杂性互相交织,如果不能制定相对明确的指引方法,那么法院和当事人之间将难以达成一致。一方面,法院更倾向于拒绝此类案件的管辖,并有相应的理由:(1)案件发生在法院地国以外;(2)受害人多为外国居民,与本国的直接利益相关度较低;(3)被告系本国居民或企业,对其判决将影响本国经济利益;(4)案件牵涉人数众多,案情复杂,证据庞杂,需要耗费大量的司法资源。另一方面,原告有相应的充分理由在该法院继续进行诉讼:(1)被告系该国居民或企业,对被告进行送达、采取强制措施都较为方便;(2)被告主要财产在法院地国,判决的承认与执行更加便利、快捷;(3)法院地国的法律制度、赔偿机制更有利于原告。

2.国际产品责任侵权案件

产品责任是指"由于产品的生产或销售存在着缺陷或疏忽,致使消费者、使用者或第三人的人身受到伤害或者财产受到损失,依法应由制造商、批发商或零售商分别或共同负责赔偿的一种法律责任"②。跨国公司的规模化生产和全球化营销模式,给产品责任的全球化提供了便利。1972 年《海牙产品责任法律适用公约》专门对国际产品责任纠纷的法律适用问题作出了规定。《关于非合同义务法律适用的第 864/2007 号条例》(以下简称《罗马条例Ⅱ》)也在一般侵权之外专门规定了国际产品责任的法律适用

---

① Pennzoil Company v. Texaco, Inc., 481 U.S. 1 (1987).

② 赵相林. 试论国际产品责任及其法律适用原则[J]. 政法论坛,1985(06):45.

规则。

在确定国际产品责任侵权案件的管辖权时,至少应当关注以下几个问题:(1)对弱势被侵权人的倾斜保护。在国际产品侵权责任中,个人消费者和跨国公司在诉讼实力上形成显著的对比,个人少有时间和精力应对复杂的诉讼,跨国公司则不仅有相应的财务基础,还有法务团队和律师团队的支持,诉讼经验也更加丰富。(2)注意被告在管辖权上的可预见性。[①] 在国际产品侵权责任纠纷的追责中,管辖权的连接点更多。由于电子商务和实体经营的共同繁荣,产品的销售市场越来越广阔,潜在的产品购买地更多。同时,人员和物品的跨境交流激增,产品随之流动,潜在的侵权行为地具有不可预知性。与纠纷相关的管辖权连结点已经大大超出被告人的可预见范围。(3)产生群体诉讼的可能性大。现代工业的批量生产和大量销售导致危害产品流通更加广泛,被侵权人人数众多。群体诉讼在解决一方当事人人数众多的侵权案件中具有优越性,来自不同国家的大量消费者可能提起群体诉讼。(4)各国关于产品责任的实体法内容有较大的差异。其中,对"产品"范围的规定是确定产品责任最基本的内容,"美国的产品责任法中的'产品'既包括工业产品,也包括农业产品,而欧洲国家的产品责任法的规定则不包括农业产品;产品责任的承担主体上,美国法中包括制造商和中间商,欧洲国家则把中间商排除在外"[②]。

3.大型意外事故侵权案件

近年来跨境出行的人次增速较快,承载人数众多的飞机、轮船失事导致的责任纠纷与跨境航行中的国际因素相互作用,更容易引发国际民事诉讼。韩亚航空案、Piper 案、Flash 案等都引起了各国政府和学者的密切关注。

美国波音飞机制造公司在航空领域的灾难牵涉程度较高。相应地,在美国法院提起大型空难事故责任诉讼的案件较多[③],以波音公司为代表的

[①] 胡荻.欧洲产品责任的立法趋势及对我国的启示[J].江西社会科学.2013(02):159.

[②] 赵相林.试论国际产品责任及其法律适用原则[J].政法论坛,1985(06):47.

[③] 以针对波音公司的空难案件为例,如:De Aguilar v. Boeing Co., 806 F. Supp. 139, 145 (E.D. Tex. 1992); Van Schijndel v. Boeing Co., 434 F. Supp. 2d 766, 781 (C. D. Cal. 2006); affd Clerides v. Boeing Co., 534 F.3d 623 (7th Cir. 2008); In Vivas v. Boeing,et al., 392 Ill. App. 3d 644,911 N. E. 2d 1057 (1st Dist. 2009); Arik v. Boeing Company, et al., No. 08 L 12539 (Cir. Ct., Cook County, Ill., Feb. 18, 2010)等。

跨国公司多次成为外国受害人在美起诉的被告。美国律师已经将不方便法院原则作为发生于境外并向美国法院起诉的航空案件的必备工具,只要遇到此类案件就会申请适用不方便法院原则。^① 这些案件具有如下共同点:(1)原告大多为外国人,且在同一事故中涉及多个国家的受害人;(2)事故发生地多在美国境外;(3)事故侵权主体众多,美国被告只是其中之一。因此,美国联邦法院在此类案件中通常以外国法院审理案件更加便利、不符合法院地公共利益为由适用不方便法院原则驳回诉讼。^②

由于国际航空事故产生的重大影响,各国订立了关于航空事故责任的国际公约如《华沙公约》《蒙特利尔公约》等,但这些公约并未明确规定不方便法院原则能否适用的问题。在 Air Crash Disaster v. Pan America World Airways 案中,尽管被告的不方便法院原则动议因未达到适用标准而被驳回,但法院表示,《华沙公约》的措辞并不妨碍法院以不方便法院原则驳回该案,没有证据表明《华沙公约》的起草者打算改变任何国家的司法制度。^③至于《蒙特利尔公约》项下是否能够适用不方便法院原则,美国法院和法国法院形成了不同的意见。主要争议在于不方便法院原则是否属于公约第33(4)条规定的"诉讼程序适用受理案件法院地的法律"中"诉讼程序"的范围。美国法院对此持肯定态度。但法国最高院在 2011 年的 West Caribbean Airways 案中认定,美国法院不能在《蒙特利尔公约》第 33(4)条项下适用不方便法院原则驳回诉讼。

(二)跨国公司在不方便法院原则适用中的影响

不方便法院原则正成为跨国公司侵权案件中的受害人诉诸司法的重大

---

① RUSHING D G, ALDER E N. Some Inconvenient Truths about Forum Non Conveniens Law in International Aviation Disasters[J]. J. Air L. & Com, 2009, 74:405.

② 晚近美国州法院在相关案件中的实践出现了与联邦法院确立的规则相背离的情况。州法院出现一种新的模式,被称为"库克县模式",即以美国库克县为代表的部分州的法院在相关案件中,倾向于驳回不方便法院原则的适用请求,倾向于拒绝适用不方便法院原则驳回原告的诉讼。具体参见张超汉. 航空产品责任案件管辖权的确定:美国实践及其启示[J]. 现代法学, 2017(05):171.

③ Air Crash Disaster v. Pan America World Airways, 821 F.2d 1162 (5th Cir. 1987), modified, 883 F.2d 17 (5th Cir. 1989).

阻碍。① 跨国公司虽然只是国际民事诉讼的主体类型之一,但是在不方便法院原则的适用中,它的影响力已经超出了普通诉讼主体的范畴,并且已经打破了与普通受害人之间的平等性。具体来说跨国公司对不方便法院原则的适用有以下几种影响。

第一,跨国公司更有可能提出不方便法院原则的抗辩。如前所述,以跨国公司为被告的大规模案件受害者人数众多,常常使其面临巨额赔偿。对于跨国公司而言,受案法院拒绝了诉讼就表明它们赢得了诉讼,从而也使他们逃避本应承担的法律责任。"因为一旦案件被拒绝管辖,原告很可能不再提起诉讼,或者即使在原告本国提起诉讼,它们所作的赔偿远比在发达国家法院的判决低许多。"② 与诉讼的结果相比,不方便法院原则的投入产出比更吸引跨国公司被告。因此,跨国公司有很高的热情来促进不方便法院原则的适用。

同时,不方便法院原则具有较大的弹性,作为被告的跨国公司可能故意制造一些连结因素来实现逆向挑选法院。③ 各国对跨国公司的宽容态度使其利用不方便法院原则逃避海外侵权责任更加方便。

第二,跨国公司利用影响力影响法院关于不方便法院原则的裁判。随着跨国公司在全球经济中的作用越来越大,它们影响东道国政府的能力也在增强。④ 已经成为"在国际经济中占主导地位的机构"的跨国公司通常通过复杂的组织机构进行经营,它们的财务实力甚至比一些国家的经济实力更强。⑤ 美国路易斯安那州关于不方便法院原则的相关立法和实践就鲜明地反映了不方便法院原则与保护跨国公司利益、维护本州经济效益之间的

---

① SMITH E F. Right to Remedies and the Inconvenience of Forum Non Conveniens: Opening U.S. Courts to Victims of Corporate Human Rights Abuses[J]. Colum. J. L. & Soc. Probs, 2010, 44:169.

② 徐伟功. 美国国际环境诉讼中的不方便法院原则[J]. 政法论丛, 2002(06):11.

③ 何其生. 非方便法院原则问题研究[C] 诉讼法论丛, 北京:法律出版社, 2002: 444.

④ SMITH E F. Right to Remedies and the Inconvenience of Forum Non Conveniens: Opening U.S. Courts to Victims of Corporate Human Rights Abuses[J]. Colum. J. L. & Soc. Probs, 2010, 44:150.

⑤ JURIANTO J. Forum Non Conveniens: Another Look at Conditional Dismissals[J]. U. Det. Mercy L. Rev, 2006, 83:405.

微妙关系。路易斯安那州法院在 Kassapa v. Arkon Shipping Agency Inc. 案中拒绝适用不方便法院原则并引起学者的批判。有的学者认为"从路易斯安那州的利益出发,应当承认不方便法院原则的适用,因为其拒绝该制度将使路易斯安那州成为外国人或外州人诉讼的中心,这一结果将会影响到在路易斯安那州的跨国公司的利益,会使这些公司逃离本州,进而损害本州的利益"[①]。

为了保护本国跨国公司的海外利益,法院在适用不方便法院原则时也会考虑跨国公司的影响力。据悉,美国的公司被告提出的适用不方便法院原则驳回诉讼动议,大约有 50% 都获得了同意。在如此广泛的适用下,一些评论者质疑不方便法院原则是否允许跨国公司逃脱其责任,而非为了确保"正义的目的"。[②] 甚至有美国法官将不方便法院原则称为"一种掩护不法行为者的法律拟制工具",认为"它与便利和正义无关,而只与跨国公司逃脱海外侵权责任有关"。[③]

第三,双方当事人的诉讼实力差异巨大。无论是涉及人数众多的大型事故责任案件、环境侵权案件还是产品责任案件,在双方当事人的时间成本、经济成本和诉讼经验上都存在着显著的差异。这种差异在不方便法院原则的适用中被进一步放大,并可能直接影响弱势一方诉权的实现。在原告是个人,被告是体量庞大的跨国公司时,相互之间在诉讼精力和财务能力上显然无法形成抗衡,处于弱势的一方可能直接失去行使起诉权的机会。

事实上,个人消费者和跨国公司在诉讼实力上形成显著对比,个人少有时间和精力应对复杂诉讼,跨国公司则不仅有相应的财务基础,还有法务团队和律师团队的支持,诉讼经验也更加丰富。在不方便法院原则旷日持久的程序中,个人与跨国公司的诉讼实力差距使很多受害者放弃了索赔。

第四,不方便法院原则的适用将导致受害人更难获得救济。与一般国际民事纠纷相比,以跨国公司为被告的大规模侵权案件适用不方便法院原则时,当事人更难以获得救济。受害人可以在其本国(东道国,"the host

---

① 徐伟功. 不方便法院原则研究[M]. 北京:吉林人民出版社,2002:89.

② BURKE J. When Forum non Conveniens Fails:The Enforcement of Judgments in Foreign Courts Obtained After Forum non Conveniens Dismissal in the United States [J]. Rev. Litig,2017,36:274.

③ Dow Chem. Co. v. Castro Alfaro,786 S.W.2d 674,680-681 (Tex.,1990).

state")法院或跨国公司所属国(投资国,"the home state")法院提起诉讼。但东道国可能担心此类诉讼会导致外国投资减少而不愿意判定跨国公司承担责任。而投资国则可能担心本国企业处于不利地位,或因为诉讼案件损害与其他国家的双边关系等而不愿向本国企业追责。其结果是受害人几乎没有任何有效的司法途径。[1] 因此,跨国公司从东道国和投资国的司法系统中双重受利,受害人要获得司法救济却非常困难。

更有甚者,跨国企业在全球各地设立不同规模的子公司,并通过数据和利益分析来调整子公司的规模,在发生民事纠纷风险较大的发展中国家设立的子公司往往只有较少的资金,以防止在当地进行的诉讼作出巨额赔偿导致执行该国的子公司财产。换言之,只要适用不方便法院原则驳回在其母公司所属国的诉讼,在其他国家的诉讼即使进行也将缺乏必要的执行标的。正如 Chevron 案,尽管厄瓜多尔原告在替代法院获得了胜诉判决,但因雪佛龙公司在当地缺少足够执行的财产而不得不向美国法院寻求判决的承认与执行。

总之,民事案件的当事人应当处于平等的诉讼地位,享有同等的诉讼权利并履行相应的义务。但是在现实中,因双方财力和经验、规模、背景的差异,原、被告双方很难真正形成平等的格局。跨国公司有足够的动机提出不方便法院原则抗辩,并利用其影响力实现不方便法院原则的适用。而该类案件中适用不方便法院原则将导致原告更难寻求司法救济。因此,如何保障跨国公司与外国受害人之间的平等权对不方便法院原则的适用提出了深刻的要求。

二、当事人平等权的保障路径

目前,在经济力量和经营者的范围与影响,以及社会对其不利后果的管理能力之间存在着根本的制度性失调。这种制度性失调为跨国公司营造了

---

[1]　SMITH E F. Right to Remedies and the Inconvenience of Forum Non Conveniens: Opening U.S. Courts to Victims of Corporate Human Rights Abuses[J]. Colum. J. L. & Soc. Probs, 2010(44):156-158.

一个宽松的环境,让其在没有适当的制裁或赔偿的情况下实施应受谴责的行为。① 跨国公司能够轻易通过不方便法院原则逃避责任,而发展中国家受害人则在东道国和投资国的法院都难以获得救济。从公正审判权的角度来看,可以从以下几个方面来维护跨国公司与外国受害人之间的平等权。

第一,遏制以地域性为基础的地方保护主义。国家有保障人权的义务。正如联合国特别代表约翰·鲁杰(John Ruggie)在其专门就商业与人权的研究报告中指出的那样,各国应加强司法能力,为包括外国原告在内的受害人扫清诉诸司法的障碍。②

国际民事诉讼中的地域性正在逐步淡化,但是以地域性为基础的地方保护主义仍实际存在着。跨国公司作为国家经济发展的重要工具,对跨国公司的维护与本国政治、经济利益有直接关系。尤其是,在前述大型侵权责任案件中,依照美国的高额惩罚性赔偿制度,美国跨国公司将面临巨额赔偿的危机。正是出于保护本国利益的地方保护主义思想,缺乏明确指引的不方便法院原则常常成为跨国公司逃脱国际责任的工具。因此,要在不方便法院原则分析中真正实现双方当事人的平等权,则各国必须遏制以跨国公司为代表的地方保护主义。

第二,促进群体性诉讼③的制度建构。在涉及跨国公司与不方便法院

---

① RUGGIE J, Special Representative of the U.N. Secretary-General, Report of the Special Representative of the Secretary-General on the Issue of Human Rights and Transnational Corporations and Other Business Enterprises: Business and Human Rights: Mapping International Standards of Responsibility and Accountability for Corporate Acts, delivered to the Human Rights Council, U.N. Doc. A/HRC/4/35 (Feb. 9, 2007).

② RUGGIE J, Special Representative of the U.N. Secretary-General, Report of the Special Representative of the Secretary-General on the Issue of Human Rights and Transnational Corporations and Other Business Enterprises: Protect, Respect and Remedy: A Framework for Business and Human Rights, delivered to the Human Rights Council, U.N. Doc. A/HRC/8/5 (Apr. 7, 2008), p. 91.

③ 各国根据本国的国情制定了不同的群体诉讼制度来应对涉及人数众多的纠纷,美国和英国建立了对被告方威慑力最强的集团诉讼制度;欧洲国家普遍建立了重在防止侵害发生或制止侵害继续的团体诉讼制度;日本和我国台湾地区则是在扩大共同诉讼制度的适用和借鉴美国集团诉讼的基础上,确立了选定当事人制度。参见杨严炎. 群体诉讼研究[D].上海:复旦大学,2007:9.

原则的适用的群体性案件中,法院常常以原告主要为外国人且人数众多、证据大多在外国且多以外国语言书就、在外国侵权行为地获取证据更加便利等理由适用不方便法院原则。相对于实体上的正义而言,以上因素大多只属于便利性因素。仔细分析不难看出以上理由可以由集团诉讼(团体诉讼等)制度和司法协助的方式解决。

群体诉讼不仅能够减少诉讼资源的浪费、提高程序效率,而且可以减少法院对当事人能否参加诉讼的疑虑。受案法院采用群体诉讼制度能显著减少一方当事人人数众多的案件造成的程序拥堵,避免受案法院的歧视待遇。如在 Lubbe 案中,英国法院并未同意适用不方便法院原则,原因之一就是南非法院没有集体诉讼制度,在南非法院进行诉讼不符合诉讼效率的要求,很难实现实体正义,或正义的实现需要投入过多的成本。实行群体诉讼制度,能够极大的提高大规模侵权案件的诉讼效率。Lubbe 案中的 3000 多名原告并非都需要一一列席,而可以通过集体诉讼的方式,由一人或数人在英国法院直接进行诉讼活动。

也就是说,推进群体性诉讼制度能够为大规模侵权案件提供相对完善的救济机制,也能够平衡原、被告的诉讼实力,让受害者获得更加有效的救济。

第三,为原告提供有效的司法救助。有效的司法救助能够缩小外国受害人与跨国公司之间在诉讼实力上的差距。它主要包括诉讼费用的减免、获得公共登记机关保存的记录和判决书副本、人身拘留及安全通行等。①法院有义务为受害者提供必要的援助,以免其在长期的诉讼程序中难以为继,放弃诉讼。

受案法院和替代法院能否为原告提供充分有效的司法救助同样应当作为法院决定是否适用不方便法院原则的重要因素。一方面,受案法院应当对双方当事人的经济实力、拥有资源程度之间的差异进行充分的考虑和权衡。另一方面,不方便法院原则分析还应包括对受案法院与替代法院的司法救助制度的比较。法官应当考察替代法院是否存在对原告有利的相关制

---

① 海牙国际司法救助公约[EB/OL].北大法宝 http://www.pkulaw.cn/fulltext_form.aspx? Db=eagn&Gid=100669613.2018-11-6.

度,如律师的胜诉酬金制度、陪审团制度、败诉方承担诉讼费用制度等。①尤其是在该案件需要必要的专家证人、费用安排等情形时,替代法院有无相关司法救助制度将对不方便法院原则适用与否产生重要的影响。

第四,提供其他程序性便利。出于对跨国公司与个人受害者之间诉讼能力的平衡,法院还应为受害者提供其他程序性便利。

例如,为非跨国公司当事人提供调查取证的便利或协助。联合国经济社会和文化权利委员会在《关于〈经济、社会和文化权利国际公约〉在商业活动范围内国家义务的第 24 号(2017)一般性意见》中,就跨国公司的问题作出了回应:"跨国企业损害的个人受害者面临的独特(几乎是不可逾越的)障碍是,跨国公司无论是成功援引公司面纱抗辩还是利用不方便法院原则,都可以获得有效的救济。"②委员会认为,《经济、社会和文化权利国际公约》缔约国"被要求消除实体性、程序性和现实存在的救济障碍,包括建立母公司或集团责任制度;向索赔人提供法律援助和其他资助计划;允许人权相关的集体诉讼和公益诉讼;为获取相关信息和收集海外证据(包括证人证词)提供便利,并允许在司法程序中提出此类证据……缔约国应通过强制性披露法和引入相关程序规则,允许受害者获得被告持有的证据"③。

除此之外,法院还可以为受害者原告提供翻译、指定相对宽松的举证期限、简化部分程序等。

总的来说,在跨国公司作为被告的大规模侵权案件中,要实现当事人之间的平等权,需要同时从理念和制度上展开。一方面,各国法院应当遏制以地域性为基础的地方保护主义,为当事人建立平等的司法环境。另一方面,需要为受害者原告提供有效的司法救助及其他程序性便利,以减少双方当

---

① 冯雅囡. 不方便法院原则在跨国公司环境损害案中的适用——全球最大环境诉讼案厄瓜多尔原告诉雪佛龙公司案探析[J]. 广州大学学报(社会科学版),2012(01):63.

② DESIERTO D, The ICESCR as a Legal Constraint on State Regulation of Business, Trade, and Investment: Notes from CESCR General Comment No. 24 (August 2017), available at: https://www.ejiltalk.org/the-icescr-as-a-legal-constraint-on-state-regulation-of-business-trade-and-investment-notes-from-cescr-general-comment-no-24-august-2017/, last visited on 6 November 2018.

③ General Comment No. 24 (2017) on State Obligations under the International Covenant on Economic, Social and Cultural Rights in the context of business activities.

事人之间在诉讼能力上的差异。除此之外,受案法院还需秉持公正司法之要求,客观、公正地进行不方便法院原则分析。

第三节　当事人及时审判权的保障

适用不方便法院原则的根本目的是实现"正义的目的",它既包含对正义结果的追求,也包含对诉讼效率的要求。"而对民事诉讼效率的价值衡量和思考在于,如果在诉讼中过量地投入人力、物力、财力和时间,就将使个案诉讼失去实际意义。"①尤其是不方便法院原则的适用涉及至少两个国家法院的诉讼程序,当事人的司法投入较大,不合理的延迟势必影响民事纠纷的解决,动摇司法权威。因此,如何在不方便法院原则的适用中保障当事人的及时审判权,是不方便法院原则制度建构的重点之一。

一、不方便法院原则适用中的诉讼延迟态势

如前文所述,不方便法院原则的适用标准较为模糊,法院在不方便法院原则分析中的考虑因素众多。而且,适用不方便法院原则将使案件在两个以上国家的法院进行,其诉讼延迟态势更加明显。具体来说,与适用不方便法院原则相关的诉讼延迟包含三个层次:

第一个层次是因不方便法院原则分析本身导致的诉讼迟延。其中尤其是被告和原告轮流反复举证、质证程序对及时审判有所影响。将不方便法院原则的程序分解来看,至少包括被告申请适用不方便法院原则并举证、法官权衡并允许原告异议、原告提出异议并举证三个阶段,而这三个阶段可具体分解为被告提出申请、经法院允许之后被告搜集证据、被告举证、法官权衡各因素并作出初步的判断、(存在相应的替代法院的情况下)原告提出对替代法院的异议、原告搜集证据、原告举证、法官决断的步骤。虽然不方便法院原则的分析方法在不同国家有细微的变化,但是一般都需要经过以上三个主要步骤,这在客观上需要花费较多的时间。

第二个层次是受案法院审限过长导致的延迟。受案法院的审理期限过

---

① 张卫平.《民事诉讼法》修改中效率与公正的价值博弈[J]. 中国司法,2012(06):29.

长无疑将拉长原告司法维权的时间线,妨害当事人的诉讼利益。以意大利法院为例,在 Erich Gasser GMBH v. Misat SRL.案(以下简称 Gasser 案)中首先受诉法院是意大利法院。但是意大利的诉讼审理期限较长,直到欧洲法院处理该案时,意大利法院已经开始诉讼长达三年半的时间,但意大利法院似乎还没能确定它对案件有管辖权。在此情形下,可能受案法院确定适用不方便法院原则时,替代法院的诉讼时效期间已经经过了。

第三个层次是在两个以上国家的法院进行诉讼导致的延迟。不方便法院原则的适用在提高诉讼效率上存在突出的障碍,相关诉讼程序通常需要在两个以上国家的法院进行。虽然当前国际流动有高速、便捷的特征,但是先后在不同法院进行的诉讼势必需要更多时间的投入。尤其是,诉讼方式作为具有权威性的国家权力裁判机制,它对程序的严格和规范程度较其他纠纷解决方式要高,所需程序复杂,所费时间更长。

(一)不方便法院原则导致诉讼延迟的原因

不方便法院原则的适用造成的诉讼延迟具有普遍性。究其原因,主要有以下几点。

第一,不方便法院原则适用与否对案件的程序和实体结果影响较大,它促使当事人提出更多的主张和证据。尤其是在涉案金额巨大、涉及惩罚性赔偿的情形下,不同国家的法院作出的判决结果差距较大。因此,如同原告积极挑选法院的热情一样,被告有足够的动机请求法院拒绝行使管辖权。这造成了双方当事人围绕不方便法院原则的相关考虑因素反复进行较量的局面。

第二,国际民事诉讼的举证、质证时限较长。在不方便法院原则的适用分析中,当事人可以就众多考虑因素不断提出证据。通常而言,国际民事诉讼的举证期间较普通国内诉讼案件的举证期间长。而且,不方便法院原则的适用仅仅是审前确定管辖权阶段,却要求原、被告不断提供证据并相互质证,在被告提出替代法院并证明其充分性之后,法院还会要求原告举证证明存在不适用不方便法院原则的理由。审前的实质性证据开示,无疑拉长了这一程序的期间。

第三,适用不方便法院原则至少涉及两个法院的审判。适用不方便法院原则意味着,当事人在受案法院的诉讼程序将会中止,其需要在另一个国家的法院重新提起诉讼。而且,出于国家主权的考虑,前一诉讼对后一诉讼没有影响力,也无法提高后一诉讼的诉讼效率。此外,当当事人无法在替代法院获得司法救济时,当事人需要返回原受案法院重新提起诉讼或继续诉讼。可想而知,在多国法院进行国际民事诉讼对诉讼效率的不利影响。

此外,因适用不方便法院原则导致的"诉诸司法的鸿沟"也将造成明显的延迟。[①] 在判决无法得到适用不方便法院原则的受案法院承认与执行时,诉讼将不得不重新进行。

(二)典型案例

不方便法院原则造成的诉讼延迟和当事人寻求司法救济的效率低下局面在 Graeme Lacey 案中暴露无遗。该案是一起飞机碰撞引起的损害赔偿责任案件。1985 年 7 月 20 日,澳大利亚籍原告格雷姆·莱西(Graeme Lacey)在加拿大英属哥伦比亚发生的一宗飞机碰撞案中遭到严重烧伤。由于该飞机由美国飞机制造商塞斯纳飞机公司制造,格雷姆遂向美国法院提起诉讼。其诉讼经历可以汇总如下:

表 2　Graeme Lacey 案的时间表[②]

1985 年	格雷姆在加拿大发生的飞机碰撞案中受伤。
1987 年	美国联邦地区法院以不方便法院原则为由驳回其诉讼。
1988 年	美国联邦第三巡回法院撤销地区法院判决,并将案件发回重审。上诉法院认为被告没有提交充分的证据,地区法院也没有充分考虑由 Gilbert 案确立的考虑因素。
1989 年	美国联邦地区法院重审本案,并认定被告无权针对不方便法院原则的适用与否进行更多证据开示。
1990 年	美国联邦地区法院再次以不方便法院原则为由驳回诉讼。
1991 年	美国联邦第三巡回法院再次撤销该案判决,并要求地区法院对不方便法院原则适用与否进行更深入的考虑。上诉法院否定了原告的大部分主张,但同意原告提出的原审法院未能正确分析证据来源、准据法和在替代法院进行公正审判存在障碍等问题。

---

① WHYTOCK C A, ROBERTSON C B. Forum Non Conveniens and the Enforcement of Foreign Judgments[J]. Colum. L. Rev, 2011, 111:1486.

② 案件相关信息引自 ROBERTSON D W. The Federal Doctrine of Forum Non Conveniens:"An Object Lesson in Uncontrolled Discretion"[J]. Tex. Int'l L.J, 1994, 29:364-365.

续表

1992 年	美国联邦地区法院驳回了被告适用不方便法院原则的动议,但保留了被告在证据开示程序中再次提出该动议的权利。
1994 年	美国联邦地区法院再次拒绝了被告提出的适用不方便法院原则动议。

本案的诉讼期限因适用不方便法院原则而变得异常冗长,但这并非孤案,类似的案件还有很多。例如在 Chevron 案中,当事人经过了长达 20 多年的诉讼仍未解决其纠纷。[①] 事实上,案件迟延对当事人和法院都没有任何益处,只会对审判权和诉权的行使造成双重阻碍。尤其是,由于随着时间的推移以及相关企业员工的离职、相关物证的灭失,许多潜在的相关人证和物证无法查找,将使得证据开示和案件审理越发困难。

(三)各主要国家的回应

欧洲法院曾就不方便法院原则导致的延迟是否违反公正审判权的问题作出了明确的回应。在 Owusu 案中,欧洲法院认为英国法院以不方便法院原则为由中止诉讼,将不可避免地造成案件的拖延。其中一个关切问题即,这种延误是否涉及违反《欧洲人权公约》第 6 条关于在合理期限内进行公正审判的规定? 欧洲法院对此进行了解释,认为因此造成的拖延可以被视为不符合第 6 条的要求,也就是说,因适用不方便法院原则导致的延误违反了《欧洲人权公约》关于公正审判权的规定。[②]

但这一问题之前似乎从未被英国法院讨论过。[③] 英国上议院在《英国上议院欧盟委员会关于〈布鲁塞尔条例 I〉的绿皮书》[④]中提议撤销 Owusu 案的判决,并将不方便法院原则引入布鲁塞尔条例。2010 年,由英国各界[⑤]

---

① 详见本书第四章第二节的内容。

② Case C-281/02,Owusu v. Jackson,[2005] ECR I-1383,at 270.

③ FAWCETT J J. The Impact of Article 6(1) of the ECHR on Private International Law[J]. Int'l & Comp. L.Q,2007,56:9.

④ House of Lords European Union Committee,Green Paper on the Brussels I Regulation (Paper 148 21st Report of Session 2008-09).

⑤ 其中包括一家专门从事人身伤害和人权事务的伦敦律师事务所和 130 个非政府组织、工会、学者、企业和个人组成的名为"core"的联盟,以及工会大会、国际特赦组织和其他不同的机构。

共同提出了一份针对以上绿皮书的建议书。[①] 该建议书拒绝了委员会的提议,并提出至少在适用于第三国弱势群体对成员国强大被告提起诉讼的案件中不应引入不方便法院原则。该建议书概述了 Owusu 案之前因适用不方便法院原则而产生的负面影响,其中包括被告参与诉讼的不便,以及诉讼延迟导致的诸多问题。该建议书中还声称,在英国法院的实践经验中,不方便法院原则已被多国被告战略性利用。这往往会妨碍人权受害者提起诉讼,并推迟其权利和正义目的的实现。[②] 被告通过申请适用不方便法院原则拖延诉讼程序,在被告提出申请期间和举证期限内,原告的权利都处于不确定的状态。这种状态的延续将引起原告损失进一步扩大,诉讼受挫或诉权无着落,从而丧失司法维权的信心。

在美国法院适用不方便法院原则的实践中也存在明显的诉讼延迟现象。美国法院驳回诉讼的时间与该案件在外国替代法院审判的时间之间通常存在着巨大的差距。这是因为,美国的民事诉讼证据制度让当事人充分举证,不断进行质证。而且其不方便法院原则的考虑因素众多。一个案件在美国进行不方便法院原则的适用分析就可能花费数年,甚至超过了替代法院的诉讼时效。对此,美国法院采取附加"返回管辖权条款"的方式,在原告无法在替代法院获得救济时可恢复原先的诉讼,美国法院可以依据更新的信息重新作出判决。[③]

(四)不方便法院原则的诉讼延迟之弊

不方便法院原则并非审前程序的功能性前移,它并没有实质性地解决纠纷,而只是暂时中止诉讼。但是,在适用不方便法院原则的相关案件中存在的诉讼延迟呈现出明显的弊端,直接削弱了最初适用不方便法院原则的"便利和司法效率、公正性"考虑。

---

① See Leigh Day. Co and others, Review of the Brussels I Regulation (EC 44/2001), available at: http://ec.europa. eu/justice/news/consulting-public/0002/contributions/civil-society ngo-academics others/ collectivecontribution_1eigh-day-and-co and human rights-orgs-en.pdf, last visited on 6 November 2018.

② Sarah Wall. The End of Forum non Conveniens: Has the European Court of Justice Gone beyond its Boundaries[J]. King's Inns Student L. Rev, 2012, 2:60-61.

③ Cf. Gutierrez v. Advanced Med. Optics, Inc., 640 F.3d 1025, 1031 (9th Cir. 2011).

1.诉讼资源浪费:接近正义的实质性阻碍

相对于其他因素,在涉及不方便法院原则适用与否的案件中,因诉讼延迟导致的诉讼资源浪费是当事人接近正义的实质性阻碍。

不方便法院原则分析的考虑因素众多,当事人可举证空间大,相应地举证和质证期间较长。因此造成的诉讼资源浪费和诉讼延迟严重存在着。在前述英国的 Altimo 案[①]中,为了确认不方便法院原则适用与否,在法官和政府官员面前进行的听证会分别持续了 4 天以上,在董事会成员面前召开的听证会持续了 4 天。当事人的书面材料超过 200 页,并向董事会提交了30 多册文件,差不多 14000 页的内容。还有 12 册共 170 份证词。核心内容单独组成 6 册。所有的这一切与当事人提出的法律和事实问题完全不成比例。[②] 不能否认,该案件是极为复杂的,所以在提交的材料上数量更多。但是,从中也能够看出,在案件正式开始事实审理之前,不方便法院原则的适用造成当事人双方和法院的大量成本消耗。为了尽可能说服法官,双方当事人都竭尽所能地提供与案件相关的大量证据,这不仅使得分析更加复杂,诉讼资源浪费严重,而且会造成诉讼拖延的后果。

2.审前程序大量涉及实体内容的证据开示

在适用不方便法院原则的案件中,诉讼资源的浪费和审前程序中有关诉讼实体内容的大量披露有很大的关系。在 Adolf Lony v. E. I. Du Pont de Nemours & Company 案[③]中,围绕不方便法院原则适用与否进行了长时间的拉锯战,早已经从纯粹的程序问题深入到"实质性"的案情证据开示,在 13 个月的时间内,双方当事人进行了 6 次证据开示,列举了超过 130 件证据,交换了几千页的文件并至少废除了 5 名证人。

无论不方便法院原则最终是否得以适用,在审前程序中进行实体争辩都不利于诉讼程序的公正性。这是因为,如果该案适用了不方便法院原则,那么在该受案法院进行的冗长的程序和高额的诉讼成本投入都失去意义。诉讼将在另一个法院进行,出于司法主权原则的考虑,本法院已进行的举证、质证活动将不会成为替代法院的判决基础。而当不方便法院原则不予

---

① [2011] UKPC 7；[2012] 1 WLR 1804.

② AK Investment CJSC v. Kyrgyz Mobil Tel Ltd,[2011] UKPC 7；[2012] 1 WLR 1808.

③ Adolf Lony v. E. I. Du Pont de Nemours & Company, 935 F.2d 604.

适用时,涉及大量实体问题证据开示的审前程序不仅会使办案法官形成事实预判,影响诉讼正式审理阶段的事实判断,而且同样造成重复开示和程序拖延。

3.增加当事人的诉累并产生新的风险

因适用不方便法院原则导致的诉讼延迟,不仅需要当事人积极配合诉讼程序的进行,而且需要花费巨额的诉讼资金。无论是原告还是被告,都深受影响。

一方面,原告需要在多个国家提起诉讼,在诉讼中投入的金钱、时间和精力都需要足够的支持。这既要求其有足够的资金和时间,还要求有进行跨国诉讼的精力和经验。特别是在事故侵权案件中,冗长的诉讼程序使得受害人望而却步。有学者向适用不方便法院原则的案件中的 180 位原告律师进行了问卷调查。这 180 份调查问卷发出后,一共收到 85 份回函。在这85 个案件的原告中,有 15 件的原告后来放弃了起诉;22 件的原告获得了最高达到其最初预估值的 50% 的赔偿;另外 14 件没有明确数额的或超过预估值的 50%;16 件日后在外国法院提起了诉讼,但该 16 宗案件都还在诉讼中;3 件诉讼的原告还未作出进一步打算;剩余 12 件则无法知晓。[①] 因不方便法院原则导致的诉讼延迟,极大地打击了原告在跨国诉讼中维权的信心和能力,促使原告放弃相关诉讼或与被告达成妥协。

另一方面,被告同样深受相关诉讼延迟的困扰。案件得到最终判决拖延的时间越长,被告承担最终责任的不确定性状态也随之变长。这种不确定性将会妨碍被告进一步制订其商业计划。而且公司必须向股东披露潜在的和已有的诉讼风险,只要案件仍在进行,被告的股价就会反映这种不确定性。[②] 被告要获得有利判决,则要积极在诉讼中举证、质证,其同样面临着诉讼成本的投入问题。

二、对诉讼延迟现象的规制

由于适用不方便法院原则造成的诉讼延迟和诉讼资源的浪费,各国开

---

① ROBERTSON D W. Forum Non Conveniens in America and England: "A Rather Fantastic Fiction," [J]. L. Q. Rev,1987, 103:418-419.

② WHYTOCK C A, ROBERTSON C B. Forum Non Conveniens and the Enforcement of Foreign Judgments[J]. Colum. L. Rev, 2011, 111:1488.

始寻求对程序的简化和快速处理方式。从保障当事人的公正审判权角度来说，需要在制度上保障当事人获得及时裁判的权利。从前面的分析可以发现，适用不方便法院原则导致诉讼拖延的主要症结在于不方便法院原则分析中烦冗的举证和质证程序，以及频繁的上诉和重审程序。对此，可以从以下几个方面来加以改善。

（一）分析方法的简化

不方便法院原则的分析方法能够在很大程度上决定程序的效率，对分析方法的简化将提高不方便法院原则分析的效率。

各国在不方便法院原则的分析方法上有所不同。英国法院采用了"两阶段"的分析方法：第一阶段主要是对适当法院的分析。在这一阶段，被告如果没有证明存在其他的适当法院，其中止诉讼的动议将被直接拒绝。第二阶段则主要考虑正义的需要。在这一阶段，原告需证明继续在英国法院进行诉讼更符合正义的要求。[①] 美国法院则采取"两步骤"的分析方法：第一步是确定存在一个充分的替代法院，这一步骤要求替代法院应当满足"充分性"和"可用性"两个要求。[②] 如果存在符合这两个要求的替代法院，那么不方便法院原则分析将进入第二个步骤。法院必须通过对案件所涉及的、联邦最高法院在 Gilbert 案中列明的公共利益因素和私人利益因素加以分析，来决定是否以不方便法院原则为由驳回诉讼。从本质上来说，两阶段分析方法和两步骤分析方法之间并没有太大的区别，只是在两个不同阶段美国和英国法院所考察的内容的侧重点不同。我国香港特别行政区法院一直遵循着 Spiliada 案所确定的基本规则。在 1987 年的"麦阮迪案"中，香港上诉法院创立了香港法院适用不方便法院原则中止诉讼的三阶段法。[③] 加拿大法院最初也是按照英国法院的分析方法来适用不方便法院原则的。1993 年，加拿大最高法院在 Amchem 案中比较分析了英国和澳大利亚的两种不同适用模式，最终坚持采用英国法院的"明显更适当法院标准"，但在分析方法上则采用单一步骤，不再区分两个步骤进行。

---

① 徐伟功. 不方便法院原则研究[M]. 长春：吉林人民出版社，2002：205.

② Forum Non Conveniens—Alternative Forum，Fed. Prac. & Proc. Juris. § 3828.3 (2016)，p.1.

③ 张淑钿. 香港不方便法院原则的实践及对内地的启示[J]. 法律适用，2009 (08)：41.

概言之,各国的分析方法主要存在单一步骤和多重步骤的区分。一方面,二者在分析效果上并没有显著的差异。单一步骤是将案件所涉及的诸多因素同时予以考虑,既分析外国是否存在适当的替代法院,又权衡适用不方便法院原则是否符合正义的目的。多重步骤则分多个环节对案件所涉及的特定内容进行分析。另一方面,二者在诉讼效率上有所不同。单一步骤分析方法涉及的环节较少,分析相对集中。当事人可针对不方便法院原则的考虑因素进行集中举证、质证。而两阶段分析方法和两步骤分析方法、三阶段分析法都无形中增加了不方便法院原则分析的程序,而且在制度目的和结果上与单一步骤的分析方法并没有本质区别。

因此,简化多重步骤的分析方法或采取单一步骤的分析方法更加合理。它不仅能够保持不方便法院原则分析的公正性,也能够促进诉讼效率的提升,且有利于对当事人及时审判权的保障。

(二)举证与质证程序的优化

不方便法院原则分析主要围绕对相关考虑因素的举证和质证而展开。被告为了达到变更审判法院的目的,往往需要承担较大的证明责任。而变更审判法院带来的利益大小,将直接影响其举证的力度。例如,在 Chevron案中,面对数以万计的受害人和美国法上的惩罚性赔偿,雪佛龙公司将面临数以百亿计的赔偿判决。这促使雪佛龙公司提供大量证据来说服法院驳回诉讼。但是,不方便法院原则分析只是在审前程序确定法院管辖权的环节之一,对这一环节必须进行"瘦身"才能提高不方便法院原则的适用效率。

第一,紧密围绕不方便法院原则的考虑因素进行举证,注重证据与不方便法院原则的关联性。当事人提出证据的行为应符合举证目的,不得滥用举证权利,过度罗列不具有关联性的证据来影响法官对案件的判断。前文已经对不方便法院原则的相关考虑因素进行了明确,在此基础上,还应强调证据与不方便法院原则的关联性。在原、被告双方就是否适用不方便法院原则的举证过程中,只应列举与不方便法院原则考量因素相关的证据。除此之外的证据不宜进行过度列举。

第二,规定合理的举证时限。英美法系国家的民事诉讼庭审时间通常较短,但是其整个民事诉讼的流程却往往会耗时一两年。英美法系国家民事诉讼中的证据开示制度耗费了大量的时间。[①] 尤其是,很多国家采取证

---

① 段文波.民事诉讼举证时限制度的理论解析[J].法商研究,2013(05):96.

据随时提出主义,当事人可以随时提出对自己有利的证据。这不仅存在证据突袭的可能性,也变相延长了不方便法院原则的举证期限。因此,应当合理规定当事人提出证据的期限,避免诉讼延迟。

(三)适用不方便法院原则的程序衔接

不方便法院原则的适用既包括不方便法院原则分析本身,也包括适用不方便法院原则驳回或中止诉讼后,在受案法院和替代法院进行的程序。在国际民事诉讼的语境下,不同程序之间的衔接耗费的时间更长。为此,可以加速不方便法院原则适用中的程序衔接,降低当事人实现正义的成本。

与不方便法院原则的适用相关的程序衔接问题包括:(1)当法院决定不予适用不方便法院原则时,该诉讼如何快速进入正式的审判程序;(2)在受案法院适用不方便法院原则驳回或中止诉讼后,替代法院的诉讼程序能否尽快进行;(3)当当事人无法在替代法院获得救济时,原受案法院的诉讼如何尽快恢复。以上问题涉及三个方面:一是分析不方便法院原则适用与否的环节与审判其他环节之间的衔接;二是本法院与替代法院诉讼程序的协作;三是本法院不方便法院原则分析环节与恢复诉讼环节的衔接。

这就要求:第一,作为审前程序的不方便法院原则分析应当与其他诉讼程序衔接紧密,既要加速审查不方便法院原则是否适用,还应在审查结束后迅速进入庭审准备程序。第二,适用不方便法院原则的国际协作非常必要。虽然各国关于建立统一管辖权规则的尝试久未能达成一致,但是各国一直在向这一方向努力。其中,不方便法院原则的适用规则应当包括原法院与替代法院之间的程序协作,例如替代法院对已适用不方便法院原则的案件进行快速立案审查等。第三,原法院在外国法院无法为当事人提供司法救济时,应快速恢复诉讼。具体来说,一是法院在作出适用不方便法院原则的裁判时,应当包含一个"返回管辖权条款",允许当事人在外国法院不可用或外国判决无法执行时,迅速在本法院恢复诉讼。① 二是如上文所述,原法院在适用不方便法院原则时采取中止诉讼而非驳回诉讼的程序结果,案

---

① WHYTOCK C A, ROBERTSON C B. Forum Non Conveniens and the Enforcement of Foreign Judgments[J]. Colum. L. Rev, 2011, 111:1499. See also MOSS A R. Bridging the Gap: Addressing the Doctrinal Disparity between Forum Non Conveniens and Judgment Recognition and Enforcement in Transnational Litigation[J]. Geo. L.J, 2017(106):241.

卷和卷宗保留到替代法院的诉讼得到承认与执行之后。在此期间,当事人因无法在替代法院获得救济而要求恢复诉讼可以迅速进行,避免重复审查。三是,仅要求当事人提供必要的证明材料。要求恢复诉讼的一方当事人应提供必要的证明。而证明材料的多寡则应由原受案法院在驳回或中止诉讼时明确告知当事人,并严格限制在必要的范围内。

本章小结

作为宪法性人权的公正审判权包含着丰富的内涵,它要求不方便法院原则的适用同时满足对当事人的平等权、及时审判权的保障。

首先,不方便法院原则的适用应当保障双方当事人的平等权。在不方便法院原则的适用中,跨国公司作为被告人时,原、被告之间的平等权难以保障。而且,由于跨国公司在政治、经济等方面的影响力,能够实质性地干涉不方便法院原则的适用结果。特别是在以跨国公司为被告的大规模侵权案件中,外国原告的平等权难以实现,使为数众多的受害者遭受二次伤害。对此,一是应当遏制以地域性为基础的地方保护主义;二是应当在群体诉讼中为当事人提供便利,并为特殊案件的弱势当事人提供必要的司法救助。其次,因适用不方便法院原则导致的诉讼延迟应予关注。由于不方便法院原则的适用,通常会使案件在两个以上国家的法院进行诉讼。相应地,当事人和法院的诉讼成本与费用、时间等所费极大,也在客观上加剧了诉讼延迟的局势。对此,不仅不方便法院原则的适用分析本身应进行简化,对当事人举证与质证程序加以优化,更应当重视诉讼程序间的衔接。

第四章　不方便法院原则相关判决的承认与执行

　　不方便法院原则的根本目的是实现正义的结果,这一结果落实到国际民事诉讼中还体现在法院作出的判决得到承认与执行。

　　然而,因适用不方便法院原则而导致的判决承认与执行困境更直接制约当事人人权的实现,也影响不方便法院原则的制度完善。不方便法院原则关注的重点停留在管辖权的合理分配上,但对案后的执行关注不足。鉴于此,本章将重点从不方便法院原则相关判决承认与执行中的"诉诸司法的鸿沟"现象出发,探讨促进不方便法院原则相关判决承认与执行的对策。

第一节　人权保障对相关判决承认与执行的介入

　　在国际民事诉讼中,管辖权与判决的承认与执行之间密切相关。作为国际民事诉讼管辖权领域的重要制度,不方便法院原则同样和判决的承认与执行有着千丝万缕的关系。尤其是,不方便法院原则的适用使其判决具有了特殊性。因此,理清二者的关系将有利于不方便法院原则相关判决的承认与执行。

一、人权保障和相关判决的承认与执行的关系

　　判决的承认与执行与人权保障有着非常密切的关联。欧洲人权法院在 Hornsby v. Greece 案①中首次明确了外国判决的承认与执行应受到《欧洲

---

　　①　Hornsby v. Greece,Decision of 19 March 1997,Reports of Judgments and Decisions 1997-Ⅱ.

人权公约》第 6（1）条所规定的公正审判权的保护。在此基础上，在 McDonald v. France 案中，法院第一次将拒绝承认外国判决作为干涉公正审判权的问题。对此，帕特里克金斯（Patrick Kinsch）指出，这一判决是创新性的，自此开始承认与执行外国判决的权利将直接附属于当事人的公正审判权。① 鉴于此，国际民商事判决的承认与执行往往会受到相关因素或条件的影响与制约。尤其是人权法中蕴含的人权价值理念也被作为主要的考虑因素。② 具体来说，人权保障与外国判决的承认与执行有以下关系。

第一，人权保障是国际民事诉讼领域相关判决承认与执行的价值导向。人权保障正成为国际民事判决承认与执行的重要标准和价值导向。它不仅指引承认与执行外国判决的审查标准，而且引导国际民事判决承认与执行中的具体分析。

第二，促进相关判决的承认与执行是保障人权的具体表现。国际民事判决的承认与执行，是国际民事纠纷诉诸司法的最终环节，也是国际民事诉讼当事人的权利得到实现的关键步骤。可以说，国际民事判决只有得到承认与执行，当事人之间的纠纷才算真正解决，国际民事法律关系才能恢复正常。尤其是，判决承认与执行阶段的障碍可能导致适用不方便法院原则的案件中的诉权和公正审判权落空。因此，各国强调国际民事领域的人权保障，就不得不促进相关判决的承认与执行。

第三，人权保障是检验相关判决承认与执行机制合理性的试金石。国际民商事判决的承认与执行绝非易事。在经济全球化的背景下，国际民商事主体的资产并不固定地存在于某个国家，而可能广泛地分布于不同国家。因此，获得国际民商事胜诉判决并不代表民事纠纷的终结，胜诉方还需要在败诉方可供执行的财产所在地执行该判决。而且实际上其他国家的法院作出的判决能否得到承认与执行，往往规定在一国的成文法，或习惯法中，或由其判例作出了规定。③ 各国的判决承认与执行机制是否合理，则取决于

---

① SPIELMANN D. Recognition and Enforcement of Foreign Judicial Decisions Requirements under the European Convention on Human Rights. An Overview[J]. Cyprus Hum. Rts. L. Rev，2012，1：16.

② 刘仁山. 人权保护对国际民商事判决承认与执行的影响——以《欧洲人权公约》之适用为中心[J]. 法学评论，2015(03)：10.

③ 李双元，谢石松，欧福永. 国际民事诉讼法概论：第 3 版[M]. 武汉：武汉大学出版社，2016：458.

根据该机制能否实现当事人的人权保障。

　　具体到不方便法院原则相关的案件，其判决的承认与执行有其特殊性。在此类案件中，诉讼程序必将在两个以上的国家进行，无论是法院还是当事人都投入了大量的成本和费用。因此，当案件的判决需要在其他国家承认与执行时，尤其应当注重当事人的人权保障，促进民事纠纷的迅速解决。

二、相关判决承认与执行机制中人权保障的困境

　　从适用不方便法院原则的相关判决的承认与执行情况来看，在目前的不方便法院原则相关判决承认与执行机制中还存在诸多人权保障方面的困境。

（一）相关判决承认与执行机制在人权保障方面的局限性

　　自苏格兰法院采用不方便法院原则以来，这一原则在国际民事诉讼管辖权领域发挥了重要的作用，也被越来越多的国家所接受。但不可否认的是，各国法院在适用不方便法院原则时，大都将目光集中于案件管辖权的确定，即国际民事诉讼的"前端"，而忽略相关判决的承认与执行问题，即国际民事诉讼的"后端"。

　　但当可供执行的财产位于国外时，胜诉债权人需在该外国请求承认与执行其胜诉判决。仅仅关注前端的管辖权问题，而忽视因管辖权而生的判决承认与执行障碍，显然不够周全。因此，在国际民事诉讼的"前端"，不应忽视对判决承认与执行的可能性。相应地，在判决的承认与执行阶段，也应对"前端"的管辖权问题作出必要的考虑和权衡。

（二）不方便法院原则分析中可执行性因素考虑不足

　　外国替代法院作出的判决具有可执行性是保障不方便法院原则中的当事人人权的重要内容。替代法院判决的可执行性与诉讼的效率和公正息息相关，只有在外国判决具有可执行性时，当事人才能获得高效、公正的公力救济。

　　各国适用不方便法院原则时，通常会考虑判决的可执行性因素。美国法院在 Gilbert 案中，明确将判决的可执行性因素作为私人利益因素的一种，加拿大的《法院管辖权和移送程序法案》（CJPTA）第 11(2)(e)条也明确要求法院适用不方便法院原则时考虑终局判决的执行问题。《1999 年草案》第 22(2)条同样规定"另一法院作出的判决得到承认与执行的可能性"是法院适用这一原则的考虑因素之一。

　　然而事实上,判决的可执行性因素在不方便法院原则分析中常常被忽略,或者是以一种不协调或推定的方式被应用。① 例如,美国最高法院在Piper案中,虽然援引了Gilbert案关于不方便法院原则的分析,但是并没有对案件的可执行性因素加以分析。此后,美国联邦地区法院援引Piper案的公共利益和私人利益因素清单,因此一直忽略了可执行性因素。② 判决的可执行性因素还未从"应然"发展到"实然"状态。

(三)双重标准导致的判决承认与执行障碍

　　诉讼的"前端"(确定管辖权阶段)与"后端"(外国判决的承认与执行阶段)的双重标准导致了判决的承认与执行障碍。由于在诉讼的"前端"审查外国法院的管辖权采取了较为宽松的标准,而在"后端"采取了比较严格的审查标准,因此导致诉讼中外国法院的管辖符合不方便法院原则的适用条件但是不符合判决承认与执行的条件。尤其是,当作出不方便法院原则判决的国家和被请求承认与执行的国家是同一个国家时,两种不同标准之间的间隙将作用于同一个案件中。当事人按照法院指引前往替代法院提起的诉讼,却无法在该法院得到承认与执行,其在诉讼中的人权保障也难以得到落实。

　　总的来说,当前在不方便法院原则相关判决的承认与执行中,还存在以上人权保障的困境。其中因两个阶段的双重标准导致的执行障碍尤其明显。它强烈要求加强两个阶段的合作,促进当事人人权的实现。

第二节　相关判决承认与执行中的"诉诸司法的鸿沟"

　　从人权保障的角度来看,在适用不方便法院原则相关判决的承认与执行的困境中,目前相对突出的问题是存在当事人"诉诸司法的鸿沟"。原告依法享有的诉权和公正审判权不仅体现在法院对其案件进行公正审判上,

---

　　①　HANSEN T R,WHYTOCK C A. The Judgment Enforceability Factor in Forum Non Conveniens Analysis[J]. Iowa L. Rev,2016,101:926.

　　②　HANSEN T R,WHYTOCK C A. The Judgment Enforceability Factor in Forum Non Conveniens Analysis[J]. Iowa L. Rev,2016,101:933.

还体现在该判决将获得有效执行上。被法院以不方便法院原则为由分流到国外法院的原告往往被推入外国判决承认与执行的不可预测区域。① 如果不方便法院原则被用于拒绝原告进行诉讼，而其指明的替代法院的判决又因管辖权问题无法得到执行，那么原告将难以有效地诉诸司法。因此，出于促进不方便法院原则相关判决的承认与执行、保障当事人人权的目的，我们应当正视"诉诸司法的鸿沟"现象，做好诉讼前端与后端的衔接。

一、"诉诸司法的鸿沟"的基本界定

怀德克（Whytock）教授和罗伯逊（Robertson）教授在《不方便法院原则与外国判决的执行》一文中提出了"诉诸司法的鸿沟"（access-to-justice gap）的概念。该文章及后续学者的研究共同为不方便法院原则相关判决的承认与执行提出了有益的建议。在该文中，两位教授从美国确定管辖权阶段与外国判决执行阶段对外国法院管辖权的审查标准的差异中，发现了"诉诸司法的鸿沟"的存在。

（一）"诉诸司法的鸿沟"的产生

所谓"诉诸司法的鸿沟"，是因不方便法院原则分析与承认外国判决程序对外国法院管辖权的审查标准之间存在差异，导致当事人既无法在原受案法院进行诉讼，也无法使替代法院的判决得到执行的局面。它形成的关键是诉讼的"前端"与"后端"在同一问题上采取不同标准并作用于同一个案件之中。

"诉诸司法的鸿沟"的产生通常并非任何法院刻意为之，而是由以下三个因素共同作用的结果。

第一，在确定管辖权阶段，法院决定是否适用不方便法院原则时必须考虑有无适当的外国替代法院，但此时的审查标准是事前的、以原告为中心的、宽松的。②

这一阶段受案法院对替代法院的审查相对宽松。如前文所述，在确定替代法院时，为了避免程序拖延，也为了避免评价其他国家的司法制度，所

---

① EFFRON R. Atlantic Marine and the Future of Forum Non Conveniens[J]. Hastings L.J, 2015，66：709.

② WHYTOCK C A，ROBERTSON C B. Forum Non Conveniens and the Enforcement of Foreign Judgments[J]. Colum. L. Rev，2011，111：1460.

以对替代法院的认定标准模糊、宽松。例如,美国最高法院在不方便法院原则分析中对"适当的替代法院"进行审查时强调,调查的重点应该是:(1)被告是否服从外国法院的管辖;(2)原告是否将获得令人满意的补救机会,而无须进一步理清法院在决定外国法院是否"充分"时应考虑的因素。① 而英国法院对替代法院的审查相对严格,其要求适用不方便法院原则的替代法院与诉讼之间应具有"真实和实质性联系"。但是这一标准同样避免对替代法院的真实情况进行过多考察,而且在部分案件中出现了不一致的结果。②

此外,附条件驳回诉讼的制度冲淡了法院对可执行性因素的考虑。一般来说,法院对替代法院判决的可执行性予以足够分析,能够在很大程度上规避"诉诸司法的鸿沟"。但在被告同意接受替代法院管辖的情况下,受案法院往往会支持被告的请求,并以附条件驳回的方式适用不方便法院原则。正如前文所述,附条件驳回并不具有实际的约束力。被告不实际履行该判决,还可以在判决的承认与执行阶段以该判决不符合承认与执行的条件来阻止法院强制执行。

第二,被请求承认与执行国法院对作出判决的外国法院管辖权的审查标准则是事后的、以被告为中心的、严格的。③ 这是因为,承认外国法院作出的判决往往使之具有内国法院作出的判决同等的法律效力,因此各国法院对外国法院管辖权的审查都较为严格。

在判决承认与执行阶段,替代法院的管辖权已经确立并行使,对其进行的审查具有事后性。相对于确定管辖权阶段的替代法院分析以原告能否在替代法院获得救济为主的标准,这一阶段被请求承认与执行国法院更多地考虑到被告的利益。而且,判决承认与执行阶段的审查针对的是已经发生的诉讼,存在事前审查所无法预见的不确定性因素。

第三,两种不同的标准共同作用于同一个案件。当被告在替代法院没有足够的财产可供执行时,替代法院作出的判决需要在其他国家申请承认

---

① MOSS A R. Bridging the Gap: Addressing the Doctrinal Disparity between Forum Non Conveniens and Judgment Recognition and Enforcement in Transnational Litigation[J]. Geo. L.J, 2017, 106:227.

② 在前述 Cherney 案、OJSC Oil 案、Pacific 案和 Altimo 案的不同结果中反映了这一点。

③ WHYTOCK C A, ROBERTSON C B. Forum Non Conveniens and the Enforcement of Foreign Judgments[J]. Colum. L. Rev, 2011, 111:1470.

与执行。在此情形下,将出现不方便法院原则的审查标准与被请求承认与执行国的审查标准的相互作用。两种不同的标准导致原告提起的诉讼既被拒绝管辖,又被拒绝承认与执行,从而无法有效诉诸司法。

尤其是当适用不方便法院原则驳回诉讼的法院与被请求承认与执行的法院是同一个国家的法院时,这种标准的差异对当事人诉诸司法的阻碍就愈发明显。且通常而言,原告选择的受案法院更有可能位于被告的财产所在地,或位于判决能够得到执行的国家。因此,一方面原告对原受案法院承认替代法院的管辖权有合理预期,另一方面其有在原受案法院请求承认与执行的现实需求。例如,在 Chevron 案中,被告雪佛龙公司在厄瓜多尔没有高达百亿美元的财产可供执行,因此厄瓜多尔原告前往被告的美国母公司所在地请求承认与执行该判决。

正是在以上三个因素的共同作用下,才出现了不方便法院原则相关案件中的"诉诸司法的鸿沟"。各国承认与执行外国判决的审查规则都是针对所有外国法院的判决的,并不区分该案件是否曾经由本国法院适用不方便法院原则驳回诉讼。当两种不同的标准适用于同一个案件时,会因标准的差异导致案件可以适用不方便法院原则驳回诉讼(或中止诉讼),但在该法院认可的替代法院作出的判决却因不符合承认外国判决时的管辖权审查标准而无法在原法院得到执行。"诉诸司法的鸿沟"更是给当事人和法院都造成了较大的危害。

(二)"诉诸司法的鸿沟"的危害

在国际民事诉讼中,"诉诸司法的鸿沟"所带来的危害后果非常明显。

第一,阻碍当事人诉权的实现。"诉诸司法的鸿沟"直接影响当事人之间国际民事纠纷的解决,以及其诉权的实现。在国际民事诉讼的语境下,当事人诉权的实现不仅体现在获得法院审判,还应延伸至判决的实现。即使受案法院拒绝管辖,只要原告能够在替代法院进行诉讼并使其判决得到执行,则其诉权的实现就有了保障。但"诉诸司法的鸿沟"使其诉权受到了阻碍。详言之:

从诉讼效率上来说,经由原法院以不方便法院原则为由作出的判决,将案件的管辖权指向另外一个国家的法院。原告在原法院提起的诉讼程序暂时中止,并在其他法院重新提起一个全新的诉讼。为此,当事人及其他诉讼参与人、法院都需要投入加倍的时间和经济成本。而替代法院的判决不能获得原法院的承认与执行,则当事人需要在原法院再次提起第三轮诉讼来确保在原法院国的执行。

从诉讼正义的角度来说,原法院以不方便法院原则为由作出的驳回诉讼(或中止诉讼)判决将案件指向其他替代法院,当事人可据此形成对替代法院合理的信赖利益。在当事人请求承认与执行时,原受案法院以不同的标准否定前一诉讼的结论,将使原告既被拒绝诉讼,又被拒绝执行。而被告则从一个更宽松的驳回标准和一个更严格的执行标准中同时受益。[①]

第二,造成诉讼资源的极大浪费。不方便法院原则的适用需要两个以上国家的法院对案件进行审理,它本身就需要消耗比普通民事诉讼更多的司法资源,需要不同国家的法院投入各自的人力、物力和时间。当出现"诉诸司法的鸿沟"时,即使被请求承认与执行国法院与作出不方便法院原则判决的法院发生重合,但审查该承认与执行申请的法院(法官)与作出不方便法院原则的判决的法院(法官)不完全重合。

因此,在这类案件中,实质上涉及三个以上的法院对案件进行审查,且处于时间上的第三个法院与第一个法院具有实质上的关联性。与普通国际民事诉讼的作出判决国法院和被请求执行国法院的两国关系不同,"诉诸司法的鸿沟"中的被请求执行国法院否定本国法院在前一诉讼中作出的管辖权认定,将直接否定本国法院在前一诉讼中的程序有效性,从而使前一诉讼的司法投入归于虚无。

第三,降低法院的司法公信力。在适用不方便法院原则的法院认为替代法院审理本案更适当时,当事人有理由相信该法院认可替代法院管辖权的充分性和正当性,也有理由形成"在本法院指定的替代法院获得判决依法可以在本法院所在国得到执行"的合理信赖。尤其是,当适用不方便法院原则的法院所在国与被请求承认与执行国重合时,当事人有对替代法院管辖权获得支持的合理预期。"诉诸司法的鸿沟"在管辖权阶段和判决执行阶段对同一个法院的管辖权认定标准迥异,使司法效率和司法公正的形象受到质疑。这无疑会打破当事人的合理预期,动摇当事人的司法信仰,降低了司法的公信力。

第四,影响国家间的合作与交流。由于"诉诸司法的鸿沟"在两个步骤分别肯定和否定外国法院的管辖权,对外国法院司法的不一致态度会招致

---

① WHYTOCK C A, ROBERTSON C B. Forum Non Conveniens and the Enforcement of Foreign Judgments[J]. Colum. L. Rev, 2011, 111:1479.

对方的抵制,给国际关系的健康发展制造阻力。这不仅已经现实地发生在拉丁美洲的立法活动中,还将进一步阻碍各国在国际民事诉讼领域的合作。

鉴于上述原因,显而易见的是,"诉诸司法的鸿沟"是不可持续的,它削弱了外国原告根据一国法律制度的根本公正性而控诉该国被告人的信心,并且在国际关系中造成了不必要的紧张。[①] 因此,在适用不方便法院原则相关判决的承认与执行中,应尽量缩小"诉诸司法的鸿沟",维护当事人的合法权益,实现国家间判决承认与执行的健康发展。

二、"诉诸司法的鸿沟"的司法实践

"诉诸司法的鸿沟"给国际民事纠纷的解决造成了较大的阻碍。尤其是以美国跨国公司为被告的案件,诉讼标的金额较大,外国原告更有可能在美国寻求判决的执行。这其中,出现"诉诸司法的鸿沟"的代表性案例为厄瓜多尔诉雪佛龙环境侵权损害赔偿案(简称 Chevron 案)。本案争议发生至今已有半个多世纪,但受害人权益仍未得到应有的保障。美国联邦法院也不得不承认,这应该是美国联邦司法史上最冗长的一个案件。[②] 对于 Chevron 案中美国法院适用不方便法院原则驳回诉讼之后,又禁止执行厄瓜多尔替代法院作出的判决的行为,学者们的看法不一。

(一)怀德克和罗伯逊教授的观点:缩小"诉诸司法的鸿沟"

怀德克教授和罗伯逊教授在《不方便法院原则与外国判决的执行》一文中,系统剖析了在 Chevron 案等案件中存在的"诉诸司法的鸿沟"现象。其认为,美国法院在不方便法院原则的适用中采取了较为宽松的标准,并未对替代法院的充分性进行足够的审查。而在判决承认与执行阶段,却采取事后的、严格的标准,导致原告无法获得有效救济。同时,为了缩小"诉诸司法的鸿沟",两位教授从以下角度提出了建议。

第一,在确定管辖权的阶段,适用与执行阶段相同的管辖法院充分性标准。理由是通过统一前端与后端的标准差异,缩小两个标准之间的差距。但考虑到执行程序中的审查标准具有普遍适用性,降低标准将影响其他案

---

① MOSS A R. Bridging the Gap: Addressing the Doctrinal Disparity between Forum Non Conveniens and Judgment Recognition and Enforcement in Transnational Litigation[J]. Geo. L.J, 2017, 106:246.

② 667 F.3d 232, at 234.

件中的被告权益,因此二位学者主张应提高不方便法院原则中替代法院的审查标准。①

第二,在确定管辖权阶段从严审查不方便法院原则分析中的可执行性因素。在不方便法院原则分析中,替代法院作出的判决得到承认与执行的可能性越低,该因素在对抗驳回诉讼申请中的权重就越重。②

第三,合理分配适用不方便法院原则驳回诉讼后外国司法体系改变的风险。由于事前/事后的时间间距可能发生无法预知的变化,因此两位学者建议被告仅承担可预见的风险,而非不可预见的变化。对于不可预见的变化导致的风险,应当由被告对原告作出一定的补偿,并可在美国恢复诉讼。③

第四,增加规定返回管辖权条款(return jurisdiction clause)。即,当原法院基于不方便法院原则驳回诉讼时,其判决应包含一个"返回管辖权条款"来允许原告在外国判决无法执行时,及时恢复前一诉讼程序。④

第五,在执行阶段采取禁反言原则。如果被告在前端指出外国司法机构是适当的,那么在执行阶段就应该禁止被告主张该外国司法机构为不适当的审理法院,除非外国司法机构在驳回诉讼之后发生了不能合理预见的变化。⑤

此外,两位学者还提出了拒绝就执行问题的个案辩护、有条件地同意执行和加速审查等建议。⑥

(二)卡塞尔教授的观点:重视"无法预见的变化"的风险

道格拉斯·卡塞尔(Douglass Cassel)教授在一次研讨会上,结合

---

① WHYTOCK C A，ROBERTSON C B. Forum Non Conveniens and the Enforcement of Foreign Judgments[J]. Colum. L. Rev，2011，111:1494-1496.

② WHYTOCK C A，ROBERTSON C B. Forum Non Conveniens and the Enforcement of Foreign Judgments[J]. Colum. L. Rev，2011，111:1496-1498.

③ WHYTOCK C A，ROBERTSON C B. Forum Non Conveniens and the Enforcement of Foreign Judgments[J]. Colum. L. Rev，2011，111:1505-1508.

④ WHYTOCK C A，ROBERTSON C B. Forum Non Conveniens and the Enforcement of Foreign Judgments[J]. Colum. L. Rev，2011，111:1499.

⑤ WHYTOCK C A，ROBERTSON C B. Forum Non Conveniens and the Enforcement of Foreign Judgments[J]. Colum. L. Rev，2011，111:1500-1502.

⑥ WHYTOCK C A，ROBERTSON C B. Forum Non Conveniens and the Enforcement of Foreign Judgments[J]. Colum. L. Rev，2011，111:1505-1509.

Chevron 案对怀德克教授和罗伯逊教授的观点进行了回应。① 卡塞尔教授认为,两位学者所提出的观点具有较大的贡献,但并不适用于每一个案件。

他指出,在 Chevron 案中,厄瓜多尔的司法系统的确在美国法院以不方便法院原则驳回诉讼之后发生了巨大的变化。2004 年,厄瓜多尔新总统和国会开除了整个宪法法院以及几乎整个最高法院所有的法官。2005 年,总统解散了整个最高法院。厄瓜多尔有长达 7 个月没有最高法院。这种司法机构的解散行为是不可预见的。厄瓜多尔现任总统科雷亚自从 2007 年就任以来,一直在系统地破坏司法独立。正如 2011 年一位高等法院院长所说的,在她 26 年的职业生涯中,"我从来没有看到司法机构的独立性下降到如此惊人的水平"②。

因此卡塞尔教授进一步指出,怀德克教授和罗伯逊教授提出在执行阶段采取禁反言原则和拒绝个案辩护的观点并不适当。一方面,法院没有义务维护恶意的原告。另一方面,被告无法预见到替代法院的司法独立性会发生如此巨大的变化。因此,卡塞尔教授提出,法院不应拒绝被告针对"无法合理预见替代法院变化"拒绝执行替代法院的判决,其有权推翻之前的承诺。

(三)其他学者的观点

霍华德·埃里克森(Howard M. Erichson)教授则关注到后续证据对厄瓜多尔司法体系充分性的影响。他指出,如果美国法院在一开始就发现厄瓜多尔法院作为替代法院的不充分性,那么后来的问题就可以避免,多年的司法投入和大量的法律费用等都可以基本避免。③ 但其随后指出,这并不足以成为美国法院拒绝适用不方便法院原则的理由。鉴于此,埃里克森教授认为,对外国替代法院的审查应当是低门槛的,事先确定其不充分性不

---

① See CASSEL D. Forum Non Conveniens, Enforcement of Foreign Judgments, and the Chevron Litigation, available at: https://lettersblogatory.com/2012/05/30/cassel-forum-non-conveniens-chevron/, last visited on 6 November 2018.

② See CASSEL D. Forum Non Conveniens, Enforcement of Foreign Judgments, and the Chevron Litigation, available at: https://lettersblogatory.com/2012/05/30/cassel-forum-non-conveniens-chevron/, last visited on 6 November 2018.

③ ERICHSON H M. The Chevron-Ecuador Dispute, Forum Non Conveniens, and the Problem of Ex Ante Inadequacy[J]. Stan. J. Complex Litig, 2013, 1:423.

仅困难重重，而且也影响对多元法律制度的尊重。①

　　哈佛大学的玛吉·加德纳（Maggie Gardner）研究员认为，Chevron 案对不方便法院原则的适用也带来另外一方面的新认识，即，在美国法院以不方便法院原则驳回这种备受瞩目的案件，而该案实际上在外国替代法院审理之后，被告可能会面临有利于原告的慷慨判决。因此，被告会在申请适用不方便法院原则时将更加谨慎。②

　　如 Chevron 案一样出现了"诉诸司法的鸿沟"现象的案件不在少数。例如，在 Shell 案中，在美国法院以不方便法院原则为由驳回诉讼之后，拉丁美洲受害人在其本国法院提起诉讼。但是诉讼期间，尼加拉瓜政府被迫通过了第 364 号特别法。此后，尼加拉瓜法院根据该法律对都乐（Dole）食品公司、壳牌（Shell）公司等被告作出了一项赔偿额为 4.89 亿美元的判决。③壳牌公司向美国加利福尼亚州中央地区法院提起诉讼，请求美国法院拒绝执行该判决。④ 壳牌公司主张，在尼加拉瓜法院的诉讼不符合正当程序的要求。这恰恰与其申请适用不方便法院原则时的主张相反。而且，壳牌公司利用两个阶段的不同标准调和了自己的矛盾。其主张，在确定管辖权阶段对替代法院的审查标准和判决承认与执行阶段的审查标准不同，在不方便法院原则分析中的标准更加宽松，才使其符合了不方便法院原则的适用条件。最终，加利福尼亚地区法院接受了壳牌公司的主张，拒绝执行该判决。因此，外国原告同样面临着"诉诸司法的鸿沟"。

　　然而也存在"诉诸司法的鸿沟"的例外情况。即使在美国，"诉诸司法的鸿沟"现象也并非必然出现。在其他的一些案件中，美国被告利用不方便法院原则逃避美国法院的管辖权，实现逆向挑选法院的目的。但替代法院作出判决的赔偿金额甚至更高，足以让被告产生"挑选法院者的悔恨"（forum

---

　　① ERICHSON H M. The Chevron-Ecuador Dispute, Forum Non Conveniens, and the Problem of Ex Ante Inadequacy[J]. Stan. J. Complex Litig, 2013, 1:426.

　　② GARDNER M. Retiring Forum Non Conveniens[J]. N. Y. U. L. Rev, 2017, 92:449.

　　③ CASEY M R, RISTROPH B. Boomerang Litigation: How Convenient Is Forum Non Conveniens in Transnational Litigation? [J]. Int'l L. & Mgmt. Rev, 2007, 4:34-36.

　　④ Shell Oil Co. v. Franco, No. CV 03-8846 NM (PJWx), 2004 WL 5615656 (C. D. Cal.).

shopper's remorse)①。在湖北葛洲坝三联公司诉罗宾逊直升机公司案中，美国法院就承认和执行了替代法院作出的判决。虽然法院没有明确回应原告提出的禁反言原则，但是美国法院在本案中并未出现"诉诸司法的鸿沟"。这一方面反映了中国法院的审判中符合正当程序的要求，司法体系也符合正当法院的要求；另一方面也表明美国法院适用不方便法院原则的标准比较模糊，缺乏预见性。

总之，"诉诸司法鸿沟"的出现令人沮丧，原告遭受拒绝管辖和拒绝执行的双重危险，被告却从不方便法院原则和判决承认与执行程序中双重获利，甚至可以利用"诉诸司法的鸿沟"实现逆向挑选法院，逃避不利裁判。鉴于此，有必要从不方便法院原则相关案件的前端和后端对"诉诸司法的鸿沟"现象进行规制，实现当事人人权保障。

第三节 促进相关判决的承认与执行的路径

从"诉诸司法的鸿沟"的产生机制可以看出，它主要是因确定管辖权阶段和判决承认与执行阶段对外国法院的管辖权不同的审查标准而产生的。相应地，促进不方便法院原则相关判决的承认与执行，也应从这两个阶段分别入手，并注重相关因素的国际协调。

一、确定管辖权阶段的前端协调

"确保判决的有效执行是增强当事人通过行使诉权获得诉讼保护的信心之关键。"②这就要求受案法院在确定国际民事案件管辖权的阶段，慎重考虑是否适用不方便法院原则。具体来说，在此阶段可以从以下几个方面来促进相关判决的承认与执行。

（一）重视对"判决的可执行性因素"的考察

在确定管辖权阶段的不方便法院原则分析中，可执行性因素是审查外国替代法院适当性的重要依据。包括 Chevron 案在内的出现"诉诸司法的

① WHYTOCK C A, ROBERTSON C B. Forum Non Conveniens and the Enforcement of Foreign Judgments[J]. Colum. L. Rev, 2011:1447.

② 江伟, 邵明, 陈刚. 民事诉权研究[M]. 北京:法律出版社, 2002:339.

鸿沟"的案件,如能够在适用不方便法院原则分析中重视替代法院判决的可执行性因素,将在很大程度上避免执行困境的出现。

1.可执行性因素的重要性

在各国适用不方便法院原则的考虑因素清单中,大都有关于"判决的可执行性因素"的内容①,可见这一考虑因素对不方便法院原则分析的重要性。详言之:

其一,可执行性因素分析是不方便法院原则实现正义目的的具体表现之一。如果在确定管辖权阶段可以预见当事人在替代法院获得的判决无法得到执行,或者有无法执行的重大可能性,那么法院将不会适用不方便法院原则。即使被告提出的替代法院是可用的、充分的,但如果其判决不能在外国得到执行,那么驳回或中止诉讼会阻碍原告有效诉诸司法。② 在此意义上,可执行性因素的分析能够大大避免不方便法院原则错误适用带来的恶果,是不方便法院原则正义性的表现。

其二,可执行性因素分析可以提高不方便法院原则的适用效率。正如学者所指出的那样,"重视不方便法院原则适用中的可执行性因素分析,意味着减少了诉讼资源和时间的浪费。民事判决的效力仅局限于判决法院主权领土之内,领土之外则不具有任何效力"③。如果被告在替代法院没有可供执行的财产,那么原告需在被告财产所在地国请求承认与执行该判决。替代法院的判决无法在财产所在地法院执行时,胜诉原告可能需要重新在财产所在地法院提起诉讼。而在诉讼的前端予以规避能够有效地解决这一问题。

其三,可执行性因素分析能够促进国际民事诉讼中的人权保障。从当事人的角度来看,可执行性因素分析对双方当事人都有利。这是因为可执行性因素分析旨在促进不方便法院原则的正确适用,实现国际民事纠纷的

① 例如:美国的 Gilbert 标准中包含对"判决的可执行性"的关注;加拿大大部分省适用的《法院管辖权和移送程序法案》CJPTA 第 11(2)条法院适用不方便法院原则的考虑因素第(e)项为"终局判决的执行";1999 年海牙公约草案第 22(2)条(d)项为"另一法院作出的判决得到承认与执行的可能性"。

② HANSEN T R, WHYTOCK C A. The Judgment Enforceability Factor in Forum Non Conveniens Analysis[J]. Iowa L. Rev, 2016, 101:930.

③ 宣增益. 国家间判决承认与执行问题研究[M]. 北京:中国政法大学出版社, 2009:2.

解决。而且有效的分析的确能够达到这一目的,双方当事人都可以从高效、公正的司法程序中获得保障。

基于以上考量,对可执行性因素的考察应当作为不方便法院原则的重要组成部分,它可以帮助阻止"诉诸司法的鸿沟"这一结果的出现。① 但可执行性因素常常被忽视。法院虽然将可执行性因素作为一个因素列出,但是在进行私人利益和公共利益的平衡时,并未对此因素进行任何有意义的分析。② 鉴于此,有必要对可执行性因素的具体应用加以规范和明确。

2.可执行性因素的应用分析

Carijano v. Occidental Petroleum Company 案③(以下简称 Carijano 案)是分析不方便法院原则的可执行性因素的重要案例。该案是因美国西方石油公司在秘鲁开采石油造成的环境侵害而提起的损害赔偿之诉。被告西方石油公司向美国加利福尼亚州地区法院申请适用不方便法院原则驳回诉讼,并称秘鲁法院是充分的替代法院。地区法院在对本案所涉及的公共利益和私人利益进行分析后,同意了被告的适用申请。案件上诉至联邦第九巡回法院后,巡回法院以加州地区法院未考虑替代法院判决的可执行性为由撤销了加州地区法院的判决。

在本案中,第九巡回法院指出地区法院未能考虑秘鲁法院判决的可执行性是其判决被撤销的最重要原因,并明确了可执行性因素包含的内容。第九巡回法院指出:(1)加州地区法院没有考虑到秘鲁法院作出的判决能否在当地对西方石油公司强制执行。该法院注意到,西方石油公司撤回了在秘鲁的运营,将导致该公司在秘鲁没有可供执行的足够财产。(2)加州地区法院没有考虑到秘鲁法院作出的判决能否在西方石油公司财产所在的加州法院得到承认与执行。尤其是,西方石油公司专家证人证明秘鲁司法系统存在腐败等现象,可能不符合加州判决承认与执行程序中对外国法院管辖权的审查条件。鉴于此,第九巡回法院最终以加州地区法院完全忽略了判决的可执行性因素为由撤销了该法院的判决。

---

① HANSEN T R, WHYTOCK C A. The Judgment Enforceability Factor in Forum Non Conveniens Analysis[J]. Iowa L. Rev, 2016, 101:932.

② MOSS A R. Bridging the Gap: Addressing the Doctrinal Disparity between Forum Non Conveniens and Judgment Recognition and Enforcement in Transnational Litigation[J]. Geo. L.J, 2017, 106:233.

③ Carijano v. Occidental Petroleum Corp., 643 F. 3d 1216, (9th Cir. 2011).

　　Carijano 案的判决,给不方便法院原则分析中的可执行性因素的适用提供了解决思路。据此,有学者提出当潜在的替代法院的判决是金钱判决时,在不方便法院原则的分析中正确适用可执行性因素的"三步骤方法",即:第一步是根据被告分别在美国和其提出的替代法院所在地是否有资产,将案件划分为四种基本类别之一①。第二步是利用第一步确定的信息,对判决可执行性因素进行三种推定之一②。如果法院认为驳回诉讼是适当的,第三步将考虑附条件驳回诉讼的适当性,所附条件是被告同意履行其提出的替代法院作出的判决。而对于非金钱判决,可能需要更复杂的分析。③

　　3.可执行性因素的具体适用建议

　　鉴于以上分析,为了促进不方便法院原则适用中的人权保障,至少应在不方便法院原则分析中减少可预见的原因导致的"诉诸司法的鸿沟"。具体来说,可从以下几个方面来考虑替代法院的可执行性问题。

　　首先,对于金钱判决,最直观的标准是被告在管辖法院境内是否有足够的财产。因此,将被告的资产作为权衡可执行性因素的重要标准有其合理性。被告主张适用不方便法院原则,就应积极举证证明其在替代法院有相应的财产;如若不能,则应同意履行该法院作出的判决,以此来强化原告实现权益的保障。当被告在替代法院所在地有足够的资产可供执行时,则"回

---

　　①　该学者所指的四种类别是指:"1.被告在美国拥有充足的资产以满足原告所要求的判决标的额,但在被告提出的替代法院所在地没有足够的资产;2.被告在替代法院所在地拥有足够的资产,但美国没有足够资产;3.被告在美国及其提出的替代法院所在地都拥有足够的资产;4.被告在美国及其提出的替代法院所在地均没有足够的资产。"参见 HANSEN T R, WHYTOCK C A. The Judgment Enforceability Factor in Forum Non Conveniens Analysis[J]. Iowa L. Rev, 2016(101):940.

　　②　该学者所指的三种推定分别是指:"推定 1:如果被告在美国拥有足够的资产来履行最终的判决,但在其提出的替代法院所在地没有足够的资产,那么判决可执行性因素就会阻止驳回诉讼。推定 2:如果被告在美国及其提出的替代法院所在地都拥有充足的资产,或者在美国和替代法院所在地都没有足够的资产,则判决可执行性因素是中性的。推定 3:如果被告在替代法院所在地有足够的资产,而在美国却没有足够的资产,那么判决的可执行性因素就有利于驳回诉讼。"参见 HANSEN T R, WHYTOCK C A. The Judgment Enforceability Factor in Forum Non Conveniens Analysis[J]. Iowa L. Rev, 2016(101):941.

　　③　HANSEN T R, WHYTOCK C A. The Judgment Enforceability Factor in Forum Non Conveniens Analysis[J]. Iowa L. Rev, 2016(101):939.

旋镖诉讼"存在的可能性就大大降低了，外国原告不必再前往其他国家申请承认与执行该判决。

其次，还需要考察替代法院是否明显不符合判决承认与执行规则。出于司法主权原则的限制，考察标准仅限于本国的承认与执行规则内。例如，审查替代法院是否存在本国承认与执行外国判决相关规定中强制不予执行的情形。而且，原告选择的法院地更有可能成为潜在的执行地。对于该外国法院的情况是否符合其他国家的承认与执行标准，则不应由受案法院进行考察。对于明显不符合本国法院判决承认与执行条件的替代法院，即不符合可执行性的要求。

再次，做好适用不方便法院原则之后的可执行性变化的风险分配。受案法院适用不方便法院原则驳回诉讼之后，替代法院发生了明显的变化，使其不再符合本法院承认与执行外国法院的条件时，应具体分析该情形。一般来说，应由原、被告平等地负担诉讼后的可执行性变化风险，但是由于一方当事人造成的执行不能（如被告转移财产导致的执行不能），则应由该当事人承担相应的风险和责任。

最后，对于非金钱判决还需根据具体情形判断。其宗旨是围绕原告的诉讼请求与判决的执行条件进行考察。例如，与婚姻效力相关的诉讼，不仅应当考虑替代法院审理案件的公正性，还需要结合本国法律和判例考虑替代法院的相关判决是否与本国的公共秩序相悖，能否得到本国法律的承认。

综上所述，判决的可执行性是决定不方便法院原则适用与否的重要考虑因素之一，对它的考察应以被告可供执行的财产所在地、数额为基础，辅以对替代法院是否明显存在本国法上不予执行的情形进行审查，并具体分析判决作出后的重大变化对替代法院判决的影响。非金钱判决则需视诉讼标的而具体分析。

二、判决承认与执行阶段的后端协调

为了促进不方便法院原则相关判决的承认与执行，不仅需要从确定管辖权阶段完善不方便法院原则的适用，还应在判决承认与执行阶段进行针对性把控。

（一）采取禁反言原则(judicial estoppel)

当事人在诉讼中为了获得有利于自己的判决，可能出现相互矛盾的言行。对此各国立法通常都持否定的态度，并对其加以必要的限制。民事诉讼中的禁反言原则是其中的一种限制手段。[①]

1.不方便法院原则与禁反言原则

禁反言原则是诉讼法上的一个重要原则。它是指"实践中,某些当事人出于利益的考虑,根据攻防的需要,在诉讼中的不同时刻,采用不同的诉讼策略,实施矛盾的诉讼行为,或对事实作出不一致的主张"[②]。如果听之任之,则不免出现双方当事人的利益失衡。对此,可以采取禁反言原则来加以必要的限制。虽然对如何适用禁反言原则还缺少统一的做法,但是该制度的目的是保护法院,防止各方当事人采取不一致立场而获得不公正的优势。[③]

在不方便法院原则相关判决的承认与执行中同样需要适用禁反言原则。被告在确定管辖权阶段,为了说服法院适用不方便法院原则,常常主张替代法院是审理案件的充分、正当法院,并常常表示愿意服从替代法院的管辖权。一旦不方便法院原则得到适用,则被告显然从该主张中获得了利益。

那么"在前一诉讼中,因主张 A 而占据优势,则在此后关于同一事项的诉讼中就必须受 A 的制约"[④]。同理可证,被告在不方便法院原则的分析程序对替代法院的认可和鼓吹,在判决承认与执行程序中就应对其形成制约。法院也应更积极地适用禁反言原则,防止被告在适用不方便法院原则的"前端"和"后端"采取不一致的立场。尤其是,这种不一致立场是对外国法院的整个诉讼程序的否定,是对原告胜诉判决的否定,是对原告诉诸司法权的极大阻碍。

概言之,实行以禁反言原则为基础的解决方案将促进法院更公平地在原、被告之间分配诉讼风险,将诉讼风险由提起诉讼的原告承担转移到主张在其他国家的法院重新提起诉讼的被告身上,并且提高了执行对外国原告

---

① 纪格非.民事诉讼禁反言原则的中国语境与困境[J].华东政法大学学报,2014(05):122.

② 纪格非.民事诉讼禁反言原则的中国语境与困境[J].华东政法大学学报,2014(05):122.

③ BURKE J. When Forum non Conveniens Fails: The Enforcement of Judgments in Foreign Courts Obtained After Forum non Conveniens Dismissal in the United States [J]. Rev. Litig, 2017, 36:280.

④ Astor Chauffeured Limousine Co. v. Runnfeldt Inv. Corp., 910 F.2d 1540, 1547 (7th Cir. 1990).

有利的判决的可能性。^①

　　2.Hubei Gezhouba Sanlian Indus. Co. v. Robinson Heli-copter Co.案

　　在 Hubei Gezhouba Sanlian Indus. Co. v. Robinson Heli-copter Co.案（以下简称葛洲坝三联公司案）中，原告在原受案法院请求承认与执行替代法院作出的判决时，就提出了禁反言原则的抗辩。本案在我国具有重要的意义，它"开创了中美两国司法判决承认与执行方面的先河"^②。

　　该案是因 1994 年在我国境内发生的直升机坠毁事故引起的损害赔偿案件。中国事故受害人家属在美国提起诉讼，美国被告罗宾逊直升机公司主张适用不方便法院原则，并称中国法院能够提供独立审判且遵循正当程序原则。该公司表示，同意接受中国法院的管辖，并自愿服从中国法院作出的任何判决。因此，其申请适用不方便法院原则的动议获得了美国法院的支持，该案被驳回诉讼。2001 年 1 月 14 日，三联公司和平湖公司向中国湖北省高级人民法院提起诉讼。2004 年 12 月 10 日，湖北省高院作出了支持原告的判决。

　　2006 年 3 月 24 日，三联公司和平湖公司在美国加利福尼亚州法院请求承认与执行该判决。2007 年 3 月 22 日，加州法院同意被告的主张，认为原告在中国法院提起诉讼之前，其诉讼时效期间已经届满。案件上诉至美国联邦第九巡回法院。该法院认为，罗宾逊直升机公司在申请适用不方便法院原则时同意放弃诉讼时效抗辩，因此中国法院依法享有管辖权。此后，罗宾逊直升机公司再次向加州地区法院提起不予执行的诉讼。但加州法院经审查，认定该判决可予以承认与执行。罗宾逊直升机公司向联邦第九巡回法院提起上诉，并称中国法院作出的判决不具有可执行性。

　　2011 年 3 月 29 日，第九巡回法院作出确认判决。该法院认为，罗宾逊直升机公司在此前请求适用不方便法院原则时，同意"服从中国法院作出的任何判决"，因此其不履行该判决的行为与此前的承诺"明显不一致"。美国法院如果接受该公司的主张不予执行该判决，会造成此前法院同意该公司

---

　　① MOSS A R. Bridging the Gap：Addressing the Doctrinal Disparity between Forum Non Conveniens and Judgment Recognition and Enforcement in Transnational Litigation[J]. Geo. L.J, 2017，106:242.

　　② 湖北高院一涉外民事判决书效力在美获承认[N]. 人民法院报，2011-07-28（003）.

提出的不方便法院原则动议是"误导性"的,且会对中国原告"强加不公正的损害"。[①] 因此,第九巡回法院确认了该判决的可执行性。

在本案中,中国原告为避免美国原告在判决承认与执行中否定中国法院的管辖权,主动提出被告应当遵守禁反言原则,坚持中国法院管辖权的适当性。第九巡回法院明确指出被告不履行判决的行为与其请求适用不方便法院原则时的主张相悖。本案表明了法院会在考虑公平性的情况下将司法禁反言原则应用于案件。[②]

3.禁反言原则的具体应用

通过以上分析和葛洲坝三联公司案的实践,一方面证明了在不方便法院原则相关判决的承认与执行程序中适用司法禁反言原则的必要性和可行性,另一方面也为禁反言原则的应用提供了具体的经验。

第一,适用主体。在适用不方便法院原则案件的判决承认与执行中采纳禁反言原则,是为了保护当事人的合理信赖利益,维持程序前后的连贯性。根据禁反言原则,禁止对替代法院管辖权作出前后不一致的认定和主张。在不方便法院原则的适用中,符合这一条件的主要是作为败诉债务人的被告人。

第二,禁反言原则的内容。在 *New Hampshire v. Maine* 案中,法院指出,认定禁反言原则是否应当适用的三个因素为:(1)一方当事人的新主张是否与其原来的主张"明显不一致";(2)法院接受一方当事人的新主张是否会形成法院被误导的局面;(3)采取不一致立场的一方是否会因此获得不公正的优势。[③] 当这三个因素都符合时,法院应适用禁反言原则,不予认可被告提出的主张。

在不方便法院原则相关判决承认与执行中适用的禁反言原则同样需要满足这三个条件。同时,它要求,如果被告人在请求适用不方便法院原则时

---

① Hubei Gezhouba Sanlian Indus. Co. v. Robinson Heli-copter Co., 425 Fed. Appx.580 (9th Cir. 2011) .

② BURKE J. When Forum non Conveniens Fails: The Enforcement of Judgments in Foreign Courts Obtained After Forum non Conveniens Dismissal in the United States [J]. Rev. Litig, 2017, 36:274.

③ New Hampshire v. Maine, 532 U.S. 742, 750-51 (2001).

指出外国法院是适当的,那么在执行阶段就应该禁止被告再作出相反的主张。① 换句话说,被告在确定管辖权阶段为了成功适用不方便法院原则驳回原告提起的诉讼,而提出存在充分的替代法院,并肯定替代法院管辖权的合理性,同意接受该法院的管辖并愿意履行该法院作出的判决。在该主张得到支持之后,又以相反的理由否认其所提出的替代法院的管辖权的合理性来阻碍原告的索赔,无疑违反了诚实信用原则。如果被告以完全相反的理由从两个程序中受益,那么原告将丧失司法救济的机会,也意味着原告和各审判法院投入的诉讼成本被浪费。

因此,相关案件中的禁反言原则是禁止被告在针对同一个诉讼标的的前后诉讼中,作出对同一个替代法院管辖权的相反主张。当被告主张替代法院管辖权合法、有效、适当时,其不得在判决的承认与执行程序中提出相反的意见。

第三,禁反言原则的例外。禁反言原则并不绝对适用,在受案法院适用不方便法院原则驳回诉讼的判决作出后,替代法院司法体制出现的实质性恶化将成为禁反言原则适用的例外。DBCP 案和 Lago Agrio 案表明了这一点。在这两个案件中,法院都认为,不能采用禁反言原则来阻止被告否认尼加拉瓜法院司法系统的正当性,因为在美国法院作出不方便法院原则的判决之后,尼加拉瓜出台的"364 号特别法"从根本上改变了该国的法律环境。②

综上所述,在适用不方便法院原则的"回旋镖诉讼"的判决承认与执行中应当采用禁反言原则,禁止被告在这一阶段推翻其关于外国替代法院适当性的主张。但在法院适用不方便法院原则驳回诉讼后,替代法院司法环境发生了实质性恶化的情况下,可以根据具体情况决定是否接受被告的主张。

(二)加速审查制度

怀德克教授和罗伯逊教授提出,如果被告在第一个诉讼中请求以不方

---

①　WHYTOCK C A, ROBERTSON C B. Forum Non Conveniens and the Enforcement of Foreign Judgments[J]. Colum. L. Rev, 2011, 111:1500.

②　BURKE J. When Forum non Conveniens Fails: The Enforcement of Judgments in Foreign Courts Obtained After Forum non Conveniens Dismissal in the United States [J]. Rev. Litig, 2017, 36:271.

便法院原则驳回诉讼之后又在该判决的承认与执行中对替代法院的管辖权提出抗辩,那么法院应迅速审查该抗辩。这种快速审查的方式将有助于避免造成进一步的诉讼延迟,毕竟该案件已经经过本国的不方便法院原则程序和替代法院诉讼程序的漫长过程。^① 加速审查机制的配套制度包含审查时限和审查内容等。

第一,应当规定较短的审查时限。与其他请求承认的外国判决不同,"回旋镖诉讼"中的案件已经在本国法院前一诉讼程序中进行了不方便法院原则的审查。由上文可知,不方便法院原则适用与否的考虑因素比较宽泛,尤其是对替代法院的审查,都为承认与执行程序中的审查打下了基础。因此,在外国判决承认与执行阶段对被告提出的、针对外国替代法院管辖权的审查时限应当相应缩短,并配合案卷调阅制度减少当事人的提供证据的负担。

第二,应当简化审查内容。为了提高诉讼效率,缓和不方便法院原则的适用导致的诉讼延迟现象,在判决承认与执行阶段的审查应是针对性审查,而非全面审查。对于在前一诉讼程序中已经审查并作出定论的部分,应当避免二次审查。只有在被告对其中部分内容提出异议的情形下,才可以针对异议部分单独进行审查。相应地,审查的流程应以具体事项的举证质证为主。

三、制定多边公约的国际协调

海牙国际私法会议一直致力于推动统一国际私法规则的制定。它已经就制定全面的外国判决承认与执行公约进行了两次努力,分别是 1971 年的《关于承认外国民商事判决的公约》和 1992 年开始的《民商事案件管辖权与外国判决的公约》(*Convention on Jurisdiction and Foreign Judgments in Civil and Commercial Matters*)起草工作,但作用非常有限。^② 2016 年 6 月,海牙国际私法会议公布了一项《公约初步草案》,旨在制定统一的承认与

---

① WHYTOCK C A, ROBERTSON C B. Forum Non Conveniens and the Enforcement of Foreign Judgments[J]. Colum. L. Rev, 2011, 111:1509.

② MOSS A R. Bridging the Gap: Addressing the Doctrinal Disparity between Forum Non Conveniens and Judgment Recognition and Enforcement in Transnational Litigation[J]. Geo. L.J, 2017, 106:243.

执行外国判决的标准；2017 年 2 月发布了第二稿，2017 年 11 月又举行了另一次会议商议草案中的条款拟定问题。虽然谈判工作进展缓慢，但是制定统一公约一直在进行中，相信通过各国的努力能够缩小国际民商事管辖权和判决承认与执行中的巨大差异，促进国际民事诉讼中的人权保障。

在《1999 年公约草案》和《2001 年临时文本》中，作为大陆法系和英美法系关于拒绝管辖制度的妥协，同时规定了不方便法院原则和先系属优先原则。① 海牙国际私法会议在早期谈判中的努力表明，作为普通法原则的不方便法院原则与大陆法系的先系属优先原则之间存在合理妥协的可能性。② 而晚近大陆法系国家和地区的司法实践也证明，不方便法院原则被越来越多国家接受。在此基础上，不方便法院原则的适用更应当注重人权的保障，促进其判决的承认与执行，充分发挥该原则在国际民事诉讼中的积极作用。

"诉诸司法的鸿沟"等不方便法院原则相关判决的承认与执行面临的困境，也可以通过加强国际协调来解决。一方面，国际民事管辖权相关的未来公约将规定多种优化国际民事管辖权的制度。不方便法院原则作为其中的重要一种，也将逐步得到国际社会的认可。将不方便法院原则纳入国际公约，有助于不方便法院原则的完善，将从前端减少"诉诸司法的鸿沟"出现的概率。另一方面，判决承认与执行公约也将进一步调和各国在判决的承认与执行制度中的差异。这将为法院在不方便法院原则分析中评估替代法院所作判决的可执行性提供更多的依据。

本章小结

晚近学者开始将对不方便法院原则的研究目光从国际民事诉讼的确定管辖权阶段移至不方便法院原则相关判决的承认与执行阶段上。这一方面打破了固有研究的藩篱，另一方面也顺应了晚近国际社会对人权的关注。

---

① BRAND R A. Challenges to Forum Non Conveniens[J]. N.Y.U. J. Int'l L. & Pol, 2013, 45:1030.

② BRAND R A. Challenges to Forum Non Conveniens[J]. N.Y.U. J. Int'l L. & Pol, 2013, 45:1034.

这是因为,不方便法院原则的适用最终需要接受判决承认与执行的校验,而人权保障的价值目标要求促进不方便法院原则相关判决的承认与执行。然而,不方便法院原则相关判决在承认与执行阶段遭遇的"诉诸司法的鸿沟"等现象,实际阻碍了当事人人权的实现。

"诉诸司法的鸿沟"是不方便法院原则相关判决承认与执行中存在的重大问题。其成因是,在原受案法院适用不方便法院原则驳回或中止诉讼之后,当事人需要在原受案法院申请承认与执行替代法院的判决时,可能面临与不方便法院原则分析不同的审查标准。不方便法院原则在分析中对替代法院的审查标准较为宽松,是事前的、以原告为中心的;而在判决承认与执行阶段,对相同法院的审查标准则相对严格,是事后的、以被告为中心的。当两个标准作用于同一个案件时,就可能出现"诉诸司法的鸿沟"。

"诉诸司法的鸿沟"让复杂的国际民事诉讼程序雪上加霜。在此情形下,当事人在国际民事诉讼中的人权无法得到保障,其对替代法院管辖权充分性的合理预期也无法实现。Chevron 案是当事人遭遇"诉诸司法的鸿沟"的典型代表。在该案中,美国法院接受了美国跨国公司雪佛龙公司关于适用不方便法院原则的请求,并声明厄瓜多尔法院为适当的替代法院。但是原告在厄瓜多尔经过数年的诉讼获得胜诉判决之后,雪佛龙公司先发制人地提起申请执行禁令之诉,导致厄瓜多尔原告无法在美国获得承认与执行。

鉴于此,应当制定相应的规则来保障不方便法院原则相关判决的承认与执行中当事人的权利。通过对"诉诸司法的鸿沟"等现象的分析可知,其作用机制是诉讼的前端和后端共同作用的结果。因此,有必要从两个阶段分别着手。一方面,在确定管辖权阶段的不方便法院原则分析中,应当注重对判决可执行性因素的考虑;另一方面,在判决承认与执行阶段,应采取禁反言原则,并对相关案件实行加速审查,来促进不方便法院原则相关判决的承认与执行,保障当事人的权益。

第五章　我国不方便法院原则中的人权保障

随着现代经济的发展和对外开放的进程,我国的涉外司法实践中出现了适用不方便法院原则的需求。"如果社会大众的利益诉求得不到司法上的有效救济,势必会导致利益表达与诉求的错位、矛盾纠纷游离于法律之外,社会秩序稳定形势日益严峻。而人权司法是社会安全的总阀门,应当回归人权实现的理性原点,从社会管理转向社会治理,变权力导向为权利导向。"①我国立法和司法机关已经开始重视不方便法院原则的适用,并不断出台相关规范以指导实践。鉴于此,本章将对不方便法院原则在我国的发展情况进行梳理,然后重点从人权保障的视角审视我国的不方便法院原则相关制度,并为之提出完善建议。

第一节　我国不方便法院原则的
立法与司法实践

不方便法院原则在我国已经有几十年的发展历程。从最初人民法院在缺乏法律依据指引的情况下模糊适用该原则,到 2015 年《民诉法解释》第532 条正式确立我国的不方便法院原则,该制度在我国获得了较大的发展。

一、法律依据空白时期

不方便法院原则是舶来品,我国的法律制度中并没有相关的规定。然而,在改革开放以后,伴随着我国与国际经济交往的加速,涉外民商事诉讼中逐渐出现了适用不方便法院原则的需求。面对实践的需求与立法的空白,法院在是否适用与如何适用不方便法院原则的问题上产生了一定的

---

① 汪习根. 论人权司法保障制度的完善[J]. 法制与社会发展,2014(01):51.

分歧。

(一)代表性案件

从现有的资料来看,20 世纪 70 年代末发生的赵碧琰确认财产案应该是我国司法实践中出现的有关不方便法院原则的适用的最早案件。在轰动一时的赵碧琰确认遗产案中,赵欣伯遗孀赵碧琰在日巨额遗产招来了大批觊觎者和诈骗分子,给案件的审理带来了较大的困难。该案涉及的财产位于日本,主要诈骗人也在日本。从传讯证人、搜集证据等方面来看,日本法院审理本案最为方便。在我国法院对该案也有管辖权的情况下,我国法院以日本法院进行审理对当事人而言更方便为由,没有强制行使该案的管辖权。①

大仓大雄离婚案是这一阶段我国适用不方便法院规则的典型案例。在本案中,夫妻双方分别为日本人大仓大雄和中国人朱惠华。大仓大雄为了避免分割其在日本的财产,而远赴朱惠华的住所地——中国上海法院起诉离婚。经人民法院审查,"该案中夫妻双方婚后住所、夫妻财产都在日本,如果诉讼在我国进行,既不便利双方当事人的诉讼,又不利于弄清夫妻关系的真实情况,更无法查明大仓大雄在日本的财产,难以保护当事人的合法权益"。因此,我国法院决定不行使司法管辖权,并告知原告向日本法院起诉。② 在本案中,我国法院在没有相关法律依据和指导的情况下,综合考虑案件事实和诉讼程序相关事项,拒绝行使管辖权并告知原告向更适当的外国法院提起诉讼。从其考虑因素可以看出,法院不仅考虑到外国替代法院的适当性,也兼顾我国法院的不适当性,是为了实现个案正义而叠加适用"明显更适当法院"的标准和"明显不适当法院"的标准的做法,突破了已有管辖权规定的范围。

在 1993 年东鹏贸易公司诉东亚银行信用证纠纷案③中,广东省高级人民法院依据最高人民法院的批复,以双方当事人均为我国香港法人,纠纷的产生与内地无关,为方便诉讼起见,裁定驳回了原告的起诉。此后,最高人民法院对住友银行有限公司诉新华房地产有限公司贷款合同纠纷管辖权异

---

① 刘振江. 涉外民事经济法律研究[M]. 广州:中山大学出版社, 1991:425-439.
② 盛勇强. 涉外民事诉讼管辖权冲突的国际协调[J]. 人民司法, 1993(09):31.
③ 广东省高级人民法院(1995)粤法经二监字第 3 号民事裁定书。

议上诉案①作出裁定,再次适用不方便法院原则,认为"内地法院虽然具有管辖权,但可以视具体情况,从方便诉讼的原则考虑,放弃其享有的司法管辖权"②。

2003 年,郭叶律师行诉厦门华洋彩印公司代理合同纠纷案则在此基础上更进了一步。法官不仅在本案中详细阐释了不方便法院原则的内涵,还对案件中涉及的众多因素一一进行分析和比较,以确定本法院与案件的关联程度及审理案件的适当性。厦门市中级人民法院在裁定中列举了适用不方便法院原则通常考虑的因素,包括:(1)原告选择该法院起诉的理由;(2)被告到该法院应诉是否方便;(3)争议行为或交易的发生地位于何处;(4)证据可否取得;(5)适用法律的查明是否方便;(6)可否完成对所有当事人的送达;(7)判决可否执行;(8)语言交流是否方便;(9)本院案件积压情况等等。该法院在裁定书中同时指出,虽然被告有权以"不方便法院"为由抗辩原告的起诉,但是受案法院是否采纳,应当由受案法院根据案件的具体情况,从及时、有效和最大限度地保护当事人合法权益出发自由裁量。③ 虽然本案最终驳回了不方便法院原则的适用请求,但是从该案中可以看出,法院对不方便法院原则已有相当的了解,同时对它的适用考虑更加多元,并确立了不方便法院原则适用中的当事人诉权优先的原则。

(二)法律空白期的案件评析

由这一阶段的主要案例可以看出,虽然没有明确的法律依据,但是人民法院在具体案件中适用不方便法院原则的共性依据是为了实现个案正义,这也是个案中的人权保障的重要体现。从赵碧琰确认财产案中模糊地以"方便性"为由拒绝了我国法院对该案的管辖权,到大仓大雄离婚案、东鹏贸易公司诉东亚银行信用证纠纷案等案件中通过对外国法院和我国法院管辖权的多方比较来放弃行使管辖权,再到郭叶律师行诉厦门华洋彩印公司代理合同纠纷案中系统阐释和综合分析适用不方便法院原则对当事人和法院的影响,都概括体现了我国法院运用不方便法院原则保障当事人人权的价

---

①　最高人民法院(1999)经终字第 194 号民事裁定书。

②　韩立新. 应用不方便法院原则,维护国际海事司法秩序[N]. 中国社会科学报,2011-6-28(10).

③　《中华人民共和国最高人民法院公报》2004 年第 7 期[EB/OL]. http://gongbao.court.gov.cn/Details/9b3bd6ae54ac28e48249b18135571e.html,2018-11-6.

值追求。

二、法律依据发展时期

(一)相关法律依据的出台

经过数十年间的司法实践积累,我国各级人民法院在适用不方便法院原则方面积累了大量经验,同时亟需适用不方便法院原则的统一指引。在此背景下,最高人民法院通过出台一系列的文件推动了我国不方便法院原则的发展。

1.相关法律文件

2004年,最高人民法院民四庭发布的《涉外商事海事审判实务问题解答(一)》对不方便法院原则的适用作出了的回应,在该文件的"管辖"部分回答了如何理解和掌握"不方便法院原则"的问题。民四庭对此答复为"我国民事诉讼法没有规定'不方便法院原则'。在审判实践中,一方当事人就其争议向人民法院提起诉讼时,另一方当事人往往以我国法院为不方便法院为由要求我国法院不行使管辖权。如果人民法院依据我国法律规定对某涉外商事案件具有管辖权,但由于双方当事人均为外国当事人,主要案件事实与我国没有任何联系,人民法院在认定案件事实和适用法律方面存在重大困难且需要到外国执行的,人民法院不必一定行使管辖权,可适用'不方便法院原则'放弃行使司法管辖权"。

2005年11月15日至16日,最高人民法院召开了第二次全国涉外商事海事审判工作会议,会议总结交流了2001年以来涉外商事海事审判工作的经验,研究了审判实践中亟待解决的问题,讨论了进一步规范涉外商事海事审判工作,并形成共识(即《第二次全国涉外商事海事审判工作会议纪要》,简称《会议纪要》)。① 《会议纪要》第11条明确规定了不方便法院原则的适用条件。

随着国际民事交往的加深,国际民事纠纷在数量上迅猛增长,在类型上呈现出多元化的趋势。国际私法学界和民事诉讼法学界为不方便法院原则的入法做了不懈努力,且形成了不少建议案。但《民事诉讼法》的两次修改都未将不方便法院原则纳入其中。

---

① 法律快车网[EB/OL].http://haishang.lawtime.cn/hsdt/2011042211215.html. 2018-11-6.

为了与司法实践中不断涌现的需求相适应,最高人民法院在《最高人民法院关于适用〈中华人民共和国民事诉讼法〉的解释》(以下简称《民诉法解释》)第532条中接受并公布了我国版本的不方便法院原则。[①]《民诉法解释》第532条的规定对进一步确立我国的不方便法院原则分析模式有极大的影响,这是最高人民法院第一次以正式司法解释的形式规范不方便法院原则的适用。

然而,与法律依据空白期的实践发展相比,《会议纪要》第11条和《民诉法解释》第532条明显更加保守和僵硬。我国地域广博,为了保障法制的统一和判决的一致性,相关规定以格式化的适用规则取代了个案中各种因素权衡的灵活性。作为我国历史上第一次在审判机关中统一采纳的不方便法院原则适用标准,其规定明确、严格,通常能够使相关案件得出确定的结果。这一方面给各级法院审理该类案件提供了明确的指引,另一方面也给不方便法院原则的适用带来了很多的限制。

2.法律依据分析

在法律效力上,《涉外商事海事审判实务问题解答(一)》和《会议纪要》只是最高人民法院发布的操作指引,并不具有"法律"的效力。[②] 但是从实际效果上来说,它是我国法院审理类似案件的调研成果,对促进法制统一发挥着作用。《民诉法解释》第532条作为我国有关不方便法院原则的现行有效的法律依据,它对不方便法院原则的适用有直接的影响。同时,该条款的法律效力、内容主要有以下特点。

第一,《民诉法解释》第532条的法律效力问题。根据《最高人民法院发布关于司法解释工作的规定》(法发〔2007〕12号)第五条的规定:最高人民法院发布的司法解释,具有法律效力。但是该"法律效力"有多大,则未加以明确。有学者指出:"最高人民法院只能够就'法院在审判工作中具体应用法律的问题'进行解释;最高人民法院只能够就具体的法律条文进行解释,

---

① 涂广建.再论我国的"不方便法院"原则[J].武大国际法评论,2013(01):119.

② 有学者对《会议纪要》的法律效力进行了分析:一方面,该通知的序言部分表明其应由地方各级人民法院遵守执行,因此它应当是具有法律约束力的;另一方面,该文件本身只是一次重要会议的记录,根据最高人民法院关于法律文件效力的规定,它不属于司法解释,也不应具有法律约束力。因此,该学者将《会议纪要》的法律效力归结为处于"中间地带",主要是具有示范效应,为实践提供权威指导。参见涂广建.再论我国的"不方便法院"原则[J].武大国际法评论,2013(01):114.

并须符合立法的目的、原则和原意。在此前提之下,司法解释应当与其解释的具体法律条文同一效力。"①

相应地,《民诉法解释》第 532 条应与《民事诉讼法》的相应条文具有同一效力。相比之下,《会议纪要》则没有普遍的法律效力。根据《最高人民法院发布关于司法解释工作的规定》第六条的规定:司法解释的形式分为"解释"、"规定"、"批复"和"决定"四种。《会议纪要》并不属于其中任何一种,它是审判机关的经验总结,只具有参考的作用。因此,《民诉法解释》第 532 条的规定是将不方便法院原则的规定由"经验总结"提升为"与《民事诉讼法》条文同样效力"的司法解释,为人民法院适用不方便法院原则提供了正式的法律依据。

第二,《民诉法解释》第 532 条的内容问题。从文本上来说,《民诉法解释》第 532 条所规定的 6 项要件正是《会议纪要》第 11 条规定的 7 项要件中,除"受理案件的我国法院对案件享有管辖权"之外的 6 项,且明确规定这 6 项要件必须同时符合才能适用。从文本上来看,第 532 条规定的 6 项要件形成了 3 组性质的要求:(1)启动不方便法院原则分析的程序要求;(2)证明我国法院是审理争议案件的"明显不适当法院"的要求;(3)证明存在审理争议案件的"明显更适当法院"的要求。

其一,启动不方便法院原则分析的程序要求。

本条第(一)项为程序要求,明确了不方便法院原则的提出主体和适用前提。考虑到原告为提起诉讼的一方,当其对该法院的管辖权不满时,可以通过撤诉的方式否定法院的管辖权。因此,申请管辖权异议的通常只有被告,本项也将申请适用不方便法院原则的主体限定为被告。同时,第(一)项规定了不方便法院原则的适用前提是"被告提出案件应由更方便外国法院管辖的请求,或者提出管辖异议"。

其二,证明我国法院是审理该案件的"明显不适当法院"的要求。

从第(二)项到第(五)项是适用不方便法院原则的具体要求。这 4 项分别从协议管辖、专属管辖、属人管辖、事项管辖的角度,规定了我国法院拒绝管辖的严格标准。尤其是第(四)项和第(五)项,比一般的管辖权依据更加严格,要满足这两项的规定,必须达到所涉争议几乎与我国没有任何联系的程度。

---

① 　王成.最高法院司法解释效力研究[J].中外法学,2016(01):279.

然而这种条件并非我国首创,美国纽约州法院在 De La Bouillerie v. De Vienne 案[①]和 Silver v. Great Am. Ins. Co.案[②]中也要求只要当事人一方是本州居民或企业就不得适用不方便法院原则。

其三,对外国替代法院的要求。

第(六)项则对前几项的规定进行了补充。为了防止我国法院拒绝管辖之后,当事人的诉权无法实现,本项规定了对替代法院的要求。此项规定"外国法院对案件享有管辖权,且审理该案件更加方便",一方面要求存在有管辖权的外国替代法院,另一方面对替代法院的条件作出了概括规定。

三组要求的重要性是不言而喻的,它们共同构成了"明显不适当法院"模式为主、"明显更方便法院"模式为补充的中国模式。首先,我国法院将拒绝管辖权作为例外情形,只有在明显不适合由我国法院审理的情况下才适用不方便法院原则。在列明的 6 项要件中,关于我国法院审理案件的明显不适当性占据了过半的分量。而且按照该规定准予适用不方便法院原则拒绝管辖的案件,通常与我国没有任何联系,我国法院审理该案既不存在当事人参诉、调查取证、适用法律的便利,也不存在更有利于争议的实体正义的情形。其次,必须保证存在"明显更方便法院"。虽然我国的不方便法院原则分析也涉及两个有管辖权法院管辖权的比较,但是这种比较只起到补充作用的,只有在我国法院明显不适当时才需要考虑。

(二)司法实践评析

不方便法院原则适用的统一标准给不方便法院原则适用中的人权保障提供了明确的依据,它突破了法律依据空白期的无序感。经过对中国裁判文书网和浙江法院公开网等网站的检索[③],在《会议纪要》出台之后、《民诉

---

① De La Bouillerie v. De Vienne,300 N.Y. 60,89 N.E2d 15 (1949).

② Silver v. Great Am. Ins. Co.,,528 N.Y.S.2d 898 (1972).

③ 根据《最高人民法院关于人民法院在互联网公布裁判文书的规定》第二条的规定:中国裁判文书网是全国法院公布裁判文书的统一平台。各级人民法院在本院政务网站及司法公开平台设置中国裁判文书网的链接。但是该规定自 2016 年 10 月 1 日起施行,虽然各法院早已开始在中国裁判文书网上传裁判文书,但是 2015 年 2 月 4 日至今的文书无法完全在该网站检索得到。为了保证调查对象的全面性,笔者从涉外案件受案较多的广东省、浙江省、云南省、山东省、上海市、北京市的裁判文书检索系统进行了补充检索,除部分检索系统不可用或不可采用关键字查询外,基本已获得以上几省在这一阶段的全部相关案件。

法解释》施行之前,共有 34 个案件涉及不方便法院原则的适用,其中有 9 件适用了不方便法院原则。从法律依据的参考和援引情况来看,只有 4 个案件明确参考了《会议纪要》第 11 条①,多数案件援引了《民事诉讼法》有关管辖权的相关规定,有些案件甚至并没有明确的法律依据,只概括地说明"根据相关规定"。然而值得关注的是,无论法律依据的具体援引如何,判决书中的说理部分主要是从第 11 条的七个要素展开的。

自 2015 年 2 月 4 日《民诉法解释》施行到 2018 年 2 月 28 日,共有 97 份裁判文书涉及不方便法院原则的适用。相较于没有明确法律依据时的试探和有限性适用,《民诉法解释》施行后,无论是案件的数量还是当事人及法院的适用能力都有了明显的提高。具体来说,这一阶段的相关司法实践呈现出以下特点。

1.案件数量整体呈显著增长态势

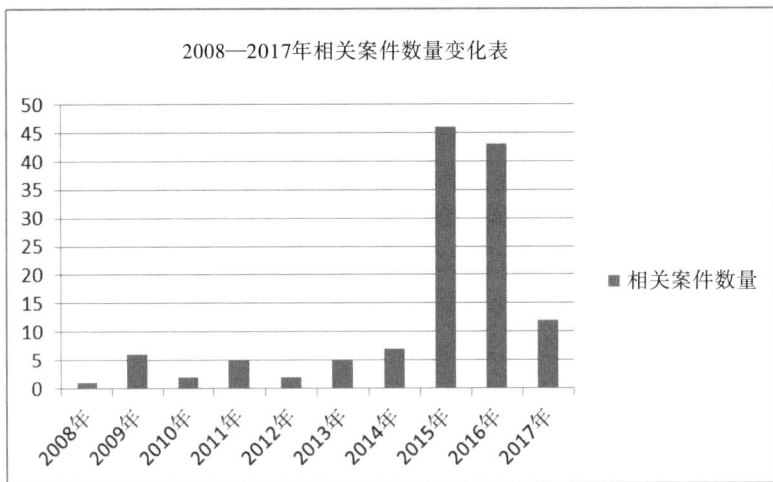

2008—2017年相关案件数量变化表

■ 相关案件数量

图 5-1 我国不方便法院原则相关案件数量变化表

由上图可以看出,《民诉法解释》施行后,与不方便法院原则有关的案件

---

① 这些案件的案号分别是(2008)甬海法商初字第 277 号、(2010)浙辖终字第 135 号、(2010)浙辖终字第 136 号、(2011)民申字第 400 号、(2011)深中法民四终字第 260 号、(2014)民四终字第 27 号。其中,(2010)浙辖终字第 135 号、(2010)浙辖终字第 136 号为系列案件,(2011)民申字第 400 号为这两个案件当事人申诉的案件,因此视为同一个案件。

较之前有显著增多。2015 年相关案件达到 46 件,比 2008 年到 2014 年全部数量(28 件)更多。这是因为《民诉法解释》作为正式的法律渊源,正式在我国法律体系中确立了不方便法院原则制度,大大提振了当事人适用该原则的信心。相应地,人们通过明确的法律依据维护不方便法院原则适用中的人权也更加有章可循。

2.适用的案件争议类型更加多元

相较于法律依据空白期有限适用不方便法院原则的案件来说,这一阶段请求适用不方便法院原则的当事人越来越多,且适用的案件类型也不再局限于海事诉讼和一般合同纠纷,争议类型更加多元化。下表将直观地表明这种集中兼多元现象。

表 5-1　我国不方便法院原则相关案件案由分布表

案由	数量(件)
合同纠纷①	53
离婚纠纷	8
确认仲裁协议效力纠纷	7
返还原物纠纷	5
滥用市场支配地位纠纷	4
合伙协议纠纷	3
扣押船舶损害责任纠纷	2
继承纠纷	2
公司股权纠纷	2
金融衍生品种交易纠纷	1
变更公司登记纠纷	1
企业借贷纠纷	1
劳动争议纠纷	1
财产保全损害责任纠纷	1

---

①　其中,合同纠纷包括买卖合同纠纷、保证合同纠纷、运输合同纠纷、建设工程施工合同纠纷、劳务合同纠纷、农村土地承包合同纠纷、海上货运代理纠纷、服务合同纠纷、商品房预售合同纠纷、股权转让合同纠纷等。

续表

案由	数量（件）
所有权确认纠纷	1
损害公司利益责任纠纷	1
侵权纠纷	1
名誉权纠纷案	1
民间借贷纠纷	1
独立保函欺诈纠纷	1

　　由表 5-1 可以看出，目前我国不方便法院原则相关的案件涉及的争议类型非常广泛，过半数案件集中于合同纠纷，同时案件类型也呈现出多元化的趋势，涉及人身权利和其他财产权利的案件也有适用不方便法院原则的潜在需求。

　　除传统的商事纠纷之外，家事案件、劳动争议纠纷[①]的当事人也尝试申请适用不方便法院原则来寻求管辖权的平衡。前文已经论明，家事案件和劳动争议案件虽然属于民事案件，但是这两类案件所保护的社会利益与普通商事案件有所不同。除了对公正和效率的追求之外，这两类案件中弱势群体的保护都需要得到关注。在考虑因素上，也与一般商事案件有所不同，而应更加注重实质正义和儿童、劳动者利益的考虑。

　　例如，秦某与耿某 1 抚养权纠纷案[②]中，秦某与耿某 1 就非婚生子女耿某 2 的抚养权发生纠纷。秦某为中国内地居民，耿某 1 为中国香港居民，且耿某 1 有原配，与原配育有一子一女。秦某主张本案已在香港法院起诉，应当适用不方便法院原则，驳回耿某 1 的起诉。在本案中，被扶养人耿某 2 的利益应被优先考虑。至少应注意到以下方面：（1）虽然耿某 2 在香港出生，是香港户籍，但其长期在大陆的广东省生活，在当地诉讼对照顾该儿童更便利；（2）耿某 1 在香港有配偶和子女，在大陆诉讼能够更有利于保障儿童的利益。

[①]　除劳动争议纠纷外，还有劳务合同纠纷，在这一阶段共有 5 件劳务合同纠纷案件，主要涉及我国劳动者出国务工的情形。

[②]　广州市中级人民法院（2016）粤 01 民再 131 号民事判决书。

3.部分法院对不方便法院原则的理解仍有错漏

《民诉法解释》第532条的规定非常确定和机械化,它往往能够给不方便法院原则相关的司法实践提供明确和唯一的指引。然而在实际适用中,还是有部分法院的做法明显违背了这一规定。

在当事人为中国公民、法人或其他组织的案件中,部分法院仍然适用不方便法院原则驳回诉讼。例如,在广州宏禹防水工程有限公司诉东莞市长安鑫岷新型纳米材料加工厂建设工程施工合同纠纷案[①]和济宁鑫晨自控工程有限公司与华燕公司建设工程施工合同纠纷案[②]中,在存在中国当事人的情形下法院同意适用不方便法院原则驳回了诉讼。在安徽省肥东县人民法院在黄德兵诉许才道、许才来劳务合同纠纷案[③]中,法院适用了不方便法院原则驳回原告和被告皆为中国公民的案件。在丘某诉廖某继承纠纷案[④]中,广东省佛山市禅城区人民法院同样以不方便法院原则驳回被告均为中国公民的案件。其他基层法院也存在对当事人要求适用不方便法院原则的申请不予回应、将不方便法院原则作为驳回当事人部分诉讼请求的依据的情况。这明显违背了《民诉法解释》第532条第(四)项的规定。

4.考虑因素侧重点由广度到深度的变化

在《民诉法解释》施行之后,司法实践中关于不方便法院原则最有意义的变化就是对不方便法院原则的适用条件的考量由宽度向深度的变化。

在此之前,对不方便法院原则的适用重点在于7项要件必须全部符合才能适用,其中任何一项要件无法达到就不能适用不方便法院原则。但是,对于7项要件并没有过于深入的分析和争辩。这看似形成了稳定的适用形态,实则是掩藏了个别问题的重要性。

虽然这一阶段,法院适用不方便法院原则仍然要求同时满足6项要件,但是当事人和法院都更加注重其中部分因素的个案重要性。尤其是对只有当事人是中国公民、法人或其他组织,而案件其他因素与中国无关时如何适用的问题;协议管辖与不方便法院原则的关系问题等。或许本阶段的适用于上一阶段在裁决结果上并没有区别,但是本阶段的实践让我国司法实践

---

①　东莞市第二人民法院(2017)粤1972民初7901号民事裁定书。

②　江阴市人民法院(2015)澄民辖初字第0024号民事裁定书。

③　肥东县人民法院(2016)皖0122民初310号民事裁定书。

④　佛山市禅城区人民法院(2015)佛城法槎民初字第379号民事裁定书。

中的不方便法院原则适用矛盾更加激化,它进一步凸显了对不方便法院原则的灵活度的要求,也为今后法律的修改提供了更多经验和素材。

第二节　我国不方便法院原则适用中人权保障的困境

我国法院在适用不方便法院原则中对当事人的人权保障给予了一定的关注,包括对不方便法院原则例外性的重视,和对相关判决承认与执行问题的有限考虑。然而,无论是《民诉法解释》第532条本身的规定,还是相关司法实践,都暴露出当前我国适用不方便法院原则中依然存在着人权保障的困境。

一、诉权保障的困境

与英美法系国家适用不方便法院原则侵犯诉权的情形相比,我国《民诉法解释》第532条确立的不方便法院原则及司法实践对当事人诉权的保障相对充分,它在强调不方便法院原则的例外性的同时采用了严格的适用条件。但是,立法和司法实践忽视了不方便法院原则的适用中"驳回诉讼"及对申请主体的限制对当事人诉权的侵害。

(一)我国不方便法院原则适用中诉权保障的现状

我国的相关规定表明,我国在引入不方便法院原则的同时,对之保持谨慎的态度,其适用必须以高度尊重原告的诉权为基础。因此,在我国的不方便法院原则模式下,法律规定的6项要件并非"考虑因素",而是"适用条件"。在张征宇与磐石莲花有限公司合同纠纷案中,法院指出,一国法院的司法管辖权是国家司法主权的重要组成部分,所以对该原则的适用应采用谨慎原则。① 这一点在《民诉法解释》第532条的规定中也能得到证明。该规定设定了严格的适用标准,对于案件中部分因素与我国有所联系的情形,就不得适用不方便法院原则。

这与我国的法律传统有很大的关系。不方便法院原则在英美法系的蓬勃发展与英美法系的诉讼模式有很大的关系。英美法系对抗式诉讼模式赋

---

① 北京市第一中级人民法院(2016)京01民辖终524号民事裁定书。

予法官较大的自由裁判权,同时强调当事人的平等对抗。而我国法制传统中的纠问式诉讼制度更加强调法院的职权探知,要求法院对享有管辖权的案件依法裁判。对我国来说,拒绝管辖权是例外性的,不方便法院原则的适用也只在我国法院审理案件极为不适当的情形下例外适用。坚持不方便法院原则的例外性符合我国的法制传统,也有助于保障我国法院在国际民事诉讼中的解决纠纷功能。

最高人民法院对相关案件的态度也在一定程度上印证了不方便法院原则在我国适用的例外性。从 2008 年至今,最高人民法院共审理了 10 件与不方便法院原则相关的案件①。在这些案件中,最高人民法院的做法分别是:(1)只要有中国当事人就不得适用不方便法院原则。最高人民法院在重庆威特嘉实业有限公司与张庆信、香港新威国际投资有限公司合同纠纷案②、姬秦安与磐石乃鑫甲有限公司债券权利确认纠纷案③中,都以部分当事人为中国公民、企业为由不予适用不方便法院原则。(2)对当事人提出的不方便法院原则的适用申请与案件管辖权的确认关系不大时,未予回应这一问题。在株式会社海眼综合建筑师事务所与金诚国际集团有限公司、江阴金晟大酒店有限公司担保追偿权纠纷案中,最高院并未对申请再审人提出的不方便法院原则抗辩,而是直接否定了原审法院确定管辖权的法律依据并进行了更正。(3)严格依据 6 项要件决定适用不方便法院原则。在1992 年国际油污赔偿基金与三星重工业株式会社、三星物产株式会社船舶污染损害追偿管辖权纠纷一案④中,我国最高司法机关首次适用了不方便法院原则。⑤ 在全部 10 份裁判文书中,只有 1 份裁判文书最终适用不方便法院原则驳回了诉讼。

(二)驳回起诉对当事人诉权的侵犯

从相关法律依据来看,《会议纪要》第 11 条规定,在符合该条规定的适

---

①　这些案件的案号分别是(2011)民申字第 400 号;(2011)民申字第 1012 号;(2012)民提字第 182 号;(2014)民四终字第 27 号;(2014)民四终字第 29 号;(2015)民四终字第 8 号;(2015)民四终字第 9 号;(2016)最高法民辖终 202 号;(2016)最高法民辖监 2 号;(2016)最高法民辖终 169 号。

②　最高人民法院(2016)最高法民辖终 169 号民事裁定书。

③　最高人民法院(2016)最高法民辖终 202 号民事裁定书。

④　最高人民法院(2011)民申字第 400 号民事裁定书。

⑤　宋建立. 不便管辖原则本土化问题[N]. 人民法院报,2012-9-26(007).

用条件时,可以驳回起诉。《民诉法解释》第 532 条在此基础上增加了"告知其向更方便的外国法院提起诉讼",它要求法院在驳回起诉的同时行使释明权,告知当事人如何继续行使诉权。该规定看似完善了驳回起诉的机制,实则仍然回避了驳回起诉存在的根本性问题。如前文所述,"驳回起诉"的后果是案件的终结,是对原告起诉权的否定评价。这与不方便法院原则适用的条件相悖。

　　详言之,"我国受理案件的法院对案件有管辖权"是我国法院适用不方便法院原则的条件之一。《会议纪要》第 11 条的 7 项要件中明确规定了"受理案件的我国法院对案件享有管辖权"。《民诉法解释》第 532 条所规定的 6 项要件正是《会议纪要》第 11 条规定的 7 项要件中,除"受理案件的我国法院对案件享有管辖权"之外的几项。但是,这并不排除我国适用不方便法院原则对管辖权的要求。

　　在天卓国际发展有限公司与盈发创建有限公司企业借贷纠纷案①及张征宇与磐石莲花有限公司合同纠纷案②中,法院指出,该原则的适用应当符合两个前提:一为我国法院对案件本身享有管辖权;二是本条规定的条件必须同时符合。在同时符合两个前提的情况下才可以依据不方便法院原则拒绝行使管辖权。这一表达至少明确了两个方面的内容:一是从文本上来说,《民诉法解释》第 532 条的 6 项要件虽然比《会议纪要》规定的 7 项要件少了"有管辖权"这一规定,但是在实践中适用不方便法院原则仍然要求以我国法院享有对案件的管辖权为前提。二是从分析方法上来说,我国法院享有管辖权与其他 6 项要件是同等重要的关系。我国法院更倾向于采用一步骤说,将所有考虑因素同时进行考察。同时,结合所有裁判文书的行文来说,管辖权在 7 项要件中往往是最先予以考虑的。这一方面是因为当事人在管辖权异议案件中首先提出质疑的就是法院是否享有管辖权。另一方面,确定管辖权之后可以更好地分析其他要件。

　　因此,采取驳回起诉的方式适用不方便法院原则,与法院对案件有管辖权、当事人合法行使诉权的前提不符。"驳回起诉所要解决的是第一审程序

---

　　①　本案一审案号为(2015)津一中民五初字第 0112 号;二审案号为(2016)津民终 45 号。

　　②　本案一审案号为(2015)昌民(商)初字第 09248 号;二审案号为(2016)京 01 民辖终 524 号。

中具有程序意义上的诉权问题,它针对的是不符合法律规定的起诉条件的起诉。"①不方便法院原则则是在我国法院审理该案明显不适当且存在明显更方便的法院时予以适用,它并不存在不符合起诉条件的问题。

此外,如果仅从该诉讼程序本身来说,驳回诉讼能够结束诉讼程序,似乎更加符合诉讼效率的要求。但是,不方便法院原则的适用特殊性在于,法院必须为当事人返回该法院恢复诉讼留下空间。"告知当事人向更方便的外国法院提起诉讼"不代表本国诉讼程序的完结,也无法确保当事人能够在"更方便的外国法院"进行诉讼。因此,驳回起诉的结果会造成诉讼资源的浪费。驳回起诉之后,当事人如果不能在替代法院进行诉讼,而再次在我国法院起诉时,诉讼程序需要重新开始。甚至于在国内有几个有管辖权的法院时,当事人可能在其他法院提起诉讼,该法院并未处理这一案件,需要重新了解案情。无论对法院还是对当事人而言,都会增加时间和精力成本的投入。

总而言之,我国的不方便法院原则适用中采取的驳回起诉方式并不符合我国不方便法院原则适用中的诉权状况,是对当事人诉权的直接侵害。

(三)对申请主体的限制导致部分原告的诉权无法保障

我国《民诉法解释》第532条第(一)项规定了提出不方便法院原则申请的主体为被告。一般来说,在实践中提起不方便法院原则抗辩的的确为诉讼的被告,但是在法律条文中将申请主体限于被告,将导致特殊情形下原告的诉权无法保障。

二、公正审判权保障的困境

与英美法系国家适用不方便法院原则的标准中存在的考虑因素的宽泛性、模糊性不同,我国《民诉法解释》第532条确立的"六要件"适用标准相对明确和具体。该规定给当事人和法院提供了明确的指引。但仔细研究发现,我国《民诉法解释》第532条的规定和相关司法实践并非以实现正义为根本目的,实质上不利于相关案件中当事人获得公正的审判。

(一)对双方当事人平等权保障的不足

在英美法系所涉及的不方便法院原则中平等权的保障主要体现在跨国

---

① 郑伟华. 从驳回起诉和驳回诉讼请求的法律内涵看两者在具体适用中的差异[J]. 法律适用,1999(02):39.

公司作为被告时对当事人之间平等权的保障。虽然我国相关案件中也有跨国公司作为被告的案件,但这一问题在我国的司法实践中还不突出。在我国不方便法院原则的适用中,也存在法院将目光过度关注于我国当事人的利益,而忽略案件公正性的现象。

从我国的《民诉法解释》第 532 条的规定来看,只要案件涉及中国公民、法人和其他组织的利益,就不得适用不方便法院原则。在实践中,法院在审理中的重点在于确保我国(内地或祖国大陆)当事人利益的维护,而不在于诉讼程序的便利性等问题。① 甚至于,人民法院在部分案件中拒绝适用不方便法院原则的理由已经溢出了正义的边界,而仅仅关注我国当事人的利益保障。

例如,在富邦银行案中,一审法院以对被告在深圳的财产(其在大陆公司投资的股份)采取了保全措施,案件审结后如需处理保全财产则会涉及我国内地公民或其他组织的利益为由,认为本案涉及我国内地法人或其他组织的利益而拒绝适用不方便法院原则。这无疑扩大了不予适用不方便法院原则的范围。按照该规定及实践,只要是我国公民、法人或其他组织提起的国际民事诉讼,甚至是诉讼结果涉及在中国的财产、人员的,都不得适用不方便法院原则。具体来说,其对当事人平等权的违背体现在以下两点上。

其一,这种以国籍或惯常居所作为利益分析基础的做法,并不符合人权法的要求。② 它涉嫌对本国当事人进行特殊的司法保护,而不对其他国家的国民或居民同等对待。

其二,这种做法与不方便法院原则的一般适用规则不符。我国的相关规定和做法构成了对其他国家当事人的歧视待遇。而且,《1999 年公约草案》和《2001 年临时文本》都在第 22 条第 3 款明确规定,法院在决定是否适用不方便法院原则中止诉讼时,不得因双方当事人的国籍或惯常居所地而对其有任何歧视。

鉴于上述,我国《民诉法解释》第 532 条的规定不利于保障当事人的平等权,且可能被视为对外国当事人的不公正对待。

---

① 黄志慧. 人民法院适用不方便法院原则现状反思——从"六条件说""两阶段说"[J]. 法商研究,2017(06):159.

② 黄志慧. 人民法院适用不方便法院原则现状反思——从"六条件说""两阶段说"[J]. 法商研究,2017(06):157.

（二）对替代法院正当性分析的缺失

这一方面体现在我国法院适用不方便法院原则的过程中缺少对外国替代法院正当性的考察。另一方面则体现在我国不方便法院原则的适用条件无法保障管辖法院的适当性。《民诉法解释》第 532 条只在第（六）项规定了不方便法院原则适用中的替代法院问题。从这一规定来看，我国当前的不方便法院原则分析无法引导法院和当事人寻找正当的替代法院。详言之：

第一，以"方便性"而非"公正性"为核心标准。

在我国的现有规定和司法实践中，主要还是从"方便性"的角度来决定是否适用不方便法院原则。《民诉法解释》第 532 条的首要考虑因素是协议管辖和专属管辖的问题。除此之外，法院考虑的更多的是"方便性"问题，既包括我国法院审理案件的方便性，也包括有管辖权的替代法院审理案件的方便性。第（六）项的规定其实"偏离了不方便法院原则的核心和实质"[①]。

对方便性的考虑主要体现在：当事人参加诉讼的方便性（当事人住所、经常居所地或主要营业地）、调查取证的方便性（证据的位置、证人的经常居所地、书面证据所使用的语言、已经开展的行政性取证经历等）、争议标的物所在地、查明和适用法律的难易程度等。方便性是程序正义的一部分，它强调对诉讼效率的追求。但在不方便法院原则的分析中，方便性只是其中最基本的因素，法院受到其字面上的语义限制，而没有对追求正义的核心的关照。

我国的替代法院标准显然忽略了不方便法院原则的根本目的。正如学者指出的那样，"如果按照不方便法院原则的早期声明，该理论的目的是为了防止原告'强令诉讼在对手最不利的地方进行，即使对自己也有些不便'、'威胁、骚扰、压迫被告人'。后来的声明则认为，该理论的目的是为了'确保诉讼便利'；也有人认为'尽管频繁提及便利，但该原则更多的是为了避免不当负担'，或者作为'给予法官酌情在个别案件中微调和平衡管辖权的手段'。但这些目的都服从于一个更根本的诉诸司法的目标，对其最好的理解是为了促进'正义的目的'的实现"[②]。

---

① 彭奕. 不方便法院原则在我国的发展历程与立法完善——兼评 2015 年《民事诉讼法司法解释》第 532 条[J]. 南京大学法律评论，2016(02)：255.

② WHYTOCK C A, ROBERTSON C B. Forum Non Conveniens and the Enforcement of Foreign Judgments[J]. Colum. L. Rev，2011，111：1454-1455.

第二,单一因素决定性的弊病。

如果仅从《会议纪要》第 11 条和《民诉法解释》第 532 条的规定来看,我国法院在不方便法院原则适用与否的问题上,至少应该考虑以下条件:(1)协议管辖;(2)专属管辖;(3)准据法;(4)取证难易程度;(5)主要事实发生地;(6)利益相关性。这些适用条件基本上涵盖了各国适用不方便法院原则的考虑因素。但是一个显著的问题就是,对替代法院的充分性和诉讼程序的正当性缺少关注。现有标准对替代法院的诉讼延迟情况、司法公正性和独立性未予关注。

在我国法院最初的司法实践中,并未要求同时满足众多因素方可适用,而是由法官在具体案件中衡量个案的情况来决定是否适用。所以有些案件当事人为我国公民时,法院仍然拒绝了管辖权,并告知当事人向更适当的外国法院起诉。只是在将实践积累上升为统一规则的过程中,出于统一适用、避免各法院出现矛盾判决的情况,更为了保障法制的稳定性和可预见性,《会议纪要》第 11 条和《民诉法解释》第 532 条规定了严格的适用条件,且要求必须"同时满足"6 项要件。这一规定赋予了每个要件的单独否定性,形成了类似"一票否决制"的结构。这其中,存在选择我国法院的管辖协议和专属管辖在传统上一直是各国行使管辖权的依据。但与我国的联系、准据法和认定事实的困难则是相对灵活的规定,将它们作为具有单独否定权的要件,隐含着不公正的可能性。尤其是,当案件涉及中国公民、法人或其他组织时,不方便法院原则就不得适用。在此条件下,很难确定审理案件的法院适当与否。

通过对我国适用不方便法院原则的全部案件的分析可以发现,我国法院基本上不会在不方便法院原则分析中提到外国法院的正当性问题。

(三)我国的适用规则不符合不方便法院原则的目的

不方便法院原则的根本目的在于实现正义的目的,这一目的有若干具体的表现形式。当前我国的不方便法院原则对本国利益的过度保护、过度强调本国法院对案件的管辖则有司法沙文主义的嫌疑,它不利于实现不方便法院原则保障人权的目的。总体来说,我国的适用规则不仅存在对正义目的的偏离,而且也无法达到不方便法院原则的具体目的。详言之:

首先,它难以协调平行诉讼及缓解国际民事诉讼管辖权的积极冲突。

不方便法院原则的重要目的之一是协调国际民事诉讼中的管辖权积极冲突。从比较法的角度来看,各个国家和地区分别确立了相应的协调机制。

以欧盟为代表的大陆法系国家采用了"先系属优先原则（principle of lis alibi pendens）"、以英国和美国为代表的普通法系国家创设了"不方便法院原则（forum non convenience）"和"禁诉令（anti-suit injunctions）"来规避管辖权的积极冲突。此外，各国还会适用礼让原则、既判力制度、协议管辖等方式来协调管辖权的积极冲突。其中，不方便法院原则的适用效果比较突出。

《民诉法解释》第 532 条规定的 6 项要件使不方便法院原则在我国的适用非常困难。对相关裁判文书的数据分析显示，在实践中适用不方便法院原则拒绝管辖的案件数量较少，占比只有 10% 左右。[①] 而且法院对"不方便法院原则"的适用非常被动。而从法院的裁决理由来说，其对不方便法院原则的理解比较模式化。就我国法官定位而言，他们很难在个案中考虑法律、司法解释等规定之外的因素，并将之作为定案理由。尤其是，当法院发现有中国当事人时，就会径行拒绝不方便法院原则的适用，而不考虑案件管辖权的适当性。因此，我国的不方便法院原则对于国际民事诉讼管辖权积极冲突的协调作用很弱。

其次，它不能达到抑制我国过度管辖的目的。

我国涉外管辖权规范中存在一定的过度管辖问题。如我国《民事诉讼法》第 265 条规定的"可供扣押财产所在地法院"的管辖权与德国法上存在的过度管辖问题相似。过度管辖在为我国当事人提供司法保护的同时，也为我国带来了很多不必要的案件。尤其是随着我国大国地位的崛起，外国当事人选择我国法院进行诉讼的也更多。在这种背景下，"要凸显本国的制度优势应该更加凸显对当事人权利保护的便利，并注重司法的专业化"[②]。

但是，目前的 6 项要件无法平衡我国在国际民事诉讼领域的过度管辖问题。在我国法院的司法实践中，法院因对被告的财产进行扣押而取得管辖权之后如何适用不方便法院原则？前文中的富邦银行案是因法院扣押被告在我国大陆地区的财产而取得案件的管辖权的，且不存在协议选择我国法院管辖的情形，也不属于我国法院专属管辖的案件类型。在富邦银行案

---

① 在全部 128 件涉及不方便法院原则适用分析的案件中，只有 13 件最终适用了不方便法院原则。

② 何其生. 大国司法理念与中国国际民事诉讼制度的发展[J]. 中国社会科学，2017(05):130.

中,法院认为大陆法院查明和适用我国香港特别行政区法律不存在重大困难,但法院对是否存在重大困难的认定相当模糊,并没有明确的标准和依据。那么,今后适用任何其他国家的法律应当如何认定其适用的难易程度?

最后,我国的适用规则也存在法官滥用司法裁量权的空间。

第(四)项和第(五)项的条件较为模糊,给了法官一定的司法裁量权。在司法实践中,当事人为了积极促成不方便法院原则的适用,其提出的主张更加细致。例如,在安兴纸业案中上诉人针对第(4)项的要求提出,"案件不涉及中华人民共和国国家、公民、法人或者其他组织的利益"是指"案件本身事实、审理结果"不涉及中国相关利益。国泰世华商业银行股份有限公司与高超保证合同纠纷案①中,当事人则认为第(4)项的规定应做限缩性解释,不应包括案件的原告和被告。对于这些主张,法院均未作出明确的答复,而是径行依据其他理由拒绝是否适用不方便法院原则。

三、相关判决承认与执行中的潜在困境

作为适用不方便法院原则的相关案件的"后端",相关判决的承认与执行承载了校验"前端"人权保障成果的使命。我国法院目前还没有适用不方便法院原则驳回起诉的案件在外国获得判决并请求我国法院承认与执行的案例。相较于后端把控来说,我国目前的司法实践中只有前端把控的经验,即在不方便法院原则的分析中,考虑判决的可执行性问题,但是考虑的程度相对欠缺。

(一)我国不方便法院原则分析对判决可执行性考虑不足

不方便法院原则分析中的可执行性因素既包括在我国法院管辖之后,我国判决在外国的承认与执行问题,也包括我国法院适用不方便法院原则驳回诉讼后,外国法院的判决在我国承认与执行的问题。《会议纪要》第11条和《民诉法解释》第532条都没有规定可执行性作为考虑因素。尽管司法实践中有部分法院考虑了这一因素,例如,最高人民法院在北京市地石律师事务所、世纪创投有限公司与华懋金融服务有限公司委托合同纠纷案(以下简称"地石律师事务所案")中明确了在不方便法院原则分析中对可执行性因素的考虑,为不方便法院原则的救济提供了更多的保障。但是普遍的做法并未对此予以足够的重视。

---

① 上海市高级人民法院(2016)沪民辖终 99 号民事裁定书。

1.地石律师事务所案①

本案是华懋金融服务有限公司(以下简称华懋公司)与北京市地石律师事务所(以下简称地石律师事务所)、世纪创投有限公司(以下简称创投公司)之间的委托合同纠纷案。

华懋公司上诉称原审法院对华懋公司主张适用"不方便法院原则"的请求未予审查和认定,构成程序不当。最高人民法院认为,因讼争《委托索偿债权协议》的委托事项为索偿清收在内地的权益,合同履行地和争议事实发生地均位于内地,华懋公司可供扣押的财产亦位于内地,而内地与我国香港特别行政区对当事人约定非排他性协议管辖的民商事案件尚未建立解决管辖权冲突和相互认可与执行法院裁决的司法互助关系,因此无论从案件审理还是判决执行便利的角度考虑,内地法院行使管辖权均更加有利于实现及时审理案件、保障当事人合法权益的民事诉讼目的。

在本案中,最高人民法院首次强调了不方便法院原则适用中对判决可执行性的考虑。这是超出《会议纪要》第 11 条和《民诉法解释》第 532 条规定的 7 项因素之外的重要因素。除此之外,则很少有法院在不方便法院原则分析中考虑这一因素。

2.对可执行性考虑不足的具体体现

从我国法院适用不方便法院原则的司法实践来看,其中对判决可执行性的考虑主要有以下几个方面的不足之处。

第一,对我国法院作出的判决在外国的承认与执行考虑不足。我国法院不予适用不方便法院原则,则案件将继续在我国法院进行审理。但该分析中对判决将在无条约和互惠关系的外国法院进行时的可执行性考虑不足。以我国和美国相互执行情况为例,前文提到的湖北葛洲坝三联公司诉罗宾逊直升机公司案②是美国承认与执行我国法院作出的判决的第一个案件。在此之前,美国法院并未承认与执行我国的判决,我国法院在不方便法院原则分析中也未考虑我国法院继续诉讼的判决承认与执行问题。

第二,对外国法院作出的判决在我国的承认与执行考虑不足。如前文

---

① 本案一审案号为(2013)高民初字第 1476 号;二审案号为(2014)民四终字第 29 号。

② Hubei Gezhouba Sanlian Indus., Co. v. Robinson Helicopter Co., 425 Fed. Appx. 580.

所述,我国的"6 要件"适用规则只要符合其中之一即可拒绝适用不方便法院原则。其中最常见的就是案件涉及我国公民、法人或其他组织的利益就不得适用不方便法院原则。而且,我国法院对外国判决的承认与执行条件较为严苛,外国法院作出的判决在我国法院申请承认与执行较为困难。在不方便法院原则分析中不对此予以考虑加重了该判决无法得到我国法院承认与执行的风险。

（二）我国判决承认与执行审查标准非常严格

与前端的考虑不足相比,后端的严格把控对不方便法院原则相关判决的承认与执行也有很大的影响。在我国人民法院适用不方便法院原则的案件中,还没有返回我国申请承认与执行替代法院判决的情形。但从我国当前不方便法院原则分析中的可执行性考虑情况来看,替代法院的判决在我国的执行还是面临较大困难的。这主要是因为,前端的可执行性审查不足以及后端的审查标准比较严格,将导致我国不方便法院原则的适用存在出现"诉诸司法的鸿沟"的可能性。

《民事诉讼法》第 281 条规定了外国判决申请承认与执行的主体限于:(1)当事人;(2)外国法院。其中,外国法院作为申请主体,必须"依照该国与中华人民共和国缔结或者参加的国际条约的规定,或者按照互惠原则"。第 282 条则对我国法院承认与执行外国判决的条件作出了规定:(1)与我国有条约关系或符合互惠原则;(2)不违反我国法律的基本原则或者国家主权、安全、社会公共利益。在司法实践中,1995 年最高人民法院在对日本公民五味晃基于与日本日中物产有限公司借贷纠纷案的复函中表明,我国与日本国之间没有缔结或者参加相互承认和执行法院判决、裁定的国际条约,亦未建立相应的互惠关系。根据《中华人民共和国民事诉讼法》第 268 条的规定,我国人民法院对该日本国法院裁判应不予承认和执行。[①]

这两项要求给外国判决在我国的承认与执行设置了较高的门槛。这是因为,第一,与我国有相互承认与执行条约关系的国家较少。我国虽然已经与 38 个国家签署了民商事司法协助条约,但其中只有 34 个条约包含了相互承认与执行判决的内容。[②] 第二,我国要求的实质性互惠标准较高。以

---

① ［1995］民他字第 17 号司法解释。

② 陈丽平.外国惩罚性赔偿判决承认与执行问题研究[D].武汉:中南财经政法大学,2017:140.

至于有学者直言"互惠原则的适用对外国裁判的承认和执行是不合理也不可行的"①。

在此背景下,我国的司法实践中大多数情形下都拒绝承认与执行外国判决。② 因此,在不方便法院原则相关判决的承认与执行中,我国法院严格的审查条件也将对当事人的权利实现有所影响。

第三节　我国不方便法院原则
相关制度的完善建议

不方便法院原则相关制度对推动我国国际民事管辖权法治中的人权保障有重要的意义。就目前我国的不方便法院原则相关立法和司法实践来看,既有尊重和保障人权的一面,又存在人权保障不足的一面。对此,可以从诉权、公正审判权及判决的承认与执行这三个方面为我国不方便法院原则相关制度的完善提出建议,以促进我国不方便法院原则的发展。

一、当事人诉权的保障

驳回诉讼的方式既不符合当事人诉权保障的要求,也不符合不方便法院原则的适用情形。当前我国适用不方便法院原则所采取的"驳回起诉"方式并不适当。

(一)以"中止诉讼"代替"驳回起诉"

我国法院适用不方便法院原则应当采取"中止诉讼"而非"驳回起诉"的方式。这是因为:

第一,从理论上看,中止诉讼更加适当。驳回诉讼是针对不符合起诉条件的原告。③ 而"中止诉讼"则是指"诉讼进行过程中,由于某种法定情形的出现而使诉讼活动难以继续进行,受诉法院裁定暂时停止本案的诉讼程序

---

① 李浩培. 国际民事程序法概论[M]. 北京:法律出版社,1996:140.

② 何其生,张霞光. 承认与执行外国法院判决的博弈分析[J]. 武大国际私法评论,2017(01):40.

③ 杨善明. 驳回起诉与驳回诉讼请求的区别[J]. 政治与法律,1986(02):65.

的制度"[①]。而且,诉讼中止的事由无论是程序性的还是实体性的,都是一种可消除的暂时状态。[②]

不方便法院原则的适用并不否定当事人起诉的合法性。虽然使原受案法院的诉讼处于停滞状态,但是当事人在该法院的起诉权仍然有效。该诉讼在诉讼系属存续期间因特殊情形而暂时停止,更符合中止诉讼的情形。

第二,从实践上看,中止诉讼更有利于当事人的权益保障。海牙国际私法会议常设局曾明确指出,不方便法院原则的实质是,如果缔约国法院认为另一缔约国的法院比本法院审理待审案件更好,那么在公约规定的情况下,将中止该诉讼,直至另一法院宣布其对该案件有管辖权。如果第二个法院拒绝行使管辖权,那么第一个法院就不得不审理这一案件。[③] 而在此情形下,中止诉讼能够使诉讼快速恢复,对纠纷的解决更为有利。恢复诉讼时,案件卷宗无须调取、相关证据不必重复提供,审判人员也无须重新接触和了解案情。显然,恢复诉讼程序比重新起诉要方便、快捷,不仅减少了法院的负担,也给双方当事人节省了诉讼成本。

鉴于上述,"中止诉讼"比"驳回起诉"更符合不方便法院原则的适用情形,也更有利于当事人的权利保障。因此,我国法院在适用不方便法院原则时,宜采取中止诉讼而非驳回起诉的方式。

(二)中止诉讼的模式选择

从比较法的视角来看,采取中止诉讼模式的国家在具体做法上有所差异。一是如苏格兰和英格兰、加拿大、澳大利亚法院在适用不方便法院原则时大都采用的径行中止诉讼模式。二是如《1999年公约草案》第22(5)条在适用不方便法院原则中止诉讼后,视案件的具体情形决定拒绝行使管辖权或继续受理该案的模式。三是如《布鲁塞尔条例Ⅱa》第15条规定的,由受案法院中止诉讼并告知当事人向适当法院提起诉讼。但是当该决定是由受案法院主动提出或由另一成员国法院申请移送时,必须取得至少一方当事人的同意。四是如我国台湾地区采取的中止诉讼,在外国判决在本地法院获得承认后,视为本院诉讼已撤诉的模式。

---

① 江伟,肖建国主编. 民事诉讼法:第7版[M]. 北京:中国人民大学出版社,2015:292.

② 杨光. 关于诉讼中止的思考[J]. 中国律师,2014(02):70.

③ Cf. Permanent Bureau, 1996 Prel. Doc. No. 3, p. 2.

从当事人的人权保障角度来看,《1999 年公约草案》和《布鲁塞尔条例Ⅱa》第 15 条的中止诉讼模式更符合当事人的人权要求。这体现在:(1)在作出中止诉讼的决定前取得至少一方当事人的同意。(2)中止诉讼后,如有当事人无法在替代法院行使诉权的情形,则继续对案件进行审理。

目前,我国法院适用不方便法院原则仍然采取的是符合条件则径行驳回诉讼的方式。今后如果采取中止诉讼的方式,也可参考《布鲁塞尔条例Ⅱa》第 15 条和《1999 年公约草案》的规定,对获得当事人同意和事后的继续审理问题作出规定。

(三)中止诉讼的具体操作

虽然中止诉讼比驳回诉讼更符合适用不方便法院原则的案件中的人权保障,但是其诉讼系属存续期间的效率问题也需引起注意。这是因为,中止诉讼是一种可消除的暂时状态,[①]原受诉法院的诉讼存续体现为案件卷宗、审判人员和诉讼程序的存续状态。为了提高诉讼效率和减少诉讼成本,中止诉讼的状态应根据替代法院的诉讼进程而适当调整。

其一,我国法院适用不方便法院原则中止诉讼后,在诉讼符合以下情形时应当及时终结诉讼:(1)该诉讼在外国法院获得审判、执行的,本法院应终结诉讼;(2)因当事人怠于行使诉权等主观原因导致在外国的诉讼期间经过或导致未能在替代法院获得审判的,本法院应终结诉讼;(3)因当事人通过达成和解、同意调解等方式已经实现其民事权益的,本法院应终结诉讼。

其二,替代法院无法对该案件进行审判的,在当事人要求恢复本法院的诉讼时,原受诉法院应当及时恢复诉讼。具体来说,(1)申请恢复诉讼的主体应限于双方当事人;(2)应当为恢复诉讼的请求规定适当的期限;(3)恢复诉讼的具体程序可参考我国国内诉讼中止的恢复程序,并比照涉外民事诉讼期间为当事人提供相应的诉讼准备期间。

总之,采取"中止诉讼"比"驳回起诉"更符合不方便法院原则适用的情形。同时,也应明确适用不方便法院原则并中止诉讼的具体程序。此外,从诉权保障方面来说,还应当修改被告作为唯一的申请主体这一规定。从各国的适用情况来说,在法律文本中无须规定适用的主体,或者可将申请主体放宽至双方当事人。

---

① 杨光.关于诉讼中止的思考[J].中国律师,2014(02):70.

二、当事人公正审判权的保障

英国的高夫(Goff)法官将不方便法院原则称为"最文明的法律原则"(the most civilized of legal principles),因为它允许一国法官承认"他国法院受理诉讼比本国法院审理更适当"的看法,并赋予国际礼让以效力。[①] 随着二战后国际贸易的发展,各国也逐渐认识到一味强调在本国诉讼、适用本国法律将限制商业贸易的发展。[②]

反观我国《民诉法解释》第532条确立的不方便法院原则在过度强调我国法院对案件行使管辖权的同时,面对其中的公正审判权保障、实现正义目的的需求却显得力有不逮。究其原因,是因为现有适用规则的规定难以实现不方便法院原则的正义目的。为此,有必要通过对我国不方便法院原则适用规则的优化,实现不方便法院原则适用中的公正审判权保障。

(一)不方便法院原则考虑因素的调整

我国《民诉法解释》第532条规定的6项要件,往往能够给法院和当事人提供相对明确的指引。但如前文所述,我国的适用规则在保障当事人平等权、判断审理案件的适当法院及协调管辖权积极冲突、平衡过度管辖权方面都显得乏力。其主要原因在于,6项要件关注的重点停留在诉讼与我国的利益关系以及诉讼的方便性上,并没有从公正性的角度明确适当的考虑因素。

对我国不方便法院原则相关考虑因素的调整宗旨应与不方便法院原则的根本目的相适应,是为了实现正义的目的,保障当事人的人权。同时,应当兼具可行性和前瞻性,对我国今后很长一段实践的不方便法院原则实践提供指引。

1.比较法视野下的考量因素

其他国家适用不方便法院原则的考虑因素能够为我国的相关因素调整提供一定的参考。

从比较法的视野来看,英美法系各国适用不方便法院原则的考虑因素

---

① Airbus Indus v. Patel,[1998] 1 Lloyd'S Rep. 631,642(H.L.).

② KARAYANNI M. Forum Non Conveniens in the Modern Age: A Comparative and Methodological Analysis of Anglo-American Law[M]. New York: Transnational Publishers,2004:129.

包括:(1)英国法院在其代表性案件 Spiliada 案中确立的考虑因素包括当事人与证人的方便性、费用、准据法、诉讼时效、当事人的住所地及从事商业活动的地方等。(2)美国法院在其代表性案件 Gilbert 案中确立了多项私人利益因素和公共利益因素。(3)澳大利亚法院则并未对考虑因素的范围问题作出过多关注,一般参照适用 Spiliada 案中确立的相关因素。(4)加拿大则在《法院管辖权和移送程序法案》(CJPTA)第 11(2)条中规定了 6 项不同的裁量因素。

　　大陆法系国家和地区的考虑因素则主要为:(1)《布鲁塞尔条例Ⅱa》第 15 条规定:作为例外地,当成员国法院对实体事项有管辖权,而其认为另一成员国法院与案件所涉儿童有特定联系,该法院能够更好地审理本案的部分或全部,并且这符合该儿童利益最大化时。(2)2008 年德国新修订的《家事事件和非讼事件程序法》第 99 条第 3 款规定:"若德国法院和外国法院对指定监护人案件均有管辖权,且监护在德国境内,受案法院可以将案件移送至对监护人指定的、有管辖权的外国法院,前提是这样做符合被监护人的利益、监护人表示同意且外国法院表示愿意审理该案件。"①(3)《日本民事诉讼法典》第 3～9 条规定的裁量因素:案件性质、被告应诉负担的程度、证据所在地以及其他情事。(4)加拿大魁北克省的《魁北克民法典》第 3135 条在文本上只概括规定了"外国法院是审理本案更好的选择"。

　　《1999 年公约草案》第 22 条第 2 款规定的裁量因素包括:(a)因当事人的惯常居所地而导致的任何不便;(b)包括书面证据和证人在内的证据的性质和位置,以及获取相应证据的程序;(c)诉讼时效;(d)另一法院作出的判决得到承认与执行的可能性。

　　具体而言,虽然各国适用不方便法院原则的分析因素各不相同且类别繁多,但是从中不难看出至少以下几点共性因素:(1)当事人、证人和法院的便利和费用;(2)获取证据的难易程度;(3)案件的准据法;(4)判决的可执行性;(5)法院的案件积压导致的管理和效率问题。对这些因素进行类型化分析可知,各国的考虑因素主要有三种类型:(1)出于本国利益的考虑;(2)出于诉讼效率的考虑;(3)出于诉讼公正的考虑。

---

　　①　德国《家事事件和非讼事件程序法》[M].王葆莳,张桃荣,王婉婷等译.武汉:武汉大学出版社,2017:45.

2.对我国的不方便法院原则考虑因素的重构

在我国《民诉法解释》第532条规定的6项要件中,前3项明确而具体,排除了存在协议管辖和专属管辖的情形中适用不方便法院原则的可能性。但后3项则相对模糊,在实践中也出现了适用的不明之处。对此,可以从各国适用不方便法院原则的共性考虑因素中得到启发,并从以下几个方面对我国不方便法院原则的考虑因素进行类型化分析。

第一,明确法院对本国相关事项的考虑。

其一是本国当事人的司法保护的问题。《民诉法解释》第532条最受诟病的第(4)项,即"案件不涉及中华人民共和国国家、公民、法人或者其他组织的利益",本质是为了保障我国公民、法人和其他组织的利益。这种适用因素并非我国独有,美国的纽约州法院通过 De La Bouillerie v. De Vienne 案①和 Silver v. Great Am. Ins. Co.案②等也要求只要当事人一方是本州居民或企业就不得适用不方便法院原则。然而在实践中,它有时反而阻碍了我国当事人诉讼利益的实现。例如,在重庆威特嘉实业有限公司与张庆信、香港新威国际投资有限公司合同纠纷案③中,一审原告张庆信主动向香港高等法院提起的诉讼已历时5年,且本案有关诉请已在香港的案件中全部提出。正当香港高等法院要作出判决时,张庆信又向内地人民法院起诉,并申请查封、冻结了威特嘉公司全部资产,极大损害了我国法人重庆威特嘉实业有限公司(以下简称"威特嘉公司")的利益。但因为"威特嘉公司是在中华人民共和国重庆市登记设立的,是中国内地法人",所以本案仍然无法适用不方便法院原则。

此外,这一因素还直接导致我国法院不得不审理大量无关诉讼。在台湾产物保险股份有限公司与全洋海运股份有限公司等船舶碰撞损害赔偿纠纷案④中,当事人将一位中国籍船员列为被告,以规避不方便法院原则的适用即说明了这一问题。在案件只有当事人属于我国内地公民、法人或其他组织的情况下,是否当然适用不方便法院原则还没有定论。从法院的判决

---

① De La Bouillerie v. De Vienne,300 N.Y. 60,89 N.E. 2d 15 (1949)

② Silver v. Great Am. Ins. Co.,528 N.Y.S.2d 898 (1972).

③ 最高人民法院(2016)最高法民辖终169号民事裁定书。

④ 本案一审案号为(2013)广海法初字第91号;二审案号为(2013)粤高法立民终字第400号。

来看,通常认为这种情形涉及我国的利益。但是从原告的角度来看,增加中国当事人可以成为规避不方便法院原则适用的手段。而且,我国审前程序并不考察实体问题,无法在此阶段对当事人是否适当进行实质性预判。因此,该规定给原告规避不方便法院原则的适用留下了漏洞。同样的,它也存在法官滥用司法裁量权的空间。

鉴于此,《民诉法解释》第 532 条第(四)项应当进行修改。对涉及我国国家、公民、法人或其他组织利益的案件,在有效保障相关利益的前提下,还应当结合其他考虑因素综合分析案件在我国法院进行的适当性。

其二是本国诉讼积案、司法资源占用的问题。美国最高院在 Gilbert 案中明确地将案件积压导致的法院管理困难作为公共利益因素之一,[①]并以不方便法院原则来控制诉讼的流量。但是英国最高院一致认为法院在适用不方便法院原则时,不应考虑公共利益因素。[②]诉讼积案的现象并非任何国家单独面临的问题,它在不同国家只有表现程度的差异。一个拥堵的法院,确实会导致诉讼效率的降低。在此情形下,为了保障本国当事人的利益,法院倾向于驳回与本国无关的案件。但是,不方便法院原则并非为了解决诉讼拥堵(litigation congestion)而生,诉讼拥堵也并非只有这一项解决方案。将之作为不方便法院原则的适用条件还有待商榷。因此,对于美国法院考虑的这一因素,只在极其明显地影响诉讼公正时,才会成为不方便法院原则的考虑因素。

第二,进一步分析与诉讼效率相关的内容。

其一是当事人和法院的便利和费用,这在很大程度上取决于当事人的所在地。这是因为,跨国诉讼需要耗费的时间和金钱比普通国内民事诉讼要多很多。在当地进行诉讼能够节省大量时间,也能够促进诉讼程序的进行。虽然当今交通工具有了长足发展,人们跨国交流日益便利和便宜,但是这只是相对于早期的困难状况而言的。

因此,对于当事人和法院的便利和费用的考虑仍然有必要。具体来说,这一考虑可以具体表现为对当事人住所、惯常居所、主要营业地、注册登记

---

① Gilbert,330 U.S. 501(67 S.Ct. 839,91 L.Ed. 1055).

② KARAYANNI M. Forum Non Conveniens in the Modern Age: A Comparative and Methodological Analysis of Anglo-American Law[M]. New York: Transnational Publishers,2004:71.

地、损害事实发生地等因素的关切。在表达方式上，Spiliada 案中采用的"当事人与证人的方便性、费用"考虑①；加拿大的《法院管辖权和移送程序法案》(CJPTA)第 11(2)条规定为："诉讼当事人及其证人在本法院或任何其他替代法院进行诉讼的相对便利和费用"；《1999 年公约草案》第 22 条第2 款表述为："因当事人的惯常居所地而导致的任何不便"。相对而言，《法院管辖权和移送程序法案》(CJPTA)第 11(2)条的规定更符合不方便法院原则的考虑需求，它在表明便利性的主体(诉讼当事人及证人)的同时，强调在有管辖权的法院之间进行便利性比较。

其二是域外调取证据的难易程度问题。这包括域外调查取证的外交问题、费用、时间、效力等。

调取证据的难易程度是各国适用不方便法院原则中考虑最广泛的因素。因人员和物资、信息的流动效率大幅提升，费用更加低廉而使得传统"取证难"的忧虑正在淡化。因此，域外取证在不方便法院原则分析中的权重也相应降低。更加重要的是，域外取证制度本身已经得到较大发展。取证方式也更加多元化，相关主体调取证据、固定证据的能力都不断加强。尤其是，近年来电子取证在域外取证领域发展较快，也大幅提高了域外取证的效率。

总的来说，当前域外取证仍然面临着不少困难，这也依然是影响不方便法院原则的重要原因。但是随着各国在域外取证上合作的加强和域外取证手段的逐步发展，这一因素的影响作用还需辩证看待。

首先应注意的是，如何判断域外取证的难易程度。Gilbert 案为判断域外取证的难易程度列出了清单：(1)相对容易获得的证据来源；(2)针对不愿出庭者的强制程序的可用性和愿意出庭作证的成本；(3)需要进行现场勘验时，进行该勘验的可能性。此外，还应包括外国证人出庭作证的费用和时间、证据形式的合法性和政策因素的影响等。

其次需要注意的是域外取证中的比例性原则。当域外取证需要耗费的巨大成本明显超出诉讼标的和当事人可能获得的判决金额时，本国法院的适当性就应当受到质疑。例如，在大规模环境侵权案件中，发展中国家的原告倾向于在发达国家进行诉讼。但是远离侵权行为发生地的法院需要面临巨大的司法投入。包括对侵权行为及其后果的鉴定、获取当地证人的证言、

---

① Spiliada，[1987] AC 460.

大量外文资料的翻译等,都比在当地诉讼需要更多的成本,且更有可能造成诉讼延迟。

第三,审慎对待直接关涉案件正义性的内容。

其一是案件的准据法。准据法能否得到准确适用将对案件的实体结果有直接影响。戴赛、莫里斯和柯林斯对不方便法院原则分析中的准据法因素有一段经典的描述:如果争议核心的法律问题是简单明确的,或者竞争法院的国内法实质上相似,那么准据法在不方便法院原则的分析中就没有多大意义。但如果法律问题很复杂,或者竞争法院的法律体系差异很大,那么"由准据法所属国法院审理案件更加适当"的一般原则将有助于指明更合适的法院。①

换言之,案件的准据法是外国法不应成为适用不方便法院原则驳回诉讼的常规理由,因为外国法通常是可以查明的。只有在所适用的外国法异常复杂或特别,以至于只有外国法院才能更好地适用它来解决问题时,才能考虑适用不方便法院原则。② 例如准据法与本国法差异较大、法律关系不明确或适用一些涉及习惯、当地风俗的法律时,可能由其当地法院适用其本国法更有利于得到正义的结果。

如果案件的准据法是法院地法,那么法院适用本地法解决争议的困难程度将会显著降低。因为当地法官获得的法学教育和工作经验都是以当地法为基础的,因此其运用本国法进行司法审判更加准确。③ 更何况,其也无须对外国法进行查明。因此,准据法是本国法将成为支持继续诉讼的重要考虑因素之一。

其二是判决的可执行性。正如前文所论证的那样,判决能否得到执行是当事人的民事权利能否真正实现的关键。有关判决可执行性的问题将在本节的下一部分详细展开。

其三是诉讼时效。对诉讼时效的考虑反映在英国的 Spiliada 案和

---

① COLLINS L et al, Dicey, Morris, Collins on the Conflict of Law, 15th ed. [M]. London: Sweet & Maxwell, 2012:556.

② NWAPI C. Re-Evaluating the Doctrine of Forum Non Conveniens in Canada[J]. Windsor Rev. Legal & Soc. Issues, 2013, 34:82-83.

③ KARAYANNI M. Forum Non Conveniens in the Modern Age: A Comparative and Methodological Analysis of Anglo-American Law[M]. New York: Transnational Publishers, 2004:207.

《1999年公约草案》中。尤其是在大陆法系国家,诉讼时效属于实体法事项,不可延长和约定变更。因此,在这些国家的诉讼时效期间经过,通常就意味着当事人无法就其民事争议向法院提起诉讼。鉴于此,在适当的替代法院的诉讼时效属于以上情况的,法院应当避免适用不方便法院原则。

在不方便法院原则分析中对诉讼时效的考虑,不能简单地以向被告附加相应的条件作为代替。这是因为,尽管在大多数普通法系国家,诉讼时效被认定为程序性事项,被告可以放弃其诉讼时效利益。[①] 但是,在有些国家,诉讼时效具有法定性,不得放弃、约定延长或缩短。因此,诉讼时效作为附加条件并不能起到实际的效果。而且,附条件适用不方便法院原则容易导致原告无法获得救济。

(二)不方便法院原则分析方法的调整

各国在适用不方便法院原则时有不同的分析方法,如美国法院的"两步骤"分析方法、英国法院的"两阶段"分析方法、我国香港地区的"三阶段"分析方法等。《民诉法解释》第532条并没有明确不方便法院原则的分析方法,只概括评述各因素的情况,或就其中不符合规定的因素予以列明。从相关裁判文书中可以看出,我国法院在适用不方便法院原则的案件中通常采取"六项要件、一步骤"分析法。所有要件同样重要,但是在表达顺序上,通常以管辖权的有无作为开始。而在未来的完善中,与我国的"六项要件"向"多元考虑因素"转变的需求相适应,我国的不方便法院原则分析方法也应相应作出调整。

第一,应当弱化"同时满足全部条件"的硬性要求。不方便法院原则的本意也并非如此严格地限定其适用条件。不方便法院原则的初衷是实现双方当事人的正义的利益,它既包括实体结果的正义,也包括程序正义的要求,实现效率与公正的双重目的。

《民诉法解释》第532条规定的"同时满足"全部条件的规定,既不符合此前的司法实践,也不符合不方便法院原则的内涵,在审判实践中也出现了各种乱象。这一规定实质上忽视了个案平衡原则,违背了具体问题具体分析的方法论要求。因此,在今后的改革中,平衡不方便法院原则的考虑因素

---

① NYGH P, POCAR F, Preliminary Draft Convention on Jurisdiction and Foreign Judgments in Civil and Commercial Matters, Hague Conference on Private Int'l Law. 2000, p. 95.

格外重要。

　　反观我国不方便法院原则适用的法律依据空白期，并没有单一否定性的要求。例如，在大仓大雄离婚案中，妻子为中国籍，但是双方的婚姻关系发生于日本，共同的夫妻财产也在日本，案件的准据法也是日本法。我国法院查明双方夫妻共同财产较为困难，审理案件的证据、准据法适用都有实质困难，且判决结果也存在承认和执行困难。法院并未因一方当事人为中国公民而强行行使管辖权，而是拒绝了本案的管辖权。结果表明，中国当事人在日本诉讼顺利取得了部分财产，而且实现权益的时间也相对较短。在这一案件中，如果仅仅因为存在中国当事人就必须行使管辖权，那么必然造成案件的审理困难和大量的时间、司法资源的消耗。所以，从切实保障当事人人权的角度来看，应当在法律中规定"考虑因素"而非"适用条件"，赋予法官必要的裁量权来实现个案正义。

　　第二，应依据类别而非因素本身来权衡其在不方便法院原则分析中的重要性。前文对考虑因素进行的类型化分析能够极大地缓解众多考虑因素之间的矛盾现象。并非所有的因素在所有的案件中都具有相关性，也不是所有的因素都应得到同等的考虑。① 本书进行分类的意义在于，当不同的考虑因素产生相互冲突的结果时，不同分类在不方便法院原则分析中的重要性不同。这是因为，出于实现正义目的的结果的考虑，当不同分类之间的考虑因素无法得到一致结果时，诉讼公正性考虑因素优先于诉讼效率的考虑因素，二者优先于对当地利益的考虑。

　　第三，采取"一步骤"分析方法，但强调部分因素的优先性。从诉讼效率和保障当事人的及时审判权角度来看，一步骤方法更有利于提高不方便法院原则适用的效率。但是存在可用的替代法院对于不方便法院原则的适用是决定性的。如果不存在有管辖权的替代法院或者替代法院不适于审理本案，那么法院无须进行不方便法院原则的适用分析。因此，对替代法院的可用性和充分性的证明应当处于举证、质证的优先地位。

三、相关判决承认与执行中的两阶段优化方案

　　不方便法院原则适用中的人权保障，有很大一部分表现在促进相关判

---

　　①　KARAYANNI M. Forum Non Conveniens in the Modern Age: A Comparative and Methodological Analysis of Anglo-American Law[M]. New York: Transnational Publishers, 2004:66.

决的承认与执行上。它要求在诉讼的前端考虑判决的可执行性问题,在诉讼的后端迅速、有效地对外国法院的管辖权进行审查。

(一)加强不方便法院原则适用中的可执行性分析

为了促进不方便法院原则适用中的人权保障,至少应在不方便法院原则分析中减少可预见的原因导致的"诉诸司法的鸿沟",可从以下几个方面来加强不方便法院原则分析中对替代法院判决可执行性的关注。

首先,将我国判决能否在被告主要财产所在地国得到承认与执行纳入考虑。国际民事管辖权积极冲突的协调原则之一是有效原则,它是指"各国在确定涉外民事纠纷的法院管辖权时,应考虑确保依其确定的管辖法院所作的判决能得到承认和执行。根据这一原则,管辖法院若不能就特定案件作出的判决予以执行或请求他国执行的,就不得就该案件行使审判管辖权"①。当然,如果被告在我国境内有足够的财产可供执行,那么对可执行性的担忧就会下降。但被告在我国境内明显没有足够可执行的财产时,对判决在其主要财产所在地国的可执行性的考虑就非常必要了。

其次,不可忽视我国是否能够承认与执行替代法院的判决。对于离婚案件之外的案件,如果我国与该国没有相互承认与执行外国判决的条约关系或互惠关系,那么应当谨慎适用不方便法院原则。这是因为,缺乏相应的条约关系或互惠关系的外国法院作出的非离婚判决,将无法在我国得到承认与执行。在地石律师事务所案中,最高人民法院认为,"华懋公司可供扣押的财产位于内地,而内地与香港对当事人约定非排他性协议管辖的民商事案件尚未建立解决管辖权冲突和相互认可与执行法院裁决的司法互助关系,因此无论从案件审理还是判决执行便利的角度考虑,内地法院行使管辖权均更加有利于实现及时审理案件、保障当事人合法权益的民事诉讼目的"。当被告在替代法院所在地有足够的资产可供执行时,则"回旋镖诉讼"存在的可能性就大大降低了,外国原告不必再前往其他国家申请承认与执行该判决。

最后,注意判决作出后的可执行性变化风险分配。受案法院适用不方便法院原则驳回诉讼之后,替代法院发生了明显的变化,使其不再符合本法院承认与执行外国法院的条件时,应具体分析该情形。一般来说,原、被告应平等地负担诉讼后的可执行性变化风险,但是由于一方当事人造成的执

---

① 李先波. 国际民事管辖权的协调[J]. 法学研究,2000(02):116.

行不能(如被告转移财产导致的执行不能),则应由该当事人承担相应的风险和责任。

综上所述,判决的可执行性是决定不方便法院原则适用与否的重要考虑因素之一,对它的考察应以被告可供执行的财产所在地、数额为基础,辅以对替代法院是否明显存在本国法上不予执行的情形进行审查,并具体分析判决作出后的重大变化对替代法院判决的影响。

(二)承认与执行相关判决的快速审查机制

不方便法院原则相关判决采取加速审查机制能够提高执行效率。加速审查机制的配套制度包含审查时限和审查内容等。

第一,应当为其规定较短的审查时限。与其他外国判决相比,适用不方便法院原则的相关判决在确定管辖权阶段已经对相关因素进行了考察,尤其是对替代法院的审查,都为承认与执行程序中的审查打下了基础。因此,我国法院在外国判决承认与执行阶段对被告提出的、针对外国替代法院管辖权的审查时限应当相应适当缩短,并配合案卷调阅制度减少当事人提供证据的负担。

第二,应当简化审查内容。为了提高诉讼效率,缓和不方便法院原则的适用导致的诉讼延迟现象,在判决承认与执行阶段的审查应是针对性审查,而非全面审查。对于在前一诉讼程序中已经审查并作出定论的部分,应当避免二次审查。只有在被告对其中部分内容提出异议的情形下,才可针对异议部分单独进行审查。相应地,审查的流程应以具体事项的举证质证为主。尤其是对出于正义考虑的因素的考察至关重要。

总而言之,分别从保障当事人的诉权、公正审判权和促进相关判决承认与执行的角度对我国的不方便法院原则相关制度加以完善,是符合人权保障要求的应有之举。以上完善建议还需要与重视当事人人权保障的司法理念相互作用,真正实现国际民事诉讼中的价值和追求。

本章小结

在我国不方便法院原则发展的几十年间,不方便法院原则的适用已经由法律依据空白期以个案正义为指引的零星实践发展到《民诉法解释》第532条规定下的正式适用阶段。随着该规定的出台,我国法院和当事人也更有适用该制度的热情,在适用案件的数量和案件类型上都有显著的增加。

但是,在我国当前关于不方便法院原则的立法和司法实践中,依然存在保障当事人人权的困境。具体来说,在当事人的诉权保障方面,驳回起诉的做法与当事人诉权保障的要求相悖,也不利于当事人诉权的实现。而将申请主体限于被告一方,可能影响部分原告诉权的行使。在公正审判权的保障方面,《民诉法解释》第532条所确立的适用条件体系没有平等保障当事人的诉诸司法权,对替代法院正当性的认定也还存在较大的不足。此外,在相关判决的承认与执行中,虽然已有案例对判决的可执行性予以关注,但是从可执行性分析情况和对外国判决的承认与执行规则来说还未能达到促进相关判决承认与执行的目的。

对此,有必要从诉权、公正审判权和判决承认与执行的角度分别对我国的不方便法院原则相关机制予以完善。这主要体现在:一是将驳回起诉转变为中止诉讼的做法;二是修正我国不方便法院原则的审查标准;三是通过可执行性分析和快速审查制度促进不方便法院原则相关判决的承认与执行。

结　论

百余年来,不方便法院原则的发展与革新始终朝向实现"正义的目的"这一根本目标。"正义"的目的与人权保障不谋而合,二者都强调当事人作为"人"的权利得到满足。而晚近美国等国家和地区假借不方便法院原则之名,行自我利益保护之实,已经越过人权保障的底线,甚至导致对外国当事人人权的践踏。在此背景下,从人权保障视角审视不方便法院原则在各国的适用情况,是对不方便法院原则根本目的的回应,也是对各国法院司法公信力的重塑,更是彰显一国司法水平之要义。

然则各国当前的不方便法院原则适用标准还存在诸多问题。这突出表现在:一是虽有对当事人诉权的限制,但缺乏"对限制的限制",即不方便法院原则的适用是对当事人诉权的必要限制,但目前还缺乏对不方便法院原则适用中直接或间接妨害当事人诉权现象的限制。二是不方便法院原则的目的是实现诉讼的正义,但在各国的适用中,仍有对当事人公正审判权之违背。鉴于相关程序的特殊性,还需对当事人的平等权和及时审判权等具体权利加以巩固。三是不方便法院原则相关判决中存在诸如"诉诸司法的鸿沟"现象,极大阻滞了当事人权利的实现。人权保障并不能仅仅停留于管辖权阶段的不方便法院原则适用中,它还强烈要求促进国际民事诉讼当事人权益的最终实现。凡此困境,都需奉"人权保障"与"实现正义"为导向,以"人"的正当权益的满足为基点,将具体程序及考虑因素与"人"的需要相结合。

反观我国的不方便法院原则的规定与实践,虽有顺应人权保障的国际潮流之势,但也存在人权保障方面的疏漏。尤其是,我国《民诉法解释》第532条的规定僵化、机械,不仅使其难以发挥相应的作用,也无法实现正义之目的。只有从诉权、公正审判权和判决承认与执行的角度分析,才能够为我国制度的真正建立提供指引。

基于对"人权保障视角下的不方便法院原则"的研究,至少还可以得出以下基本认识：

第一，大陆法系国家和地区在强调人权保障的时代背景下，已经开始有限适用不方便法院原则来保障人权。《1999年公约草案》对不方便法院原则和先系属优先原则的"双剑合璧"或许是当时英美法系和大陆法系国家在谈判中相互妥协的结果，但晚近的实践表明，大陆法系国家对不方便法院原则的态度也并非"铜墙铁壁"。虽然目前欧盟、德国法院的适用都限于极小的范围内，但是较之从前已属突破，其已经选择将不方便法院原则作为特殊人权保障的手段。而法国法院对待美国法院作出的不方便法院原则判决的态度转变也同样耐人寻味。大陆法系国家和地区能否在不方便法院原则的适用上继续"向前一步"，还有待时间的校验，但至少已经曙光乍现。

第二，不方便法院原则的适用必须符合人权保障的要求。国际民事诉讼解决的是平等主体之间的民事纠纷，当事人的人权问题需要引起足够的重视。尤其是，在国际民事诉讼的语境下，人权保障有了更加深刻的要求。它不仅强调对当事人诉权和公正审判权的保障，还关注相关判决的实现，尤其是不同主权国家之间的判决承认与执行。从各国的适用标准综合观之，不方便法院原则的适用既有对诉权和公正审判权的优先考虑，也有对本国当事人和外国当事人的差别对待、诉讼延迟、对替代法院考虑不周等情况的存在。可以说，让不方便法院原则充分发挥其在国际民事诉讼管辖权问题上的协调作用、实现诉讼正义之路还任重道远。而目前存在的不足之处，更将成为今后不方便法院原则制度建构的重点。

第三，一国法制所体现的人权保障水平，是评估其司法水平的重要标准，也是其社会治理的有力体现。作为司法制度之一的不方便法院原则，更应秉承人权保障的价值理念，以适当的制度建构，促进国际民事案件得到公正的裁处。但是囿于国际民事管辖权所裹挟的利益纠葛，其完善还需各国共同努力，增进相互间的合作与交流。尤其是在相关判决的承认与执行中所展现的困境，远非一国之力可以解决。对此，构建"人类命运共同体"下的国际协调机制已经提上日程并将继续深入。

总之，在全球化的时代背景下，不方便法院原则作为国际民事诉讼中的重要制度，必须秉持人权保障的理念。尽管从人权保障的视角来看，当前各国的不方便法院原则制度甚至国际民事管辖权制度还存在诸多问题，但坚持以人权保障和实现正义目的为指引，加强国际合作，则不方便法院原则将会发挥更大的作用。

参考文献

一、专著类

[1]陈隆修,刘仁山,许兆庆. 国际私法——程序正义与实体正义[M]. 台北:五南图书出版公司,2011.

[2]陈隆修. 中国思想下的全球化管辖规则[M]. 台北:五南图书出版公司,2013.

[3]陈隆修. 美国国际私法新理论[M]. 台北:五南图书出版公司,1987.

[4]陈荣传. 国际私法实用涉外民事案例研析[M]. 台北:五南图书出版公司,2015.

[5]陈荣宗. 举证责任分配与民事程序法[M]. 台北:三民书局,1984.

[6]陈劲. 美国的外国法院判决承认与执行制度研究[M]. 北京:人民公安大学出版社,2003.

[7]陈瑞华. 看得见的正义[M]. 北京:北京大学出版社,2013.

[8]蔡肖文. 诉权理论的中国阐释[M]. 北京:中国政法大学出版社,2016.

[9]蔡彦敏,洪浩. 正当程序法律分析——当代美国民事诉讼制度研究[M]. 北京:中国政法大学出版社,2000.

[10]崔林林. 严格规则与自由裁量之间——英美司法风格差异及其成因的比较研究[M]. 北京:北京大学出版社,2005.

[11]杜焕芳. 国际民商事司法与行政合作研究[M]. 武汉:武汉大学出版社,2007.

[12]韩德培,韩健. 美国国际私法导论[M]. 北京:法律出版社,1994.

[13]黄进. 宏观国际法学论[M]. 武汉:武汉大学出版社,2007.

[14]何其生. 比较法视野下的国际民事诉讼[M]. 北京:高等教育出版社,2015.

[15]何志鹏. 人权全球化基本理论研究[M]. 北京:科学出版社,2008.

[16]贺晓翊. 英国的外国法院判决承认与执行制度研究[M]. 北京:法律出版社,2008.

[17]江伟,邵明,陈刚. 民事诉权研究[M]. 北京:法律出版社,2002.

[18]江伟,肖建国主编. 民事诉讼法:第 7 版[M]. 北京:中国人民大学出版社,2015.

[19]柯阳友. 起诉权研究——以解决"起诉难"为中心[M]. 北京:北京大学出版社,2012.

[20]刘仁山.加拿大国际私法研究[M].北京:法律出版社,2001.

[21]刘仁山.国际私法[M].北京:中国法制出版社,2012.

[22]刘学敏.欧洲人权体制下的公正审判权制度研究——以《欧洲人权公约》第6条为对象[M].北京:法律出版社,2014.

[23]刘荣军.程序保障的理论视角[M].北京:法律出版社,1999.

[24]刘振江.涉外民事经济法律研究[M].广州:中山大学出版社,1991.

[25]刘乃忠,顾崧.国际民商事诉讼竞合问题研究[M].北京:社会科学文献出版社,2016.

[26]刘敏.诉权保障研究——宪法与民事诉讼法视角的考察[M].北京:中国人民公安大学出版社,2014.

[27]刘力.国际民事诉讼管辖权研究[M].北京:中国法制出版社,2004.

[28]刘铁铮,陈荣传.国际私法论[M].台北:三民书局,2010.

[29]李龙,万鄂湘.人权理论与国际人权[M].武汉:武汉大学出版社,1992.

[30]李浩培.国际民事程序法概论[M].北京:法律出版社,1996.

[31]李双元,谢石松,欧福永.国际民事诉讼法概论:第3版[M].武汉:武汉大学出版社,2016.

[32]李双元,欧福永.国际民商事诉讼程序研究:第2版[M].武汉:武汉大学出版社,2016.

[33]李双元,徐国建.国际民商事新秩序的理论建构——国际私法的重新定位与功能转换[M].武汉:武汉大学出版社,2016.

[34]李旺.国际诉讼竞合[M].北京:中国政法大学出版社,2002.

[35]李晶.国际民事诉讼中的挑选法院[M].北京:北京大学出版社,2008.

[36]李广辉.民商事管辖权及外国判决公约[M].北京:中国法制出版社,2008.

[37]林恩玮.国际私法理论与案例研究(二)[M].台北:五南图书出版公司,2017.

[38]马志强.国际私法中的最密切联系原则研究[M].北京:人民出版社,2010.

[39]屈广清,欧福永.国际民商事诉讼程序导论[M].武汉:武汉大学出版社,2016.

[40]孙劲.美国的外国法院判决承认与执行制度研究[M].北京:中国人民公安大学出版社,2003.

[41]宋建立.国际民商事诉讼管辖权冲突的协调与解决[M].北京:法律出版社,2009.

[42]沈涓.冲突法及其价值导向[M].北京:中国政法大学出版社,2002.

[43]吴英姿.作为人权的诉权理论[M].北京:法律出版社,2017.

[44]吴一鸣.国际民事诉讼中的拒绝管辖问题研究[M].北京:法律出版社,2010.

[45]王晓.民事诉权的保护和滥用规制研究——兼以社会控制论为基础展开分析[M].北京:中国政法大学出版社,2015.

[46]王吉文.外国判决承认与执行的国际合作机制研究[M].北京:中国政法大学出版社,2014.

[47]徐伟功.不方便法院原则研究[M].长春:吉林人民出版社,2002.

[48]徐显明主编.人权法原理[M].北京:中国政法大学出版社,2008.

[49]徐崇利.美国不方便法院原则的建立与发展[M].上海:上海社会科学院出版社,1990.

[50]徐卉.涉外民商事诉讼管辖权冲突研究[M].北京:中国政法大学出版社,2001.

[51]徐宏.国际民事司法协助[M].武汉:武汉大学出版社,2006.

[52]徐国建.全球化背景下私法的冲突、协调和统一——国际私法与比较法论集[M].北京:法律出版社,2010.

[53]谢海霞.论国际民商事诉讼中的不方便法院原则[M].北京:对外经济贸易大学出版社,2012.

[54]宣增益.国家间判决承认与执行问题研究[M].北京:中国政法大学出版社,2009.

[55]向在胜.欧盟国际民事诉讼法判例研究[M].北京:中国政法大学出版社,2013.

[56]杨宇冠等.完善人权司法保障制度研究[M].北京:中国人民公安大学出版社,2016.

[57]叶榅平.传统使命的现代转型:诉权保障理念、制度与程序[M].北京:法律出版社,2016.

[58]叶斌.比较法视角下的2005年海牙选择法院协议公约研究[M].北京:中国社会科学出版社,2013.

[59]颜厥安,林钰雄.人权之跨国性司法实践——欧洲人权法院裁判研究(一)[M].台北:元照出版公司,2007.

[60]张卫平.诉讼构架与程序——民事诉讼的法理分析[M].北京:清华大学出版社,2000.

[61]张瑞萍.反垄断诉权保障机制研究[M].上海:立信会计出版社,2013.

[62]张茂.美国国际民事诉讼法[M].北京:中国政法大学出版社,1999.

[63]张吉喜.刑事诉讼中的公正审判权——以《公民权利和政治权利国际公约》为基础[M].北京:中国人民公安大学出版社,2010.

[64][美]阿瑟·冯迈伦.国际私法中的司法管辖权之比较研究[M].李晶,译.北京:法律出版社,2015.

[65][美]E.博登海默.法理学——法律哲学与法律方法[M].邓正来,译.北京:中国政法大学出版社,2017.

[66][美]弗里尔.美国民事诉讼法[M].张利民,译.北京:商务印书馆,2013.

[67][比]海尔特·范·卡尔斯特.欧洲国际私法[M].许凯,译.北京:法律出版社,2016.

[68][美]库恩.英美法原理[M].陈朝璧,译.北京:法律出版社,2002.

[69][意]莫诺·卡佩莱蒂等.当事人基本程序保障权与未来的民事诉讼[M].徐昕,译.北京:法律出版社,2000.

[70][德]马丁·沃尔夫.国际私法[M].李浩培,汤宗舜,译.北京:北京大学出版社,2009.

[71]GIBBAD. The International Law of Jurisdiction in England and Scotland[M]. London: William Hodge & Co, 1926.

[72]MILLS D A. The Confluence of Public and Private International Law: Justice, Pluralism in the International Constitutional Ordering of Private Law[M]. Cambridge: Cambridge University Press, 2009.

[73]MEHREN T V. Adjudicatory Authority in Private International Law: A Comparative Study[M]. Leiden: Martinus Nijhoff Publishers, 2007.

[74]HARRIS D J, BOYLE M O, C. Warbrick. Law of the European Convention on Human Rights[M]. Oxford: Oxford University Press, 2009.

[75]MCCLEAND, BEEVERS K. Morris the Conflict of Laws[M]. London: Sweet & Maxwell, 2009.

[76]FRANCIONIF. Access to Justice as a Human Right[M]. Oxford: Oxford University Press, 2007.

[77]KELLERH, SWEET A S. A Europe of Rights: The Impact of the ECHR on National Legal Systems[M]. Oxford: Oxford University Press, 2008.

[78]PONTIERJ A, BURG E. EU Principles on Jurisdiction and Recognition and Enforcement of Judgments in Civil and Commercial Matters: According to the Case Law of the European Court of Justice[M]. Haag: T.M.C. Asser Press, 2004.

[79]KARAYANNI M. Forum Non Conveniens in the Modern Age: A Comparative and Methodological Analysis of Anglo-American Law[M]. New York: Transnational Publishers, 2004.

[80]KEYES M. Jurisdiction in International Litigation[M]. Sydney: Federation Press, 2005.

[81]KLOTHM. Immunities and the Right of Access to Court under Article 6 of the European Convention on Human Rights [M]. Leiden: Martinus Nijhoff Publishers, 2010.

[82]BRANDR A, JABLONSKI S R. Forum Non Conveniens: History, Global

Practice，and Future under the Hague Convention on Choice of Court Agreements[M]. Oxford：Oxford University Press，2007.

[83]SYMEONIDES S C. Codifying Choice of Law around the World：An International Comparative Analysis[M]. Oxford：Oxford University Press，2014.

[84]MAGNUSU，MANKOWSKI P. Brussels I Regulation，2ⁿᵈ ed[M]. Munich：Sellier European Law Publishers，2012.

二、论文类

[1]陈林林. 从自然法到自然权利——历史视野中的西方人权[J]. 浙江大学学报（人文社会科学版），2003(02).

[2]陈启垂. 英美法上"法院不便利原则"的引进——涉外民事法律适用法修正草案增订第十条"不便管辖"的评论[J]. 台湾本土法学杂志，2002(30).

[3]陈洪杰. 接近正义与人权的司法保护——欧洲人权法院相关实践的启示[J]. 厦门大学法律评论，厦门：厦门大学出版社，2004(08).

[4]陈桂明，赵蕾. 比较与分析：我国非讼程序构架过程中的基本问题[J]. 河北法学，2010，28(07).

[5]曹盛，朱立恒. 公正审判权的宪法性论说[J]. 当代法学，2009(04).

[6]蔡虹. 非讼程序的理论思考与立法完善[J]. 华中科技大学学报（社会科学报），2004(03).

[7]戴瑞君. 联合国人权条约机构体系的加强进程——联合国人权保护机制的最新发展[J]. 环球法律评论，2013(06).

[8]狄亚娜. 论大数据时代的不公开审理与隐私权保护[J]. 法学杂志，2016(09).

[9]段文波. 民事诉讼举证时限制度的理论解析[J]. 法商研究，2013(05).

[10]杜涛. 互惠原则与外国法院判决的承认与执行[J]. 环球法律评论，2007(01).

[11]丁伟. 我国涉外民商事诉讼管辖权制度的完善[J]. 政法论坛，2006(06).

[12]董开军. 担保物权的基本分类及我国的立法选择[J]. 法律科学，1992(01)

[13]房广顺，司书岩，马慧亮. 建构与经济社会发展相适应的人权理念和人权保障[J]. 科学社会主义，2015(05).

[14]房绍坤，郑莹. 担保物权司法解释的缺陷[J]. 法律科学，2002(04).

[15]冯雅茵. 不方便法院原则在跨国公司环境损害[J]. 广州大学学报（社会科学版），2012(01).

[16]傅郁林. 家事诉讼特别程序研究[J]. 法律适用，2011(08).

[17]广州大学人权理论研究课题组. 中国特色社会主义人权理论体系论纲[J]. 法学研究，2015(02).

[18]高圣平. 诉讼时效立法中的几个问题[J]. 法学论坛，2015(02).

[19]高圣平.担保物权实现途径之研究——兼及民事诉讼法的修改[J].法学，2008(01).

[20]郭理树.不方便法院原则在中国的适用[J].法学杂志，1999(06).

[21]韩大元.完善人权司法保障制度[J].法商研究，2014(03).

[22]黄进，邹国勇.欧盟民商事管辖权规则的嬗变——从《布鲁塞尔公约》到《布鲁塞尔条例》[J].东岳论丛，2006(05).

[23]黄志慧.人权法对国际民事管辖权的影响——基于《欧洲人权公约》第6(1)条之适用[J].环球法律评论，2016(01).

[24]黄志慧.人民法院适用不方便法院原则现状反思——从"六条件说""两阶段说"[J].法商研究，2017(06).

[25]何建华，张向军.论人权保障原则在公法中的地位[J].山西大学学报(哲学社会科学版)，2006(04).

[26]何四海.当事人民事诉讼权利救济的比较研究——以德国、日本、法国的民事诉讼法为考察中心[J].湖南大学学报(社会科学版)，2013(03).

[27]何其生.大国司法理念与中国国际民事诉讼制度的发展[J].中国社会科学，2017(05).

[28]何其生，张霞光.承认与执行外国法院判决的博弈分析[J].武大国际私法评论，2017(01).

[29]胡荻.欧洲产品责任的立法趋势及对我国的启示[J].江西社会科学，2013(02).

[30]胡振杰.不方便法院说比较研究[J].法学研究，2002(04).

[31]郝振江.德国非讼事件程序法的新发展[J].河南省政法管理干部学院学报，2011(02).

[32]郝振江.德日非讼程序审理对象介评[J].国家检察官学院学报，2012，20(05).

[33]郝振江.法国法中的非讼程序及对我国的启示[J].河南财经政法大学学报，2012(02).

[34]郝振江.论非讼事件审判的程序保障[J].法学评论，2014(01).

[35]江必新.关于完善人权司法保障的若干思考[J].中国法律评论，2014(02).

[36]纪格非.民事诉讼禁反言原则的中国语境与困境[J].华东政法大学学报，2014(05).

[37]刘仁山.人权保护对国际民商事判决承认与执行的影响——以《欧洲人权公约》之适用为中心[J].法学评论，2015(03).

[38]刘仁山.加拿大关于国际民商事管辖权自由裁量的理论与实践[C].中国国际私法与比较法年刊，北京:法律出版社，2000:483-508.

[39]刘仁山.国际民商事判决承认与执行中的司法礼让原则[J].中国法学,2010(05).

[40]刘仁山.我国大陆与台湾地区民商事判决相互承认与执行之现状、问题及思考[J].武汉大学学报(哲学社会科学版),2009(06).

[41]刘仁山."最密切联系原则"与"特征性给付原则"的立法研究[J].法商研究,1995(05).

[42]刘仁山.欧盟平衡人格权与言论自由的立法实践——以人格权侵权法律适用规则之立法尝试为视角[J].环球法律评论,2014(06).

[43]刘仁山.现时利益重心地是惯常居所地法原则的价值导向[J].法学研究,2013(03).

[44]刘仁山.中国国际私法养成意识之培育[J].法学研究,2011(06).

[45]刘仁山,粟烟涛.法律选择中的人权保障问题——基于两大法系司法实践的比较研究[J].法商研究,2007(02).

[46]刘卫翔,郑自文.国际民事诉讼中"不方便法院"原则论[J].法学评论,1997(04).

[47]刘晓红,周祺.协议管辖制度中的实际联系原则与不方便法院原则——兼及我国协议管辖制度之检视[J].法学,2014(12).

[48]刘颖,李静.互联网环境下的国际民事管辖权[J].中国法学,2006(01).

[49]刘旺洪,陆海波.西方宪政与人权保障:本质与启示[J].世界经济与政治论坛,2016(11).

[50]刘志强.论人权的行政保护[J].法制现代化研究,2017(04).

[51]刘力.涉外继承案件专属管辖考[J].现代法学,2009(02).

[52]李祥俊.论国际民事诉讼程序中的不方便法院原则[J].当代法学,2001(04).

[53]李伯军.人权的国际保护:成就、困境与前景——法律、政治与伦理的多维视角[J].武大国际法评论,2007(01).

[54]李浩.民事诉讼专属管辖制度研究[J].法商研究,2009(02).

[55]李浩.论级别管辖权异议制度的完善[J].法学评论,2009(03).

[56]李浩.民事诉讼管辖制度的新发展——对管辖修订的评析与研究[J].法学家,2012(04).

[57]李庆明.国家豁免与诉诸法院之权利——以欧洲人权法院的实践为中心[J].环球法律评论,2012(06).

[58]李琦.论法律上的防卫权——人权角度的观察[J].中国社会科学,2002(01).

[59]李先波.国际民事管辖权的协调[J].法学研究,2000(02).

[60]黎尔平.国际人权保护机制的构成及发展趋势[J].法商研究,2005(05).

[61]罗豪才,宋功德.人权法的失衡与平衡[J].中国社会科学,2011(03).

[62]林来梵,季彦敏.人权保障:作为原则的意义[J].法商研究,2005(04).

[63]凌祁漫.非方便法院原则及其适用[J].人民司法,1996(11).

[64]廖中洪.人权保障与我国民诉法的修改[J].现代法学,2004(03).

[65]莫纪宏,张毓华.诉权是现代法治社会第一制度性权利[J].法学杂志,2002(04).

[66]马岭.德国和美国违宪审查制度之比较[J].环球法律评论,2005(02).

[67]马永梅.外国法院判决承认与执行视角下的正当程序探析[J].法学杂志,2011(06).

[68]浦伟良.人权与国际私法的关系[J].法治论丛,2004(04).

[69]齐树洁,周一颜.司法改革与接近正义——写在民事诉讼法修改之后[J].黑龙江省政法管理干部学院学报,2013(01).

[70]施适,滕梅.不方便法院原则在中国的发展现状——兼评中国涉外民商事案件管辖原则之异动[J].法律适用,2003(07).

[71]沈宗灵.二战后西方人权学说的演变[J].中国社会科学,1992(05).

[72]沈亚萍.民事诉讼受案范围与基本人权保护——以诉权保障为中心[J].武汉大学学报(哲学社会科学版),2014(02).

[73]盛勇强.涉外民事诉讼管辖权冲突的国际协调[J].人民司法,1993(09).

[74]宋建立.从中化国际案看不方便法院原则的最新发展[J].法学评论,2007(06).

[75]田平安,柯阳友.民事诉权新论[J].甘肃政法学院学报,2011(05).

[76]谭世贵.论司法独立[J].政法论坛,1997(01).

[77]涂广建.再论我国的"不方便法院"原则[J].武大国际法评论,2013(01).

[78]王吉文.论不方便法院原则对协议管辖的效力问题[J].云南大学学报(法学版),2015(03).

[79]王吉文.论不方便法院原则在我国的适用问题[J].法律适用,2005(12).

[80]王吉文.我国涉外协议管辖制度限制条件的正当性探讨[J].武大法学评论,2011(02).

[81]王葆莳.论我国国际私法立法中的人权考虑[J].法学杂志,2009(07).

[82]王柱国.人权:正义难题的现代解答——一个思想史的视角[J].北京联合大学学报(人文社会科学版),2014(03).

[83]王克玉."布鲁塞尔体系"和"海牙公约体系"下的正当程序比较研究——基于外国判决承认与执行的目的[J].比较法研究,2009(03).

[84]王晓.依宪治国视阈下的民事诉权理论体系研究[J].中国社会科学院研究生院学报,2015(02).

[85]王成.最高法院司法解释效力研究[J].中外法学,2016(01).

[86]王瀚,李广辉.中国国际私法诉讼竞合探究[J].法律科学,2004(02).

[87]汪习根.论人权司法保障制度的完善[J].法制与社会发展,2014(01).

[88]吴一鸣.两大法系中的不方便法院原则及在中国的合理借鉴[J].西南政法大学学报,2008(02).

[89]吴英姿.论诉权的人权属性——以历史演进为视角[J].中国社会科学,2015(06).

[90]吴英姿.诉权理论重构[J].南京大学法律评论,2001(01).

[91]吴志攀."互联网＋"的兴起与法律的滞后性[J].国家行政学院学报,2015(03).

[92]毋爱斌."解释论"语境下担保物权实现的非讼程序——兼评《民事诉讼法》第196条、第197条[J].比较法研究,2015(02).

[93]徐伟功.英国不方便法院原则研究[J].厦门大学法律评论,2003(02).

[94]徐伟功.日本不方便法院原则问题的探讨[J].云南大学学报(法学版),2003(03).

[95]徐伟功.不方便法院原则在中国的运用[J].政法论坛,2003(04).

[96]徐伟功.学术视野中的不方便法院原则——评美国学者对不方便法院原则的建议条款[J].东方论坛,2003(03).

[97]徐伟功.我国不宜采用不方便法院原则——以不方便法院原则的运作环境与功能为视角[J].法学评论,2006(01).

[98]徐伟功.简析国际民事管辖权中的不方便法院原则[J].河南省政法管理干部学院学报,2003(04).

[99]徐伟功.述评示范法中的不方便法院条款[J].武汉大学学报(哲学社会科学版),2004(03).

[100]徐伟功,鲍松芬.妥协的产物:海牙公约中的不方便法院条款[J].浙江社会科学,2004(06).

[101]向明华.论船舶扣押管辖权领域中的不方便法院原则[J].法学评论,2008(05).

[102]谢庄.关于驳回起诉的几个问题[J].政法论坛,1986(06).

[103]熊秋红.公正审判权的国际标准与中国实践[J].法律适用,2016(06).

[104]席志国.《物权法》上担保物权制度评析[J].国家检察官学院学报,2007(06).

[105]袁泉.不方便法院原则三题[J].中国法学,2003(06).

[106]袁发强.我国国际私法中弱者保护制度的反思与重构[J].法商研究,2014(06).

[107]袁发强.人权保护对冲突法发展的影响[J].时代法学,2004(06).

[108]杨善明.驳回起诉与驳回诉讼请求的区别[J].政治与法律,1986(02).

[109]杨光.关于诉讼中止的思考[J].中国律师,2014(02).

[110]杨建民.拉美国家的司法制度研究[J].拉丁美洲研究,2010(06).

[111]张望平.试论我国民事诉讼不方便法院原则在《蒙特利尔公约》下的适用[J].甘肃政法学院学报,2018(01).

[112]张淑钿.香港不方便法院原则的实践及对内地的启示[J].法律适用,2009(08).

[113]张恒山.论正义和法律正义[J].法制与社会发展,2002(01).

[114]张龑.论人权与基本权利的关系——以德国法和一般法学理论为背景[J].法学家,2010(06).

[115]张卫平.法国民事诉讼中的诉权制度及其理论[J].法学评论,1997(04).

[116]张卫平.《民事诉讼法》修改中效率与公正的价值博弈[J].中国司法,2012(06).

[117]张超汉.航空产品责任案件管辖权的确定:美国实践及其启示[J].现代法学,2017(05).

[118]周后春.当代国际私法的人权价值取向[J].求索,2009(12).

[119]周永坤.诉权法理研究论纲[J].中国法学,2004(05).

[120]章武生.非讼程序的反思与重构[J].中国法学,2011(03).

[121]钟丽娟.自然权利的人性基础[J].法学论坛,2011(01).

[122]赵建文.《公民权利和政治权利国际公约》第14条关于公正审判权的规定[J].法学研究,2005(05).

[123]赵相林.试论国际产品责任及其法律适用原则[J].政法论坛,1985(06).

[124]支振锋.司法独立的制度实践:经验考察与理论再思[J].法制与社会发展,2013(05).

[125]郑伟华.从驳回起诉和驳回诉讼请求的法律内涵看两者在具体适用中的差异[J].法律适用,1999(02).

[126]邹亚莎.传统无讼理念与当代多元化纠纷解决机制的完善[J].法学杂志,2016(10).

[127][加]威廉·夏巴斯.获得司法正义的权利——从国内运动到国际标准[J].赵海峰,译.环球法律评论,2003(04).

[128]ARZANDEH A. Reconsidering the Australian Forum (Non) Conveniens Doctrine[J]. International and Comparative Law Quarterly,2016,65(02):475-491.

[129]ARZANDEH A. Should the Spiliada Test Be Revised? [J]. Journal of Private International Law,2014,10:89-112.

[130]ARZANDEH A. The Origins of the Scottish Forum Non Conveniens Doctrine [J]. Journal of Private International Law,2017,13:130-151.

[131]MOSSA R. Bridging the Gap: Addressing the Doctrinal Disparity between Forum Non Conveniens and Judgment Recognition and Enforcement in Transnational Litigation[J]. Geo. L.J, 2017, 106:209-247.

[132]MENDELSOHNA I. Foreign Plaintiffs, Forum Non Conveniens, and the 1999 Montreal Convention[J]. Issues Aviation L. & Pol'y, 2011, 10:265-280.

[133]REUS A. Judicial Discretion: A Comparative View of the Doctrine of Forum Non Conveniens in the United States, the United Kingdom, and Germany[J]. Loy. L.A. Int'l & Comp. L.J, 1994, 16:455-512.

[134]PAXTON B. The Doctrine of Forum Non Conveniens in Anglo-American Law [J]. Colum. L. Rev, 1929, 29:1-34.

[135]SPRINGER B J. An Inconvenient Truth: How Forum Non Conveniens Doctrine Allows Defendants to Escape State Court Jurisdiction[J]. U. Pa. L. Rev, 2015, 163:833-866.

[136]CAMPBELL B, REDDY K. Practical Considerations: Advancing a Motion to Dismiss on the Grounds of Forum Non Conveniens[J]. Brief, 2012, 41:20-24.

[137]WORKMANB J. Deference to the Plaintiff in Forum Non Conveniens Cases [J]. Fordham L. Rev, 2017, 86:871-905.

[138]BURBANK, STEPHEN B. Jurisdictional Conflict and Jurisdictional Equilibration: Paths to a Via Media? [J]. Hous. J. Int'l, 2004:385-396.

[139]CURRIE B. Notes on Methods and Objectives in the Conflict of Laws[J]. Duke L.J, 1959, 1959:171-181.

[140]WHYTOCK C A, ROBERTSON C B. Forum Non Conveniens and the Enforcement of Foreign Judgments[J]. Colum. L. Rev, 2011, 111:1444-1521.

[141]NWAPI C. Re-Evaluating the Doctrine of Forum Non Conveniens in Canada [J]. Windsor Rev. Legal & Soc. Issues, 2013, 34:59-104.

[142]ROBERTSON C B. Forum Non Conveniens on Appeal: The Case for Interlocutory Review[J]. Sw. J. Int'l L, 2011, 18:445-474.

[143]LIU C L. Escaping Liability via Forum Non Conveniens: Conocophillips's Oil Spill in China[J]. U. Pa. J.L. & Soc. Change, 2014, 17:137-174.

[144]CASAD, ROBERT C., Jurisdiction in Civil Actions at the End of the Twentieth Century: Forum Conveniens and Forum Non Conveniens[J]. Tul. J. Int'; & Comp. L. 1999(07):91-98.

[145]RUSHING D G, ALDER E N. Some Inconvenient Truths about Forum Non Conveniens Law in International Aviation Disasters[J]. J. Air L. & Com, 2009, 74: 403-436.

[146]SPIELMANND. Recognition and Enforcement of Foreign Judicial Decisions Requirements under the European Convention on Human Rights. An Overview[J]. Cyprus Hum. Rts. L. Rev, 2012, 1:4-24.

[147]STERNBERG D S. Res Judicata and Forum Non Conveniens in International Litigation[J]. Cornell Int'l L.J, 2013, 46:191-218.

[148]MAJORD, JACQUELINE. One-Way Tichet Home: The Federal Doctrine of Forum Non Conveniens, and the International Plaintiff[J]. Cornell L. Rev, 1992, 77: 650-686.

[149]DUNHAM, DOUGLAS W. et al. Forum Non Conveniens and Foreingn Plantiffs in the 1990s[J]. Brooklyn J. Int'l L, 1999, 24:705-737.

[150]CHILDRESS D E. Forum Conveniens: The Search for a Convenient Forum in Transnational Cases[J]. Va. J. Int'l L, 2013, 53:157-182.

[151]DERR E J. Striking a Better Public-Private Balance in Forum Non Conveniens [J]. Cornell L. Rev, 2008, 93:819-848.

[152]SMITH E F. Right to Remedies and the Inconvenience of Forum Non Conveniens: Opening U.S. Courts to Victims of Corporate Human Rights Abuses[J]. Colum. J. L. & Soc. Probs, 2010, 44:150-192.

[153]MARTIN F F. The International Human Rights & Ethical Aspects of the Forum Non Conveniens Doctrine[J]. U. Miami Inter-Am. L. Rev. 2004, 35:101-122.

[154]STEVELMAN F. Regulatory Competition, Choice of Forum and Delaware's Stake in Corporate Law[J]. DEL. J. CORP. L, 2009, 34:57-138.

[155]HENRY J. Indiscretion About Discretion[J]. Emory L. J, 1982, 31:747-784.

[156]ERICHSON H M. The Chevron-Ecuador Dispute, Forum Non Conveniens, and the Problem of Ex Ante Inadequacy[J]. Stan. J. Complex Litig, 2013, 1:417-428.

[157]BAUMI. Legal Transplants v. Transnational Law: Lessons from the Israeli Adoption of Public Factors in Forum Non Conveniens[J]. Brooklyn J. Int'l L, 2015, 40: 357-406.

[158]CRABTREEJ S. The Proper Role of the Residence Factor in Forum Non Conveniens Motions[J]. S. Cal. L. Rev, 1972, 45:249-262.

[159]LEE J. Harmonizing Forum Non Conveniens and Foreign Money Judgment Recognition through International Arbitration[J]. Emory Int'l L. Rev, 2014, 29: 451-498.

[160]COOK J P. Declining Jurisdiction in the Hague's Proposed Judgments Convention: Amalgamating the More Appropriate Forum and the Clearly Inappropriate Forum Tests to Provide the Optimal Forum Non Conveniens Clause[J]. Austl. Int'l L.J,

2014，21:19-40.

[161] BURKE J. When Forum non Conveniens Fails: The Enforcement of Judgments in Foreign Courts Obtained After Forum non Conveniens Dismissal in the U-nited States[J]. Rev. Litig, 2017, 36:247-283.

[162]SAMUELS J H. When is an Alternative Forum Available? Rethinking the Forum Non Conveniens Analysis[J]. IND. L.J, 2010, 85:1059-1112.

[163]JURIANTOJ. Forum Non Conveniens: Another Look at Conditional Dismiss-als[J]. U. Det. Mercy L. Rev, 2006, 83:369-410.

[164]TALPISJ, KATH S L. The Exceptional as Commonplace in Quebec Forum Non Conveniens Law: Cambior, a Case in Point[J]. R.J.T, 2000, 34:761-869.

[165]FAWCETTJ J. The Impact of Article 6(1) of the ECHR on Private International Law[J]. Int'l & Comp. L.Q, 2007, 56:1-47.

[166]ROSEJ N. Forum Non Conveniens and Multinational Corporations: A Government Interest Approach[J]. N.C.J. Int'l L. & Com. Reg, 1986, 11:699-714.

[167]CROOKJ R. Contemporary Practice of The United States Relating To International Law: Settlement of Disputes: Second Circuit Refuses To Confirm International Arbitration Award Against Peru, Citing Forum Non Conveniens[J].A.J.I.L, 2012, 106: 391-393.

[168] BUONOCOREJ A. Comment: "Inconvenient" Truth: Second Circuit Breaches U.S. International Arbitration Treaty Obligations With Forum Non Conveniens [J]. Temp. Int'l & Comp. L.J., 2015, 29:25-52.

[169]FEDECHKOJ J, Martinez v. Dupont. A Look at the Future of Forum Non Conveniens in Delaware Commercial Litigation[J]. Del. J. Corp. L, 2016, 40:647-676.

[170]JUENGER, FRIEDRICH K. The American Law of General Jurisdiction[J]. U Chi Legal F, 2001, 2001:141-170.

[171]CROWEK. Cleaning up the Mess: forum Non Conveniens and Civil Liability for Large-Scale Transnational Environmental Disasters[J]. Geo. Int'l Envtl. L. Rev, 2012, 24:449-478.

[172]QURESHIK, NICOL C. The demise of Forum Non Conveniens? [J]. JIBFL, 2014, 8:509-524.

[173]CLERMONTK M. Governing Law on Forum-Selection Agreements[J]. Hastings L.J, 2015, 66:643-674.

[174]MILLERK R. Playground Politics: Assessing the Wisdom of Writing a Reciprocity Requirement into U.S. International Recognition and Enforcement Law[J]. GEO. J. INT'L L, 2004, 35:239-318.

[175]LITMAN，HARRY. Consideration of Choice of Law in the Doctrine of Forum Non Conveniens[J]. Calif. L. Rev，1986，74:565-602.

[176]SILBERMANL J. The Impact of Jurisdictional Rules and Recognition Practice on International Business Transactions：The U.S. Regime[J]. Hous. J. Int'l. L，2004，26:327-362.

[177]PERREAU-SAUSSINEL. Forum Conveniens and Anti-Suit Injunctions before French Courts：Recent Developments，Int'l & Comp. L.Q. 2010，59:519-526.

[178]MARASINGHEL. International Litigation：Choice of Forum[J]. UWA. L. Rev，1993，23:264-278.

[179]GARDNERM. Retiring Forum Non Conveniens[J]. N. Y.U. L. Rev，2017，92:390-461.

[180]DAVIESM. Reflections on the Past Decade of Transnational Litigation[J]. Melbourne J. of Int'l Law，2009，10:46-48.

[181]PETSCHEM，A Critique of the Doctrine of Forum Non Conveniens[J]. Fla. J. Int'l L. 2012，24:545-582.

[182]CASEYM R，RISTROPH B. Boomerang Litigation：How Convenient Is Forum Non Conveniens in Transnational Litigation？[J]. Int'l L. & Mgmt. Rev，2007，4:21-52.

[183]STUCKELBERGM. Lis Pendens and Forum Non Conveniens at The Hague Conference[J]. Brooklyn J. Int'l L，2001，26:949-982.

[184]LIIM T. An Empirical Examination of the Adequate Alternative Forum in the Doctrine of Forum Non Conveniens[J]. Rich. J. Global L. & Bus，2009，8:513-552.

[185]KEYESM，CHISHOLM R. Commercial Surrogacy —Some Troubling Family Law Issues[J]. Australian Journal of Family Law，2013，27:105-134.

[186]KEYESM. Substance and Procedure in Private International Law[J]. Sydney L. Rev，2013，35:483-488.

[187]GREENBERGM. The Forum Non Conveniens Motion And The Death Of The Moth：A Defense Perspective In The Post-Sinochem Era[J]. Alb. L. Rev，2009，72:321-366.

[188]DAVIESM. Time to Change the Federal Forum Non Conveniens Analysis[J]. Tul. L. Rev，2002，77:309-386.

[189]BEHRENSM A，FOWLE G L，KIM S，Global Litigation Trends[J]. Mich. St. J. Int'l L，2008，17:165-194.

[190]MORPURGOM. A Comparative Legal and Economic Approach to Third-Party Litigation Funding[J]. Cardozo J. Int'l & Comp. L，2011，19:343-412.

[191]ABBOTTR T. The Emerging Doctrine of Forum Non Conveniens: A Comparison of the Scottish, English and United States Applications[J]. Vand. J. Transnat'l L, 1985, 18:111-148.

[192]EFFRONR. Atlantic Marine and the Future of Forum Non Conveniens[J]. Hastings L.J, 2015, 66:693-718.

[193]BrandR A. Challenges To Forum Non Conveniens[J]. N.Y.U. J. Int'l L. & Pol, 2013, 45:1003-1035.

[194]BrandR A. Enforcement of Foreign Money-Judgments in the United States: In Search of Uniformity and International Acceptance[J]. Notre Dame L. Rev, 1991, 67:253-334.

[195]BRAUCHERR. The Inconvenient Federal Forum[J]. Harv. L. Rev, 1947, 60:908-939.

[196]ADELINES. The Forum non Conveniens Doctrine Put to the Test of Uniform Private International Law in Relation to Air Carriers' Liability: Lack of Harmony between US and French Decisional Outcomes[J]. Unif. L. Rev, 2013, 18:313-329.

[197]YANGS L. The Settlement of Jurisdictional Conflicts between the WTO and RTAS: The Forum Non Conveniens Principle[J]. Willamette J. Int'l L. & Dis. Res, 2015, 23:233-254.

[198]WALLS. The End of Forum non Conveniens: Has the European Court of Justice Gone Beyond its Boundaries[J]. King's Inns Student L. Rev, 2012, 2:49-70.

[199]SKOLNIK, MATTHEW R. The Forum Non Conveniens Doctrine in Alien Tort Claims Act Cases: A Shell of Its Former Self After Wiwa[J]. Emory Int'l L. Rev, 2002, 16:187-226.

[200]SMITHS K. Forum Non Conveniens and Foreign Policy: Time for Congressional Intervention? [J]. Tex. L. Rev, 2012, 90:743-770.

[201]HANSENT R, WHYTOCK C A. The Judgment Enforceability Factor in Forum Non Conveniens Analysis[J]. Iowa L. Rev, 2016, 101:923-954.

[202]MAINT O. Toward a Law of Lovely Parting Gifts: Conditioning Forum Non Conveniens Dismissals[J]. Sw. J. Int'l L, 2011, 18:475-499.

[203]DICKERSONT A. Travel Abroad, Sue at Home 2012: Forum Non Conveniens & the Enforcement of Forum Selection and Mandatory Arbitration Clauses[J]. Pace L. Rev, 2012, 32:407-435.

[204] BLACKV. Conditional Forum Non Conveniens in Canadian Courts [J]. Queen's L.J, 2013, 39:41-82.

[205] HEISERW W. Hague Convention on Choice of Court Agreements: The

Impact on Forum Non Conveniens，Transfer of Venue，Removal，and Recognition of Judgments in United States Courts[J]. U. Pa. J. Int'l L，2010，31：1013-1050.

[206]KENNET T W. Forum Non Conveniens in Europe[J]. Cambridge L.J. 1995，54：552-577.

后 记

本书是在我的博士论文基础上修改而来的,选题与论证都延续了我在读博三年时间中的积累与思考。在过去的 10 年间,我国在国际公约的磋商中发挥着越来越重要的作用,但我国的国内立法尚未跟上国际发展的步伐。其中一个突出表现就是,我国关于国际民事诉讼的规定包含于《中华人民共和国民事诉讼法》(以下简称《民事诉讼法》)中,但《民事诉讼法》的几次修改均未对国际民事诉讼内容加以拓展。甚至,2012 年修订后的《民事诉讼法》中关于国际民事诉讼管辖权的专门法律条文仅剩 2 条。

在此背景下,2015 年《最高人民法院关于适用〈中华人民共和国民事诉讼法〉的解释》第 532 条确立了我国的不方便法院制度。虽然该条文内容僵化,受到了来自理论和司法实践的多重质疑,但是其意义仍是不容小视的。其突破性在于,不方便法院制度不再以法律位阶较低的文件加以规范,而是有了司法解释层面的"出身",司法机关在实践中予以适用也更有底气。因此,虽然该规定在内容上相较于《第二次海事海商会议纪要》第 11 条并无进步,也未回应该规定出台至今所暴露的问题,但是它已经关注到英美法系采行的不方便法院原则制度,表明我国国际民事诉讼体系已经迈出了新的一步。因此,极有必要对该制度适用至今的司法实践加以梳理,并从"人权保障"的高度进行比较研究和实证研究,为相关立法的进展提供必要的资料和建议。让我感到欣慰的是,通过两年的思考、假设、推理、论证、自我否定与重构,本书最终确立了以诉权、公正审判权和判决承认与执行为主体的研究框架,并形成了完整的、科学的研究体系。

在完成不方便法院制度中的人权保障理论体系构建的过程中,我得到了师长亲友的大力支持。"落其实者思其树,饮其流者怀其源。"恩师刘仁山教授为我提供了莫大的指引和帮助。刘老师带我入门、授我学识、指我方向,更在本书的写作过程中给我提出了大量的完善建议和修改意见。刘老师脚踏实地的态度和严谨的治学理念已经深深镌刻在我的心中,并时刻激励着我。

中南财经政法大学国际私法教研室的老师们博学笃行，常常为我指点迷津。向在胜教授在我求学期间曾多次帮助我，并为我提供了很好的思路。徐伟功教授、钟丽副教授，以及韩龙教授和何艳老师在我的博士论文开题和预答辩时，为我提出了宝贵的修改意见。黄志慧老师也是我的师兄，他为人谦和，德才兼备，是一位值得尊敬的学者。由于年龄相近，我们常常向黄老师请教问题，每每为他的逻辑思维和知识储备所叹服。在本书的写作过程中，黄老师给我提出了很多修改意见，使我受到很大的启发。另外，中南财经政法大学诉讼法系的蔡虹教授和卓朝君副教授一直关注我的学业和论文写作，并经常关心我的生活，让我倍感亲切和感动。

本书的写作还得到了很多老师的指点和帮助。中国社会科学院的沈涓教授，台北大学的陈荣传教授，东海大学的陈隆修教授、林恩玮教授，西北政法大学的孙尚鸿教授，山东大学的许庆坤教授，日本帝塚山大学的黄轫霆教授，美国匹兹堡大学的 Ronald A. Brand 教授等对我论文的写作提供了重要的建议和帮助。武汉大学的郭玉军教授、中国社会科学院的李庆明副研究员作为我的论文答辩委员会指导老师，为我论文的进一步完善提出了建设性的意见。在此向以上各位老师致以真诚的谢意！

"一切过往，皆为序章。"正是因为各位师长亲友的指导、支持、帮助和鼓励，我才能够顺利地完成学业和学位论文，也才有了本书的出版。在此表达我诚挚的谢意，也谨以本书献给各位师长亲友！同时不得不说的是，"不方便法院原则"是国际民事诉讼中的一项非常重要的内容，它对于实现国际民事诉讼中的公平正义具有重要的意义。因我的学识和分析能力之限，本书的研究仍有很多不足。希望在今后的进一步研究中，能够不断精进，也热切盼望与各位学者商讨！